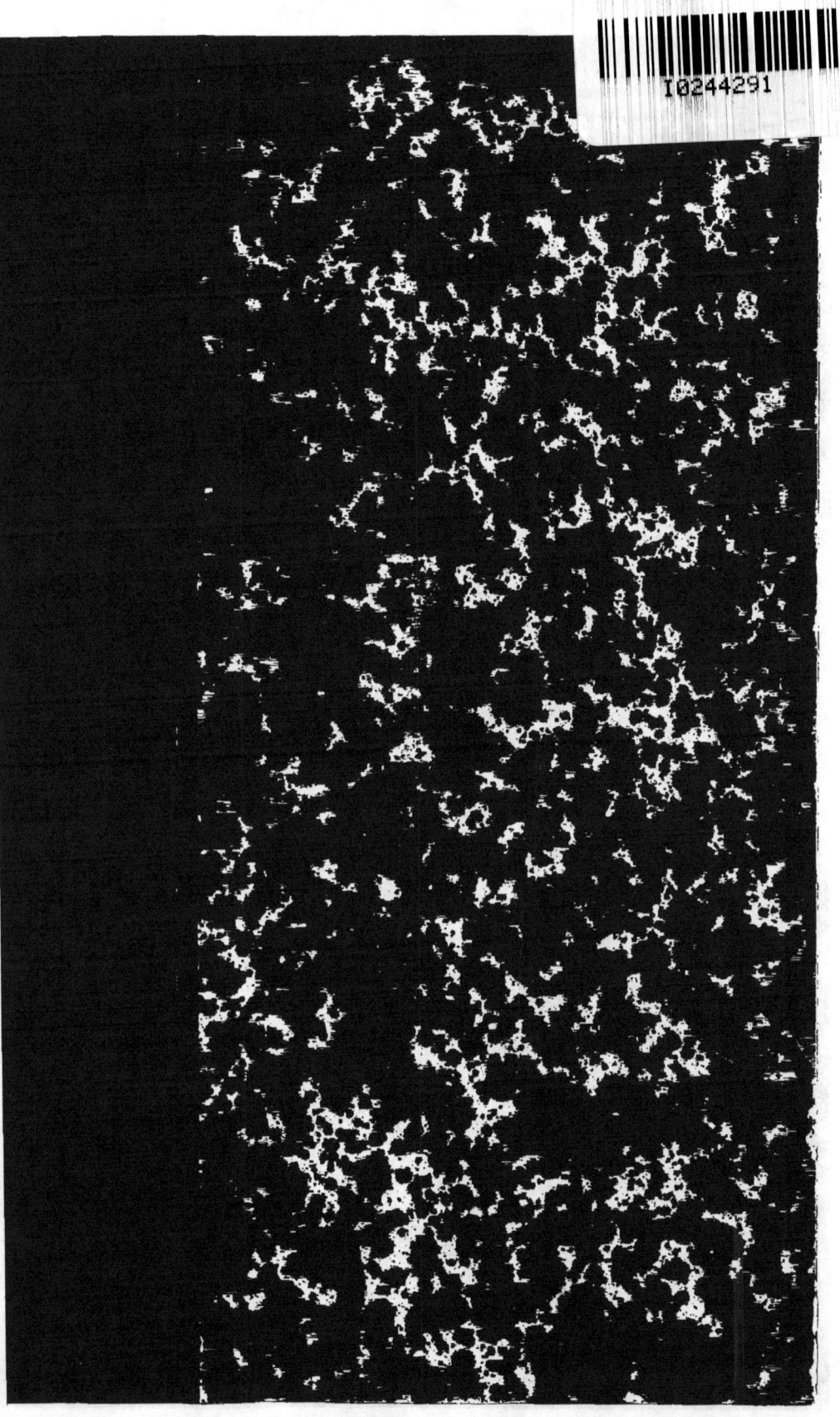

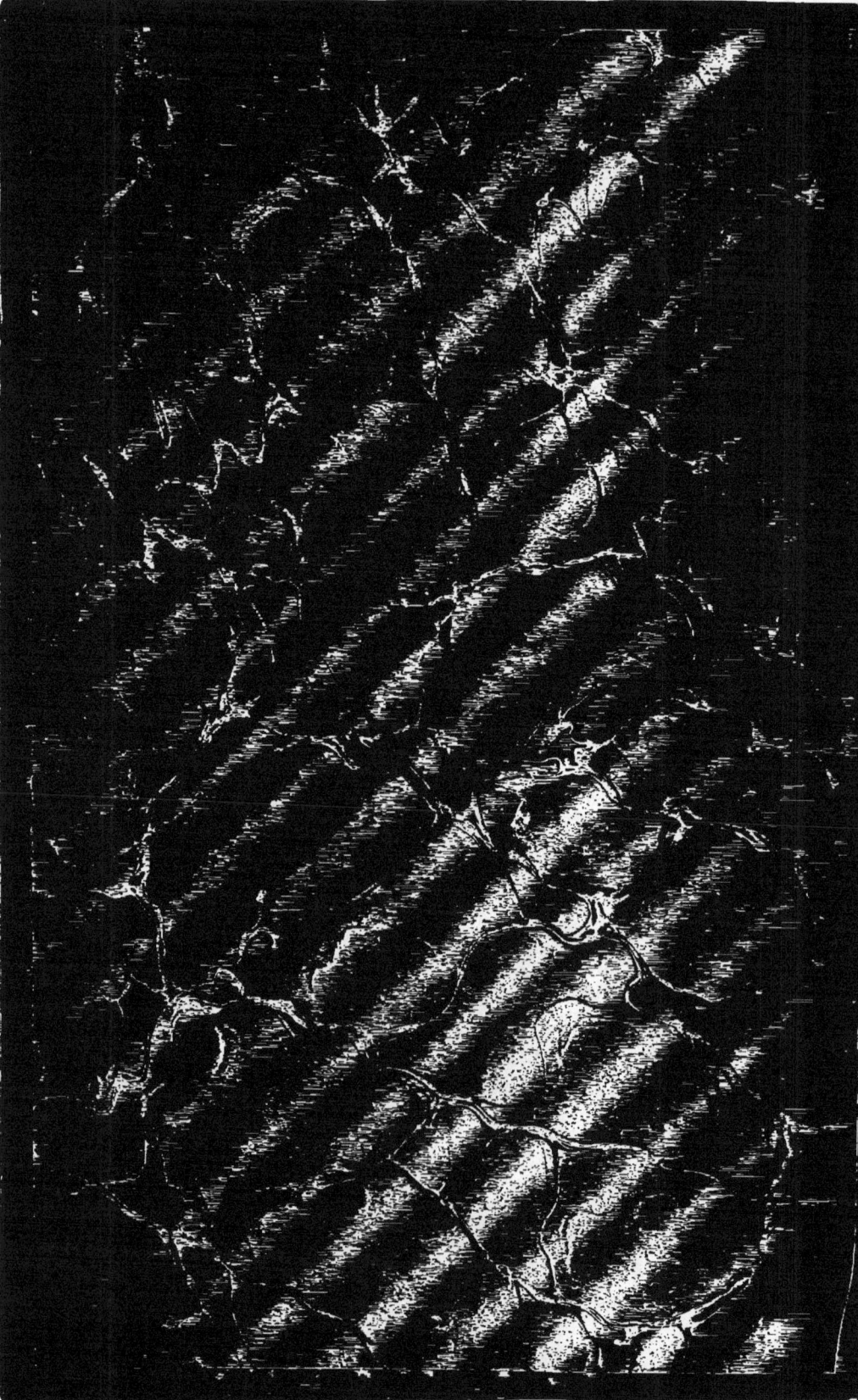

LA
Guerre

DE

1870-71

III

Journées des 30 et 31 Juillet

PARIS
LIBRAIRIE MILITAIRE R. CHAPELOT ET C°
IMPRIMEURS-ÉDITEURS
30, Rue et Passage Dauphine, 30
—
1901
Tous droits réservés.

LA
GUERRE DE 1870-71

III

Journées des 30 et 31 Juillet

Publiée par la **Revue d'Histoire**
rédigée à la Section historique de l'État-Major de l'Armée

LA
Guerre

DE

1870-71

III
Journées des 30 et 31 Juillet

PARIS
LIBRAIRIE MILITAIRE R. CHAPELOT et C⁰
IMPRIMEURS-ÉDITEURS
30, Rue et Passage Dauphine, 30

—

1901
Tous droits réservés.

SOMMAIRE

Journée du 30 Juillet.................................. 1

Documents annexes.

Quartier général de l'armée.............................	29
Corps d'armée.......................................	34
Garde impériale.....................................	80
Réserve de cavalerie.................................	87
Artillerie de l'armée.................................	90
Génie de l'armée....................................	93
Renseignements.....................................	97

Journée du 31 Juillet.................................. 113

Documents annexes.

Quartier général de l'armée.............................	141
Corps d'armée.......................................	149
Garde impériale.....................................	199
Réserve de cavalerie.................................	201
Artillerie de l'armée.................................	204
Renseignements.....................................	209

LA

GUERRE DE 1870-1871

Journée du 30 juillet.

Partagé entre l'espoir que lui laissaient encore les négociations activement poursuivies avec l'Autriche et l'Italie, et les déceptions que lui causait la mobilisation de son armée, l'Empereur se proposa-t-il de déboucher offensivement le 29 sur Sarrelouis (1) ou sur les masses signalées derrière la Sarre, en gardant l'attitude défensive en Alsace? ou voulut-il simplement s'opposer à une invasion des Allemands par Sarrelouis (2)? Il est impossible de se prononcer à ce sujet. On peut affirmer, par contre, que Napoléon III se rendit compte, le 30 juillet au plus tard, qu'il lui fallait renoncer momentanément à mettre à exécution son plan primitif : prendre l'offensive initiale et franchir le Rhin vers Maxau.

« Je vis l'Empereur le 30 juillet, écrit le maréchal de
« Mac-Mahon. Il avait encore peu de renseignements,
« sur les positions occupées par l'armée allemande qu'il
« ne savait pas définitivement sur la rive gauche du

---

(1) Carnet de notes du général Coffinières de Nordeck.
(2) *Rapport sur les opérations du 2ᵉ corps de l'armée du Rhin,* première partie, par le général Frossard.

« Rhin. Mais il connaissait alors la situation de son
« armée qui, manquant encore d'une partie de son artil-
« lerie, de ses ambulances, de transports et d'autres
« accessoires nécessaires, était, par le fait, dans l'impos-
« sibilité de se mettre en mouvement. Il se vit par suite
« obligé de renoncer à son plan d'attaque qui était de
« passer le Rhin, et avait la chance de séparer les deux
« Confédérations et d'être soutenu au début de la guerre
« par les armées autrichienne et italienne. Il voyait
« ainsi détruites toutes ses illusions et me parut très
« affecté (1)(2). »

---

(1) *Souvenirs inédits du maréchal de Mac-Mahon*, 30 juillet.

(2) Le maréchal de Mac-Mahon ne parle pas des effectifs, dont l'insuffisance exerça une influence primordiale sur la décision de l'Empereur.

« La concentration des principales forces françaises en Alsace et à
« Metz ne dévoilait pas à l'ennemi les projets de l'Empereur ; elle lui
« permettait, le moment arrivé, de réunir sept corps d'armée, et, à leur
« tête, de prendre résolument l'offensive. Mais, pour qu'il en fût ainsi,
« il était nécessaire que tous les corps fussent également prêts à entrer
« en campagne..... Ainsi, il était indispensable non seulement que
« toutes les troupes réunies à Metz *fussent au complet*, mais il fallait
« que le corps qui se rassemblait à Belfort fût arrivé à Strasbourg pour
« renforcer celui du maréchal de Mac-Mahon ; il fallait que le corps de
« réserve, qui se formait à Châlons, eût remplacé en Lorraine les corps
« destinés à entrer en Allemagne. Malheureusement, les espérances
« que l'on avait conçues ne purent se réaliser.

« Au lieu d'avoir, comme on devait s'y attendre, 385,000 hommes
« en ligne à opposer aux 430,000 de l'Allemagne du Nord jointe aux
« États du Sud, l'armée, lorsque l'Empereur arriva à Metz, le 25 juillet,
« ne comptait que 220,000 hommes, et encore, non seulement les
« effectifs n'étaient pas au complet, mais bien des accessoires indispen-
« sables faisaient défaut. L'armée de la Moselle n'avait que 110,000
« hommes au lieu de 220,000 ; celle du maréchal Mac-Mahon que
« 40,000 au lieu de 107,000. Le corps du général Douay, à Belfort,
« éprouvait de grandes difficultés à se former ; enfin le corps du maré-
« chal Canrobert n'était pas encore complet.

« L'Empereur comprit que, dans de pareilles conditions, le passage
« du Rhin devenait impossible..... »

(*Œuvres posthumes. Autographes inédits de Napoléon III en exil*,

Mais, avant d'en arriver là, il dut subir le 29 une crise d'hésitation.

Il lui en coûtait en effet de rester sur la défensive. Dès l'instant où l'on s'était décidé à transporter les troupes à la frontière, sans les avoir au préalable mobilisées, il fallait au moins profiter de la supériorité numérique que l'on possédait momentanément sur l'adversaire pour « le devancer et le surprendre par « un coup d'éclat » (1). Tel dut être un des courants d'opinions qui se produisirent au grand quartier général, à Metz. Aussi l'Empereur inclina-t-il, à un moment donné, pour une attaque sur Sarrelouis (2) que le Major général avait préconisée dans une lettre du 19 juillet au général Frossard (3). Mais, dans l'entrevue qu'il eut le 29 avec le général Frossard à Saint-Avold, il se trouva probablement en présence d'un avis différent. Le commandant du 2ᵉ corps dut sans doute lui rappeler ce passage de son *Mémoire militaire*, rédigé en mai 1867 : « Sarrebrück sera le point de concentration, « le point d'où partiront les plus grands efforts de « l'ennemi » (4).

---

recueillis et coordonnés par le comte de la Chapelle. Paris, Lachaud, 1873, p. 95.)

« Quoique, d'après les données officielles, le nombre des combattants « fût de 588,000 hommes, on n'avait compté que 385,000 hommes pour « l'armée du Rhin. Il semblait donc qu'il avait été fait une part très « large aux éventualités défavorables. Quelle amère déception dut « éprouver le chef de cette armée, quand, au bout de trois semaines, « les corps d'armée envoyés à la frontière ne fournirent que 220,000 « hommes environ !..... » *Ibid.*, p. 89.

(1) *Souvenirs du général Jarras*, page 54.
(2) « L'Empereur va à Saint-Avold et paraît incliner pour une attaque sur Sarrelouis. » (Carnet de notes du général Coffinières de Nordeck, 29 juillet.)
(3) 1ᵉʳ fascicule, page 44.
(4) 1ᵉʳ fascicule, page 93.

Il lui fit valoir aussi les avantages de la « magnifique « ligne de bataille, la droite à Sarreguemines, le centre « à Cadenbronn, la gauche vers Œting » (1), pour « affronter la lutte contre des forces bien supé- « rieures » (2) et, éventuellement, pour « partir de « cette position et s'élancer sur Sarrebrück » (3). On en trouve l'indice dans cet extrait du *Rapport sur les opérations du 2ᵉ corps de l'armée du Rhin*, publié par le général Frossard en 1872 :

« Pour quelle raison n'a-t-on pas concentré les trois « corps d'armée (2ᵉ, 3ᵉ, 4ᵉ) sur cette ligne de bataille, « en dirigeant dès le principe le corps de Failly sur « l'Alsace, à l'armée du maréchal de Mac-Mahon ? Nous « l'ignorons ; mais l'opportunité d'une concentration « sur les plateaux dont il s'agit fut rappelée par nous « à plusieurs reprises et notamment le 26 juillet, « lorsque le Maréchal major général vint visiter les « positions occupées par nos troupes (4). »

Entre ces deux projets, l'un, offensif sur Sarrelouis, l'autre, défensif à Cadenbronn, l'Empereur envisagea, comme il arrive presque toujours, une solution intermédiaire, celle de la reconnaissance offensive sur Sarrebrück (5). Le général Frossard dut défendre cette solution d'autant plus fortement que son *Mémoire militaire* de 1867 prévoyait et suggérait l'opération. « Ce coup de « main, s'il réussissait, porterait une grave atteinte

---

(1) 1ᵉʳ fascicule, page 94.
(2) 1ᵉʳ fascicule, page 95.
(3) 1ᵉʳ fascicule, page 95.
(4) Page 14.
(5) L'ouvrage du grand État-Major prussien émet la même opinion : « Hors d'état de passer à l'offensive, mais bien décidé pourtant à ne pas y renoncer, l'État-Major français, adoptant un moyen terme, se décidait à une forte reconnaissance offensive sur Sarrebruck ». 1ʳᵉ partie, 1ʳᵉ livraison, page 46.

« aux projets de l'ennemi, en désorganisant sa base
« contre la Lorraine et en mettant en notre pouvoir le
« nœud de ses chemins de fer (1). » Le commandant du
2ᵉ corps avait d'ailleurs manifesté l'intention de tenter ce
coup de main vers le 20 juillet, car une dépêche du
Major général, en date du 21, lui interdit de franchir la
Sarre et ne l'autorise qu'à s'emparer « de la partie
« de Sarrebrück qui se trouve sur la rive gauche, sans
« plus » (2).

Quoi qu'il en soit de ces intentions comme de celles
que le général Coffinières prête à l'Empereur sur Sarrelouis, la reconnaissance offensive sur Sarrebrück fut la
décision finale que prit l'Empereur après l'entrevue qu'il
eut, le 29, avec le général Frossard, à Saint-Avold. Le
Major général expédie, en effet, dans la nuit du 29
au 30, à 1 heure du matin, par un télégramme au
général Frossard, l'ordre de porter, le 31, son quartier
général à Morsbach et de concentrer son corps d'armée
sur les points qui lui seront indiqués dans la journée.
Le général Frossard répond au Major général que « le
« mouvement de concentration sera fait demain » et que
l'opération projetée, dont le télégramme du Major
général ne fait nullement mention, « pourra être faite
« après-demain, si rien ne contrarie ». D'autre part, à
2 heures du soir, l'Empereur, télégraphiant directement
au général Frossard, lui signale le bruit de l'arrivée de
10,000 hommes à Sarrebrück et ajoute sans plus d'explication puisqu'il s'agit d'un projet qui lui a été soumis, et

---

(1) 1ᵉʳ fascicule, page 96. Voir aussi *Metz, campagne et négociations*, par un officier supérieur de l'armée du Rhin, page 14, et *Enquête sur les actes du gouvernement de la Défense nationale*. Déposition du maréchal Lebœuf. « Cette reconnaissance devait s'exécuter depuis plusieurs jours, le général Frossard la demandait. »

(2) 1ᵉʳ fascicule, page 60.

qu'il est sûr d'être compris : « Quand croyez-vous être « prêt pour l'opération projetée ? » Le général Frossard confirme la date du 1ᵉʳ août et fait connaître à l'Empereur que, d'après les renseignements parvenus au 2ᵉ corps, « les 10,000 hommes ne se seraient pas arrêtés à Sarre-« brück ; la concentration ennemie se fait derrière la « frontière bavaroise » (1).

Dans la soirée, l'Empereur fait expédier les ordres suivants, destinés à porter l'armée plus près de la frontière, tout en rapprochant « les corps de la gauche de la voie ferrée de Metz à Sarrebrück ». Les 2ᵉ et 3ᵉ corps exécuteront le mouvement en un jour, le 31 ; le 4ᵉ corps en deux jours, le 31 juillet et le 1ᵉʳ août.

2ᵉ *corps.* — Quartier général sera transféré à Morsbach.

> Division de Laveaucoupet ira de Bening sur la position d'Œting.
> Division Vergé ira de Saint-Avold à Bening.
> Division Bataille restera à Forbach.
> Division de cavalerie et réserve d'artillerie conserveront leurs emplacements actuels.

3ᵉ *corps.* — Quartier général sera transféré à Saint-Avold.

> Division Montaudon se placera sur la position de Haut-Hombourg.
> Division Castagny ira à Saint-Avold.
> Division Metman ira à Ham-sous-Varsberg.

---

(1) Si les souvenirs du général Coffinières sont exacts, une de ses dépositions au procès Bazaine semble prouver que l'entrevue de Saint-Avold eut bien pour résultat l'opération sur Sarrebrück : « J'ai reçu de l'Empereur l'ordre de me rendre à Saint-Avold, où j'ai trouvé le maréchal Bazaine, commandant le 3ᵉ corps ; le général Frossard, commandant le 2ᵉ et le général de Failly, commandant le 5ᵉ. L'ordre portait de m'y rendre pour me concerter avec ces messieurs, et pour voir de quelle manière on pouvait engager une affaire du côté de Sarrebrück ».
(*Procès Bazaine*, audience du 7 novembre, page 425.)

Division Decaen ira à Boucheporn.
Division de cavalerie de Clérembault et réserve d'artillerie se porteront à Saint-Avold.

4ᵉ corps. — Quartier général sera transféré à Boulay.
Division de Cissey sera installée le 1ᵉʳ août à Bouzonville.
Division Rose sera installée le 1ᵉʳ août à Boulay.
Division de Lorencez sera installée le 31 juillet à Coume.
Division de cavalerie Legrand et réserve d'artillerie seront installées le 31 juillet à Boulay (1).

Le bataillon de chasseurs de la garde impériale reçoit l'ordre de se rendre, le 31, de Metz à Thionville par voie ferrée « pour y relever les troupes du 4ᵉ corps qui font « un mouvement sur Boulay. »

« Le 5ᵉ corps, général de Failly, ne fait aucun mouve- « ment, pas plus que les 1ᵉʳ, 6ᵉ, 7ᵉ corps et la garde impériale (2). »

---

(1) Il n'est pas sans intérêt de remarquer que le plan de campagne de l'archiduc Albert, dont le 1ᵉʳ fascicule a donné les grandes lignes, prévoyait les 14ᵉ et 15ᵉ jours de la mobilisation la concentration vers Forbach de huit divisions françaises primitivement réunies entre Metz et la Sarre. (*Souvenirs militaires du général Lebrun*, plan rédigé de la main de l'archiduc Albert, page 152).

Les ordres de mouvement du 30 juillet sont peut-être d'autant plus influencés par cette partie du plan que les négociations avec l'Autriche et l'Italie continuaient activement le 30.

(2) L'ordre du Major général laisse les commandants de corps d'armée libres de fixer les heures de départ de leurs différentes colonnes. Or, la route Boucheporn—Saint-Avold—Forbach devait être suivie à la fois par des éléments des 2ᵉ et 3ᵉ corps : Saint-Avold était occupé par la première division du 2ᵉ corps et l'ordre aurait dû indiquer tout au moins l'heure à laquelle cette division évacuerait cette localité pour laisser le passage libre. L'inconvénient de cette omission ne tardera pas à se manifester. D'une part, le maréchal Bazaine prescrit en effet à la division Montaudon de rompre de Boucheporn à cinq heures du matin pour se porter sur Haut-Hombourg par Saint-Avold ; elle va donc se présenter à l'entrée de Saint-Avold à 7 h. 30, et d'autre part, la pre-

Dans la même soirée du 30, le Major général expédie les ordres ci-après relatifs à la reconnaissance offensive sur Sarrebruck :

L'attaque sera exécutée le 2 août par le 2ᵉ corps, qui franchira la Sarre un peu en amont de Sarrebrück, sur deux ponts établis par l'équipage de ponts de corps d'armée (1).

Elle sera appuyée : 1° par deux divisions du 3ᵉ corps qui, partant de Forbach, se porteront vers Gersweiler et franchiront la Sarre en aval de Sarrebrück, à hauteur de Burbach, sur deux ponts construits par les soins du général Coffinières ;

2° Par deux divisions du 5ᵉ corps qui marcheront de Sarreguemines vers Sarrebrück par la rive droite de la Sarre.

Les passages de la Sarre, en aval comme en amont de Sarrebrück, devront être exécutés au point du jour.

Le maréchal Bazaine, chargé du commandement supérieur de toutes ces troupes, réglera les détails de l'opération au quartier général du 2ᵉ corps, le 31 juillet, dans une conférence à laquelle assisteront les deux commandants de corps d'armée intéressés, le général commandant l'artillerie et le général commandant le génie de l'armée.

On remarquera que l'ordre précédent fixe au 2 août la date de l'opération sur Sarrebrück, bien que le général Frossard eût fait connaître à l'Empereur et au Major

---

mière division du 2ᵉ corps ne doit, d'après les instructions du général Frossard, rompre de Saint-Avold qu'à 9 heures. Informé par hasard par le maréchal Bazaine de l'heure de départ de la première division du 3ᵉ corps, le général Frossard s'empressera d'écrire au général Montaudon de n'arriver à Saint-Avold qu'à 9 heures du matin.

(1) Cet équipage de pont, appartenant au 3ᵉ corps, se trouvait à Metz et devait être transporté le 31 juillet à Forbach. (Le Major général au général Soleille. Metz, 30 juillet.) L'équipage de ponts du 2ᵉ corps était encore en voie d'organisation à Lunéville.

général qu'il serait en mesure de l'exécuter le 1er août. D'autre part, les deux divisions du 5e corps établies à Sarreguemines et les deux divisions du 3e corps qui devaient arriver le 31 juillet à Haut-Hombourg et à Saint-Avold eussent été prêtes à appuyer le 2e corps dès le 1er août. Peut-être a-t-on voulu attendre que le 4e corps eût complètement effectué son mouvement sur Bouzonville et Boulay, d'où il pouvait s'opposer à un « passage de la Sarre par les Prussiens près de Sarre-« louis et à un débouché en forces de ce côté (1) ».

En Alsace, le 1er corps garde, le 30 juillet, les emplacements de la veille. Cette inaction semble s'expliquer dans les *Souvenirs inédits* du maréchal de Mac-Mahon, qui montrent l'Empereur encore incertain sur les projets de l'ennemi « qu'il ne savait pas définitivement sur la « rive gauche du Rhin ».

Le 29, le général Ducrot avait transmis au maréchal de Mac-Mahon une demande de l'intendance à l'effet d'occuper Wissembourg, où il existait une manutention et de « faciliter ainsi les distributions de vivres aux « troupes de sa division ». Le 30, le général Ducrot propose au maréchal de Mac-Mahon de placer trois compagnies et deux escadrons dans cette ville, non pas pour les raisons données par l'intendance, mais pour « mieux « surveiller les mouvements de l'ennemi et tenir les « patrouilles à distance ». La position du Pigeonnier où il s'établirait solidement, donnerait, affirmait le général Ducrot, toute sécurité à ce détachement (2). Le maré-

---

(1) *Rapport sur les opérations du 2e corps de l'armée du Rhin*, par le général Frossard, page 15. Le général Frossard ajoute à ce sujet : « C'est ce qui me semble avoir motivé l'étendue laissée vers la gauche « au front des 3e et 4e corps, et avoir fait naître une préoccupation qui, « malheureusement, a duré jusqu'au 6 août ».

(2) On remarquera que le général Ducrot n'était nullement partisan de l'occupation fixe de Wissembourg par une troupe nombreuse. Son

chal de Mac-Mahon s'oppose à l'occupation de Wissembourg.

« Je ne vois pas de nécessité, dit-il, de mettre de
« l'infanterie à Wissembourg ; j'y vois même un danger,
« car il résulte des renseignements recueillis par le
« Major général que l'ennemi aurait le projet d'enlever
« Wissembourg, s'il était occupé. Bornez-vous à y
« envoyer de fréquentes patrouilles (1). »

Par contre, le Maréchal autorise l'envoi, le 30 juillet, de deux bataillons du 50ᵉ (2ᵉ division), l'un à Seltz, l'autre à Soultz, pour soutenir les 2ᵉ lanciers et 5ᵉ hussards, de la division Duhesme.

La concentration et l'organisation de l'armée se poursuivent en présence de difficultés de toute nature. De nombreux détachements de réservistes sont en route pour rejoindre les régiments auxquels ils appartiennent. Il arrive que les trains qui les amènent restent en gare pendant plusieurs heures sans que les chefs de station sachent où les diriger. L'un de ces détachements, fort de 400 hommes, arrive au 2ᵉ corps dépourvu de tentes-abri, de demi-couvertures, de petits bidons. Presque tous n'ont pas reçu au départ l'approvisionnement réglementaire de cartouches. Les 3ᵉ et 4ᵉ corps manquent de chevaux pour atteler les ambulances. Le général de Ladmirault écrit le 30 au Major général qu'il lui sera

---

premier acte, en arrivant à Strasbourg, avait été d'ordonner l'évacuation de cette place ainsi que de Lauterbourg, et de maintenir cette mesure malgré les démarches du préfet du Bas-Rhin et du sous-préfet de Wissembourg.

(Voir 2ᵉ fascicule, page 35, note 1.)

(1) *Souvenirs inédits du maréchal de Mac-Mahon*, 30 juillet.

impossible de mettre en route, le 31, le trésor du corps d'armée, car « ses chevaux de voitures et harnais, ache- « tés à Paris par le ministère des finances, ne sont pas « encore arrivés ».

Les ceintures de flanelle font défaut partout. Le maréchal Bazaine en réclame 12,000 (1), le général de Ladmirault 25,000 (2), le maréchal Canrobert 23,000 (3). Le général commandant le 7ᵉ corps ne sait où se procurer des ustensiles de campement, des harnais, des voitures. « Les ressources de Strasbourg, Metz et même Lyon, « sont déjà épuisées », écrit-il le 30 juillet au Major général, et pour combler les déficits, il a dû envoyer à Paris, un officier de son état-major et des officiers des troupes déjà arrivées.

Les effectifs des divisions du 7ᵉ corps ne sont d'ailleurs, à la date du 30, que de : 5,410 hommes (1ʳᵉ division), 4,361 (2ᵉ division), 4,700 (3ᵉ division). Le commandant de l'escadron du train des équipages de la garde rend compte que « les pièces de rechange de toutes sor- « tes, lui font défaut, et qu'il n'a pas « un seul outil » « pour réparer le matériel ». Le colonel du 57ᵉ, expose qu'il n'a aucune carte des localités où il se trouve.

Ces déficits qui seront, il est vrai, comblés plus tard, en grande partie, ont dû exercer momentanément un effet fâcheux sur le moral des troupes (4).

---

(1) Le maréchal Bazaine au Major général. D. T., n° 2519. Boulay, 30 juillet.
(2) Le général de Ladmirault au Major général. D. T., n° 2447. Thionville, 30 juillet.
(3) Le maréchal Canrobert au Major général. D. T., n° 2440. Camp de Châlons, 30 juillet.
(4) « Malgré l'ordre, plusieurs fois donné par l'Empereur, de distri- « buer aux troupes, d'une manière permanente, les objets et ustensiles « de campement, cette mesure n'avait pas reçu d'exécution. Les voi- « tures de régiment qui devaient, pendant la paix, être réparties en

*
* *

Les reconnaissances exécutées dans les divers corps d'armée ne donnent, comme la veille, aucun éclaircissement sur la situation. Elles rentrent généralement sans avoir rien vu. Sans doute l'intention formelle de l'Empereur était, ainsi que l'écrivait le maréchal Bazaine au général Frossard, le 22 juillet, « d'éviter des engage-
« ments qui pourraient nous entraîner loin de la fron-
« tière, avant le moment que Sa Majesté veut fixer elle-
« même ». « Nos reconnaissances, ajoutait-il, ne devront
« pas être agressives (1). » Il n'en est pas moins vrai que les reconnaissances et patrouilles d'infanterie prussienne, sans être « agressives », rapportaient des nouvelles. Il s'agissait, en effet, comme le fait observer très justement le général Verdy du Vernois « non de com-
« battre, mais de voir; et, pour cela, il suffit de deux
« hommes habiles conduits par un chef intelligent » (2). Les patrouilles d'infanterie adverses n'hésitaient pas, pour obtenir ce résultat, à s'avancer « à une distance de
« 8 kilomètres en avant des premières troupes qui eussent
« été en situation de les appuyer (2). » Aussi l'ennemi

« plusieurs magasins sur des points choisis à proximité de la frontière,
« étaient encore, en 1870, entassées pour la plupart à Vernon et à
« Satory. Les corps d'infanterie n'avaient point, dans l'état de paix,
« reçu le nombre de fusils correspondant à l'effectif de guerre.....
« Ils n'avaient point non plus en magasin les approvisionnements en
« munitions calculés pour le pied de guerre, à 90 cartouches par
« hommes dans le rang. Il en devait résulter des retards considérables
« avant que les corps eussent reçu, des magasins centraux et des direc-
« tions d'artillerie, les objets de campement, les fusils et les munitions
« qui leur étaient indispensables. »
   (*Œuvres posthumes de Napoléon III en exil*, comte de la Chapelle, page 90.)
 (1) 1er fascicule, page 60.
 (2) *Etudes de guerre*, 1er fascicule, page 121. « Du côté des Français,

reçut-il « des renseignements et des rapports nombreux « généralement suffisants » et obtint-il « dès les débuts, « une connaissance suffisamment exacte des dispositions « de l'ennemi » sur lesquelles « on sut exercer une sur- « veillance constante (1) ». De notre côté, au contraire, la cavalerie nombreuse dont disposaient tous les commandants de corps d'armée a été, pour ainsi dire, inutilisée ; on ne peut citer, ni le 29, ni le 30 juillet, une seule reconnaissance d'officier, dans le sens où on l'entend aujourd'hui (2).

Pour tous ces motifs, il n'y a pas lieu d'être surpris que le service des renseignements seul ait obtenu des résultats appréciables. Le bulletin n° 6, du 30 juillet, du grand quartier général, donne un groupement probable des forces allemandes en trois armées :

« le service des reconnaissances a été largement pratiqué. On constate « toutefois, chez eux, un procédé tout particulier. On voit souvent de « forts détachements, s'élevant depuis la force d'un bataillon entier « jusqu'à la force de presque toute une division, ne se porter qu'à une « faible distance en avant et sans résultat particulier, attendu que les « mêmes observations auraient pu être faites le plus souvent par une « faible troupe. » Page 175.

(1) *Etudes de guerre*, 2ᵉ fascicule, page 172. Le général Verdy du Vernois ajoute : « Les quelques renseignements erronés ont eu géné- « ralement pour origine les déclarations de diverses personnes étran- « gères à l'armée. »

(2) Les *Observations sur le service de la cavalerie en campagne*, de 1868, prévoyaient ces reconnaissances.

« C'est la cavalerie seule qui peut pousser au loin les reconnais- « sances, informer le général en chef des mouvements et des dispo- « sitions de l'ennemi, éclairer la marche des colonnes, assurer leurs « communications..... » Page 7.

« Les reconnaissances, n'ayant d'autre mission que de voir, d'étudier « le terrain, et de recueillir des renseignements sur l'ennemi, doivent « être peu nombreuses et composées uniquement de cavalerie légère, « surtout si elles doivent se porter à plusieurs lieues en avant. » Page 40.

Armée de gauche : Prince royal ; quartier général, Carlsruhe : garde, V⁰ corps, corps badois et wurtembourgeois, un corps bavarois.

Armée du centre : Prince Frédéric-Charles ; quartier général, Mannheim : II⁰, III⁰, IV⁰, XII⁰ corps, un corps bavarois.

Armée de droite : Général Steinmetz ; quartier général Kreuznach : VII⁰, VIII⁰, IX⁰, X⁰ corps.

On n'avait aucun renseignement sur l'emploi des I⁰ᵗ, VI⁰, et XI⁰ corps, que l'on supposait destinés à opérer au nord.

D'après le même bulletin « la situation du VII⁰ corps « n'aurait pas varié : concentration de 40,000 hommes, « dit-on, à Duttweiler ». On savait de plus que la II⁰ armée entre Mayence et Mannheim avançait ; « la Iʳᵉ armée « serait à cheval sur le Rhin (duché de Bade et Bavière « rhénane) se reliant par le pont de Maxau ».

On apprend de source sûre « que la garde partira « entre le 29 et le 1ᵉʳ ; elle sera sur le Rhin dans trois « jours. Le Iᵉʳ corps est également en mouvement et les « troupes saxonnes sont en route depuis le 27... On « paraît disposé à prendre l'offensive en dirigeant des « forces considérables à travers le Rhin, dans le Palati- « nat. *Le moment présent semble favorable pour une mar- « che en avant des Français* ».

Le Ministre de la guerre confirme la nouvelle de « concentrations nombreuses à Coblentz et à Mayence ». Enfin, d'après une dépêche adressée au préfet de Metz, l'armée prussienne se disposerait à prendre l'offensive, et les « troupes restées à Trèves et à Conz se dirigeraient « sur Sarrebrück » (1). Au 2ᵉ corps, des renseignements certains confirment ce qui a « déjà été dit sur une con-

---

(1) Renseignement déjà fourni la veille par un agent de Thionville.

« centration fort importante de troupes sur la frontière
« bavaroise ». On signale de plus la construction de
« retranchements considérables » et d'ouvrages sur une
étendue de 4 à 5 kilomètres à Duttweiler et de Saint-
Ingbert à Sultzbach ; plus de 100,000 hommes se trouveraient à Duttweiler (1).

Le bulletin du 3ᵉ corps fait connaître que des troupes
nombreuses venues de Coblentz et de Neuwied à Trèves
« se concentreraient entre Trèves, Wittlich et Conz ».
Celui du 4ᵉ corps signale que ces troupes ont été dirigées
sur Merzig, mais que « d'après des renseignements
« dignes de foi, les Prussiens auraient peu de monde
« sur la Sarre », 2,000 à 3,000 hommes, disent d'autre
part les rapports des avant-postes.

En Alsace, le général Ducrot annonce que « les avant-
postes » ennemis se sont retirés de la frontière et ont
appuyé vers « leur droite ». Dans les environs de Wissembourg, règne le calme le plus complet. Il n'en est
pas de même à Lauterbourg, où on signale l'apparition
de hussards prussiens et de dragons badois, et le bruit
de la concentration de 20,000 hommes au nord de la
forêt du Bienwald, destinés à entrer à Lauterbourg dans
la nuit. Sur des avis alarmants et répétés venus de cette
ville, le commandant de Seltz fit faire des reconnaissances qui rentrèrent sans avoir rien vu. D'après le
général Ducrot, « sur le Rhin, vers Neuf-Brisach, il y a
« toujours apparence d'un rassemblement considérable
« dans la Forêt-Noire. Les déserteurs confirment ce
« renseignement ». Un déserteur prussien venu à
Colmar, dit qu'une armée considérable se forme derrière
la Forêt-Noire, et le général Douay écrit de Belfort au

---

(1) En réalité, il n'y avait personne à Duttweiler. Une ou deux
reconnaissances d'officiers, poussées sur ce point, auraient fixé le grand
quartier général français.

Major général que l'ennemi se disposerait à occuper Lörrach et Nollingen (1).

En somme, les renseignements parvenus le 30 au grand quartier général français permettaient de confirmer la présence à Landau et vers Sarrebrück de deux grosses avant-gardes, de conclure à l'existence de rassemblements très importants vers Trèves—Wittlich, vers Mayence et dans la région Spire—Mannheim—Carlsruhe, d'admettre enfin, sous réserves, la concentration de forces allemandes derrière la forêt Noire.

N'était-ce pas le moment pour l'armée française de prendre cette offensive à laquelle l'Empereur attachait tant de prix? Il semble qu'à la condition de limiter ses visées, une occasion éminemment propice s'offrit à lui le 30 juillet; les renseignements précédents la font ressortir très nettement. Les ordres pouvaient être donnés le 30 juillet aux 2e et 3e corps de franchir la Sarre le 1er août à Sarrebrück ; à deux divisions du 5e corps de déboucher par Sarreguemines; au 4e corps et à la garde, de suivre en seconde ligne. Pendant ce temps, les 1er et 7e corps auraient constitué une sorte de couverture défensive en Alsace, face aux troupes qui se rassemblaient vers Landau et derrière la Forêt-Noire; et une division du 5e corps serait restée à Bitche pour garder ce nœud de communications et appuyer au besoin les corps d'Alsace.

---

(1) Il s'agissait simplement d'une colonne mobile sous les ordres du colonel de Seubert, comprenant le 6e régiment d'infanterie, un escadron de dépôt et une batterie de dépôt, qui avait été amenée en chemin de fer le 30 juillet de Plochingen sur Donaueschingen, d'où elle se dirigea plus tard vers le Rhin, à travers la Forêt-Noire. (*Guerre franco-allemande*, rédigée par le Grand État-Major prussien, 1er fascicule, page 99.) Ces bruits de rassemblements importants de troupes dans la Forêt-Noire furent la cause prédominante du maintien ultérieur de la majeure partie du 7e corps en Haute-Alsace. Peut-être avaient-ils été répandus par l'ennemi dans ce but.

La témérité et l'impatience du général Steinmetz l'auraient probablement poussé à soutenir ses détachements de couverture de Sarrebrück et de Sarrelouis. Ne lui avait-on pas, au surplus, donné l'ordre le 29 de réunir la Ire armée sur la ligne Wadern—Losheim, c'est-à-dire bien plus au sud que Wittlich, point qui lui était assigné primitivement à l'époque où l'on comptait rassembler la IIe armée sur le front Neunkirchen—Hombourg ? N'était-ce pas l'inciter à détourner sur la Ire armée les efforts de l'adversaire, s'il faisait irruption ? Or, l'issue d'une rencontre avec la Ire armée n'était pas douteuse, car l'armée française disposait de deux fois plus de monde qu'elle. Outre l'échec infligé à la Ire armée, l'offensive française aurait eu probablement pour conséquences l'arrêt et l'attitude défensive de la IIe armée.

*
* *

Il ne semble pas que dans la journée du 30 juillet, le Grand État-Major allemand ait eu de nouveaux renseignements sur la formation et les emplacements de l'armée française. Ceux qu'il possédait le 30 au matin se trouvent résumés dans la : *Correspondance militaire du maréchal de Moltke*, sous la signature du lieutenant-colonel de Verdy, chef de section au Grand État-Major, et ont été reproduits dans le 1er fascicule, page 157.

D'après les renseignements reçus le 29 et confirmés le 30 par la cavalerie du détachement de Sarrebrück (1), les forces françaises semblaient se concentrer sur la ligne Forbach—Bitche ; le détachement de Sarrebrück (un bataillon du 40e et trois escadrons), se trouvait

---

(1) *Etudes de guerre*, Verdy du Vernois, 2e fascicule, page 196

donc très en danger. Le général de Goeben signala cette situation au chef d'Etat-Major général le 30 juillet à 1 h. 30 de l'après-midi et demanda si l'on avait l'intention de faire soutenir cette petite troupe par la IIe armée. Le maréchal de Moltke répondit qu'il ne fallait pas sacrifier le détachement de Sarrebrück ; que d'autre part il était impossible que la IIe armée lui vînt en aide ; qu'en conséquence, l'infanterie se replierait vers Sultzbach, Bildstock, la cavalerie conservant le contact avec l'ennemi (1). Mais le général de Goeben avait déjà prescrit « que les deux autres bataillons du 40e viendraient le « 31 juillet à Sarrebrück et qu'un détachement se tien-« drait prêt à les recueillir à Lebach dans le cas où il faudrait battre en retraite » (2). De son côté, le lieutenant-colonel von Pestel ayant déclaré qu'il pensait, grâce à ces dispositions, pouvoir conserver ses positions à Sarrebrük, on l'y maintint.

En même temps le chef d'Etat-Major général, qui avait prescrit le 29 au commandant de la IIe armée de constituer les 5e et 6e divisions de cavalerie (3), lui télégraphie le 30, à 2 h. 15 du soir, de les envoyer sans retard en exploration vers la frontière entre Sarrebrück et Bitche (4), dans le but sans doute de renseigner le commandement sur les mouvements des corps français dont on avait signalé la concentration sur la ligne : Forbach—Bitche. La 1re armée, qu'on ne voulait pas lancer imprudemment en avant, était prévenue de ne

---

(1) *Correspondance militaire du maréchal de Moltke*, 1er volume, n°s 78 et 79.

(2) *Ouvrage du Grand Etat-Major*, 1er fascicule, page 97.

(3) *Correspondance militaire du maréchal de Moltke*, 1er volume, n° 73.

(4) *Correspondance militaire du maréchal de Moltke*, 1er volume, n° 80.

pas dépasser, pour le moment, avec ses forces principales, la ligne Saarbourg—Wadern (1).

Le commandant de la II⁰ armée recevait l'ordre de faire avancer le XI⁰ corps à hauteur des III⁰ et IV⁰, c'est-à-dire sur la ligne Alsenz — Gölheim — Grünstadt. Enfin, le 30 juillet, à 7 h. 30 du soir, le maréchal de Moltke télégraphiait au commandant de la III⁰ armée, de s' « avancer vers le sud par la rive gauche du Rhin, « pour rechercher l'ennemi et l'attaquer », dès que les divisions badoise et wurtembergeoise auront rejoint (2).

Le 30 juillet, les armées allemandes occupent les emplacements suivants :

1ʳᵉ *armée.*

VII⁰ corps. — Avant-garde atteint Trèves.
    Gros : échelonné sur les deux routes Prum—Bittburg—Trèves et Daun—Wittlich—Trèves.
VIII⁰ corps. — Dans la région Morbach—Thalfang, au sud de Bernkastel.
La 3⁰ division de cavalerie n'est pas encore constituée.

II⁰ *armée.*

Continue sa concentration au sud de Mayence.
III⁰ corps (à l'exclusion de l'artillerie de corps), à l'est de la ligne Bingen—Kreuznach.
IV⁰ corps. — A cheval sur la route Mannheim—Durckheim.
IX⁰ corps (à l'exclusion de l'artillerie de corps). — Entre Mayence et Worms.
La garde, les X⁰ et XII⁰ corps sont en train d'arriver par quatre voies ferrées sur la ligne Bingen, Mayence et Mannheim (3).

III⁰ *armée.*

XI⁰ corps. — Concentré autour de Germersheim.
V⁰ corps. — Concentré autour de Landau.

---

(1) *Correspondance militaire du maréchal de Moltke*, 1ᵉʳ volume, n⁰ 72.
(2) *Correspondance militaire du maréchal de Moltke*, 1ᵉʳ vol., n⁰ 82.
(3) *Correspondance militaire du maréchal de Moltke*, 2⁰ vol., n⁰ 71.

4ᵉ division bavaroise. — Concentrée autour de Billligheim—Bergzabern.
3ᵉ division bavaroise. — Se concentre à Neustadt.
Division badoise. — Se concentre autour de Carlsruhe.
Division wurtembergeoise. — Se concentre autour de Graben.
1ᵉʳ corps bavarois. — Se concentre autour de Spire.

D'après l'historique du Grand État-Major, c'est le 30 juillet seulement que les généraux commandant les trois armées allemandes arrivèrent, avec leur quartier général, dans les zones de concentration de leurs armées à Trèves (Iʳᵉ), Alzey (IIᵉ), Spire (IIIᵉ) (1). Le généralissime, son chef d'état-major et le grand quartier général quittèrent Berlin le 31 juillet et s'installèrent à Mayence le 2 août. Si donc les troupes françaises eussent pris l'offensive, elles auraient eu à lutter jusqu'au 30 juillet contre des unités privées d'une direction d'ensemble.

L'armée française était répartie, le 30, au soir de la manière suivante :

1ᵉʳ corps. — Quartier général Strasbourg. Divisions d'infanterie à Reichshoffen, Haguenau, Strasbourg.
    Division de cavalerie à Soultz, Haguenau, Strasbourg, Schlestadt, Brumath.
    Réserves d'artillerie et du génie à Strasbourg.

2ᵉ corps. — Quartier général Saint-Avold. Divisions d'infanterie à Saint-Avold, Forbach, Bening.
    Division de cavalerie à Forbach, Bening, Saint-Avold.
    Réserves d'artillerie et du génie à Saint-Avold.

3ᵉ corps. — Quartier général Boulay. Divisions d'infanterie à Boucheporn, Boulay, Bettange.
    Division de cavalerie à Boulay.
    Réserves d'artillerie et du génie à Volmerange.

---

(1) Certains commandants de corps d'armée durent rejoindre leur corps d'armée à peu près à la même date, par exemple le général de Goeben, qui ne prit le commandement du VIIIᵉ corps à Wadern que le 1ᵉʳ août.

4ᵉ corps. — Quartier général Thionville. Divisions d'infanterie à Sierck, Lacroix, entre Thionville et Bouzonville.
Division de cavalerie à Sierck, Bouzonville, Colmen.
Réserves d'artillerie et du génie à Thionville.

5ᵉ corps. — Quartier général Sarreguemines. Divisions d'infanterie à Sarreguemines et Bitche.
Division de cavalerie à Bitche, Niederbronn, Sarreguemines.
Réserves d'artillerie et du génie à Sarreguemines.

6ᵉ corps. — Quartier général au camp de Châlons. Divisions d'infanterie au camp de Châlons, Soissons et Paris.
Division de cavalerie au camp de Châlons (moins 3 régiments manquants).
Réserves d'artillerie et du génie au camp de Châlons.

7ᵉ corps. — Quartier général Belfort. Divisions d'infanterie à Colmar, Belfort, Lyon.
Division de cavalerie à Belfort et Lyon.
Réserves d'artillerie et du génie à Belfort.

Garde et quartier général à Metz.

Réserve générale de cavalerie.
{ Emplacements du 29.
Le 30, le général de Bonnemains, commandant la 2ᵉ division de cavalerie, reçoit l'ordre de se rendre par étapes à Brumath; le départ est fixé au 2 août. }

Réserve générale d'artillerie.
{ Commence à arriver à Nancy. }

Parcs de corps d'armée.
{ Emplacements du 29. }

Grand parc d'artillerie de l'armée.
{ En formation dans les arsenaux de Metz, Strasbourg, Rennes, La Fère, Besançon, Douai, Toulouse. }

Equipages de ponts de réserve.
{ Le 1ᵉʳ à Toul.
Le 2ᵉ à Strasbourg. }

*
* *

L'examen des emplacements des corps d'armée français, dans la soirée du 30 juillet, les fait apparaître disséminés sur un front de 240 kilomètres, de Belfort à

Sierck. Cette formation d'attente, conséquence des voies ferrées et des quais de débarquement utilisables, était encore admissible, à la rigueur, à cette date, car on se trouvait dans la période de mobilisation et on savait que l'ennemi n'était pas prêt. On peut la comparer aux dispositifs préparatoires des guerres du XVIIIe siècle et de la période révolutionnaire (1), et notamment à ceux de la Grande Armée en septembre 1806 et en juin-juillet 1812. Il s'agissait seulement de ne pas être surpris dans cette formation et de se concentrer à temps. En l'espèce, l'armée du Rhin pouvait encore, le 30 juillet, constituer deux masses par mouvements latéraux, l'une sur Saint-Avold, l'autre sur Reichshoffen, avant que les Allemands fussent en mesure de franchir la frontière.

Il semble que trois ordres d'idées aient contribué à l'adoption de ce dispositif et à son maintien ultérieur :

I° Dans le choix des points de concentration des huit corps de l'armée du Rhin, l'Empereur n'avait fait autre chose « que se conformer, dit le général Lebrun, « aux indications données dans le plan de campagne « que l'archiduc Albert avait rédigé ». Le général était convaincu que ce plan tout entier allait être mis à exécution. « Ma conviction à cet égard, ajoute-t-il, était « d'autant plus grande, qu'il m'eût été impossible de « m'expliquer une dissémination si grande de nos « forces, au début de la guerre, dissémination qui ne « pouvait trouver son explication que dans une seule

---

(1) On en trouve un exemple dans le déploiement de l'armée du Nord au mois de mars 1794. « L'armée de Pichegru », dit le maréchal Soult, « formée en douze corps ou divisions inégales en forces, était « placée depuis Maubeuge jusqu'à Dunkerque, sur les débouchés de « toutes les routes qui traversent cette longue ligne..... Ces douze « divisions formaient autant de têtes de colonnes isolées et comme « un long réseau destiné à éclairer le pays, mais non à manœuvrer ».

« hypothèse : celle qui admettait que, pour cette guerre,
« l'armée autrichienne devait opérer avec nous (1), (2). »

L'archiduc Albert considérait, en effet, qu'il fallait, avant tout, « tromper l'ennemi sur le véritable point « d'attaque » (3), et que, pour y parvenir, il fallait

---

(1) *Souvenirs militaires du général Lebrun*, page 183.

Voir, au sujet du plan de campagne de l'archiduc Albert, le 1er fascicule, page 21.

(2) « Veuillez répéter à Sa Majesté et à ses ministres, écrivait le
« 20 juillet M. de Beust, chancelier d'Autriche, au prince de Metter-
« nich, ambassadeur à Paris, que, fidèles à nos engagements tels
« qu'ils ont été consignés dans les lettres échangées l'année dernière
« entre les deux souverains, nous considérons la cause de la France
« comme la nôtre, et que nous contribuerons au succès de ses armes
« dans les limites du « possible. » (*Enquête sur les actes du gouvernement de la Défense nationale*, pièces justificatives, II, 2e partie, 187-192.)

L'Empereur compta jusqu'au 1er août sur la coopération de l'Autriche et de l'Italie. A cette date, le comte Vimercati, attaché militaire d'Italie à Paris, arriva de Vienne à Metz où il soumit à Napoléon III un projet de traité lui assurant la neutralité *armée* de l'Autriche et de l'Italie, moyen détourné pour elles de prendre part ultérieurement à la guerre sans éveiller les susceptibilités de la Russie et de la Prusse. L'entrée en campagne devait avoir lieu dans les premiers jours de septembre, quand l'Autriche aurait achevé ses préparatifs.

L'Empereur ne voulut pas céder sur le règlement de la question romaine, où l'Autriche appuyait les demandes de l'Italie, et se refusa à signer le traité, malgré l'insistance du prince Napoléon. (Voir à ce sujet Pierre Lehaucourt, *Histoire de la guerre de 1870-1871. Ses origines.* Tome Ier, chapitre XIII.)

Voir aussi *Metz, campagne et négociations*, par un officier supérieur de l'armée du Rhin, page 19 :

« Nous entamons une grosse partie, disait à Metz, au début de la
« guerre, un des conseillers les plus intimes de l'Empereur, et il est à
« craindre que nous n'ayons des revers au début ; mais l'issue de la
« lutte n'est pas douteuse, elle se terminera par notre triomphe, grâce
« aux alliances qui viendront nous appuyer. » (*Ibid.*, page 24.)

(3) Plan rédigé de la main de l'archiduc Albert (*Souvenirs militaires du général Lebrun*, page 170.)

d'abord « tromper les siens : l'armée, le pays et surtout « les administrations de chemins de fer, car c'est de là « que l'ennemi reçoit ses informations » (1). Dès lors, il prévoyait la formation de deux armées. L'une, en Alsace, de huit divisions, échelonnées de Haguenau à Belfort, était destinée à franchir le Rhin, vers Strasbourg, le 15e jour, et à marcher sur Stuttgard et Nüremberg où elle effectuerait sa jonction avec une armée autrichienne. L'autre, en Lorraine, de douze divisions, dont huit en première ligne, entre Thionville et Sarreguemines, aurait pour mission de faire croire à l'ennemi que son objectif était « Mayence et la conquête du Palatinat » (2), de prendre même l'offensive « pendant un « certain nombre de jours, en avant de la Sarre », et d'attirer ainsi le plus de forces prussiennes possible sur la rive gauche du Rhin (3). Cette feinte favoriserait le mouvement de l'armée d'Alsace, qu'on se proposait de renforcer ultérieurement par tous les corps de l'armée de la Sarre dont la présence ne serait pas absolument indispensable dans le Palatinat (4).

---

(1) Plan rédigé de la main de l'archiduc Albert (*Souvenirs militaires du général Lebrun*, page 151).

(2) Plan de campagne proposé par l'archiduc Albert (*Souvenirs militaires du général Lebrun*, pages 106 et 151).

(3) Cette partie du plan de l'archiduc Albert ne fut pas étrangère, sans doute, à la décision finalement prise par l'Empereur, le 29 juillet, de faire une opération sur Sarrebrück, après avoir un instant hésité entre ce point et Sarrelouis : « Le 15e jour au soir, disait-il, il y a « huit divisions près de Forbach ; l'avant-garde se présente devant Sar- « rebrück et Sarrelouis et s'empare, si faire se peut, du premier ». (*Souvenirs militaires du général Lebrun*, page 153. Plan rédigé de la main de l'archiduc Albert.)

(4) L'archiduc Albert admettait qu'à la nouvelle du passage du Rhin par l'armée française d'Alsace, « la majeure partie des troupes prus- « siennes, venues dans le Palatinat, quitteraient ce terrain pour se por- « ter sur le Mein ou en Saxe ». (*Souvenirs militaires du général Lebrun*, page 107.)

En outre, trois divisions seraient rassemblées à Paris et deux à Lyon ;

2° L'Empereur « qui professait la plus grande estime « pour les talents militaires de l'archiduc Albert » avait disposé l'armée d'après ses indications. En outre, il attribuait sans doute au dispositif un avantage indirect : celui d'interdire à l'ennemi tous les passages de la frontière. Cette préoccupation semble avoir été très grande à l'armée du Rhin. On verra les divisions se succéder aux mêmes points, sur les mêmes « positions », barrant les voies d'accès. Parfois même, elles ne voudront pas les quitter avant d'avoir été relevées par d'autres troupes ;

3° Si l'on se rendait compte, au grand quartier général français, de l'impossibilité de prendre l'offensive générale à l'époque prévue (15ᵉ jour), on ne redoutait pas encore d'être surpris par l'adversaire, dans ce dispositif préparatoire, dont l'avantage, pensait-on, avec l'archiduc Albert, était de laisser l'ennemi dans l'incertitude sur le point où l'on comptait porter le centre de gravité des forces (1).

On avait la conviction qu'on aurait toujours le loisir de voir venir l'ennemi et de serrer rapidement les corps d'armée sur l'un d'eux. De fait, on y est parvenu en Lorraine pour les 2ᵉ, 3ᵉ et 4ᵉ corps et il n'a tenu qu'au maréchal de Mac-Mahon de réunir le 5ᵉ corps au 1ᵉʳ pour la bataille de Wœrth. Quant au 7ᵉ corps, ce n'est pas son éloignement, mais son manque d'organisation qui l'a empêché d'y prendre part. Par contre, le maintien de la garde à Metz, et du 6ᵉ corps à Châlons, restent injustifiables.

Telles furent, sans doute, les considérations qui motivèrent le déploiement stratégique de l'armée du Rhin,

---

(1) On verra que, le 1ᵉʳ août, le Major général, écrivant au Ministre de la guerre, lui dira que « l'ennemi est loin d'être prêt ».

de Thionville à Belfort et qui déterminèrent l'Empereur à n'y apporter aucune modification, jusqu'au 30 juillet et même plus tard. Malheureusement, ses calculs étaient entachés d'un certain nombre d'erreurs qui s'étaient ajoutées les unes aux autres : erreur sur la durée de la mobilisation française qu'on avait estimée à 15 jours seulement (1); erreur sur celle de l'armée allemande, qu'on avait jugée beaucoup plus considérable qu'elle ne le fut; erreur enfin sur le degré de rapidité de concentration

---

(1) « Le passage du pied de paix au pied de guerre fut beaucoup « plus long qu'on ne s'y était attendu, et ce fut la raison principale de « nos revers. »

(*Œuvres posthumes de Napoléon III*, comte de la Chapelle, page 91.)

« En rappelant les illusions qu'entretenaient les hommes les plus « compétents sur la promptitude avec laquelle on pouvait passer du « pied de paix au pied de guerre, on se convaincra que ce qui a man-« qué surtout, ce ne sont ni les hommes, ni les chevaux, ni le matériel, « ni les approvisionnements, mais une organisation qui eût permis de « rassembler tous ces éléments en temps opportun sur les lieux où ils « devaient être employés. »

(*Œuvres posthumes de Napoléon III*. Avant-propos du comte de la Chapelle, rectifié de la main de l'Empereur.)

Le 6 juillet, le maréchal Le Bœuf avait remis à l'Empereur la note suivante :

« Quinze jours après l'ordre donné par l'Empereur, on aura formé « deux armées comptant :

350,000 hommes de toutes armes,
875 bouches à feu.....

« Il resterait :

	Hommes.
A l'intérieur............	181,500
En Algérie.............	50,000
A Civita................	6,500
TOTAL.....	238,000

que l'adversaire pouvait obtenir par une utilisation bien entendue des voies ferrées.

Reporter	238,000
« Ajoutant les chiffres ci-dessus.	350,000
On trouve.....	588,000 disponibles pour la guerre.
« Ajoutant non-valeurs........	74,546
On obtient.....	662,546

« comptant à l'armée régulière. »

(Pierre Lehautcourt, *Histoire de la guerre de* 1870-71, tome I, page 231).

« En 1868, le maréchal Niel comptait que la mobilisation et la con-
« centration de notre armée exigeraient 9 jours seulement. Mais
« c'était là une fâcheuse illusion. On le reconnaît presque aussitôt et
« l'on admet que ce laps de temps doit être porté à 14 ou 15 jours. Du
« moins le maréchal Le Bœuf suppose que nous pourrons passer la fron-
« tière le quinzième jour, avec un effectif de 400,000 hommes. Le
« général Lebrun en doute, mais il n'en communique pas moins ces
« données à l'archiduc Albert. »

(Pierre Lehautcourt, *loc. cit.*, page 354).

DOCUMENTS ANNEXES.

Journée du 30 juillet.

QUARTIER GÉNÉRAL DE L'ARMÉE.

a) **Journaux de marche.**

Le Journal de marche de l'État-Major général de l'armée du Rhin mentionne les faits suivants :

La 2e brigade de la 4e division du 3e corps se rend de Metz à Boulay (1).

Mouvement de concentration ordonné pour le lendemain aux 2e, 3e, 4e et 5e corps (2).

b) **Organisation et administration.**

Le Ministre de la guerre annonce, par les deux dépêches suivantes, l'arrivée de nouveaux détachements de renfort :

Le Ministre de la guerre au Major général, à Metz.

Paris, 30 juillet.

J'ai l'honneur d'informer Votre Excellence que des ordres sont donnés aujourd'hui pour que les contingents ci-après soient envoyés immé-

---

(1) La 1re brigade de cette division avait déjà gagné Boulay la veille, ainsi que l'artillerie de la division.

(2) Le journal de marche du 5e corps ne fait pas mention d'un ordre quelconque de mouvement émanant du quartier général de l'armée pour la journée du 31. Il signale uniquement la réception d'une dépêche du Major général, relative à l'opération sur Sarrebrück, le 2 août.

diatement, par les chemins de fer, des dépôts aux portions actives de leurs corps.

Ils seront dirigés, savoir :

500 hommes du 19ᵉ de ligne........	}	Sur Metz.
120 — du 15ᵉ bat. de chasseurs à pied.............		
218 — du 57ᵉ de ligne........	}	Sur Thionville.
350 — du 20ᵉ bat. de chasseurs à pied.............		
350 — du 46ᵉ de ligne........	}	Sur Sarreguemines.
400 — du 94ᵉ de ligne........		Sur Soissons.
150 — du 9ᵉ bat. de chasseurs à pied.............	}	Sur le camp de Châlons.
400 — du 3ᵉ de ligne........		Sur Belfort.
500 — du 83ᵉ de ligne........		Sur Lyon.

Total : 2,988 hommes.

Le Ministre de la guerre au Major général, à Metz.

Paris, 30 juillet.

J'ai l'honneur d'informer Votre Excellence que j'ai donné l'ordre de faire partir le plus tôt possible, par les voies ferrés :

	Hommes.	
1 détachement du 36ᵉ de ligne........	200	}
— du 48ᵉ —	200	
— du 50ᵉ —	200	Pour Strasbourg.
— du 78ᵉ —	300	
— du 87ᵉ —	250	
— du 96ᵉ —	150	
— du 2ᵉ —	200	}
— du 8ᵉ —	300	
— du 24ᵉ —	300	
— du 32ᵉ —	200	Pour Metz.
— du 40ᵉ —	400	
— du 67ᵉ —	400	
— du 12ᵉ bat. de chasseurs.	200	
— du 7ᵉ de ligne........	600	}
— du 51ᵉ —	300	
— du 69ᵉ —	150	Pour Metz.
— du 71ᵉ —	300	
— du 85ᵉ —	200	
— du 95ᵉ —	300	

1 détachement du 13ᵉ de ligne	200	⎫	
— du 15ᵉ —	200	⎪	
— du 43ᵉ —	100	⎬	Pour Thionville.
— du 98ᵉ —	500	⎪	
— du 5ᵉ chasseurs à pied	100	⎭	
— du 11ᵉ de ligne	100	⎫	
— du 30ᵉ —	200	⎪	
— du 49ᵉ —	400	⎪	
— du 68ᵉ —	200	⎬	Pour Sarreguemi-nes.
— du 84ᵉ —	250	⎪	
— du 86ᵉ —	200	⎪	
— du 97ᵉ —	300	⎪	
— du 14ᵉ chasseurs à pied	200	⎭	
— du 4ᵉ de ligne	200	⎫	
— du 10ᵉ —	200	⎪	
— du 12ᵉ —	200	⎬	Pour le camp de Châlons.
— du 91ᵉ —	200	⎪	
— du 100ᵉ —	300	⎭	
— du 3ᵉ —	400	⎫	
— du 21ᵉ —	300	⎬	Pour Belfort.
— du 37ᵉ —	200	⎪	
— du 89ᵉ —	250	⎭	
Total	10,350		

Le général Crespin, commandant la 5ᵉ division militaire, au Major général.

Metz, 30 juillet.

Son Excellence M. le Ministre de la guerre m'invite à vous donner avis des mouvements suivants :

La 11ᵉ compagnie du 3ᵉ régiment du train part de Châteauroux le 30 juillet pour Thionville.

Le parc de la garde (400 hommes, 700 chevaux, 112 voitures) arrivera à Metz le 31 juillet.

Le complément de la 1ʳᵉ compagnie principale et de la 1ʳᵉ compagnie *bis* du 1ᵉʳ régiment du train d'artillerie part pour Metz, le 31 juillet, par les voies ferrées.

Pour suppléer à l'insuffisance des voitures régimentaires, il avait fallu, dans tous les corps d'armée et même dans la garde, organiser des trains auxiliaires. L'état ci-après donne le nombre de voitures affectées à chaque corps à la date du 30 juillet·

32   LA GUERRE DE 1870-1871.

ÉQUIPAGES AUXILIAIRES EXISTANT A LA DATE DE CE JOUR
(30 juillet 1870).

(État signé de l'intendant général Wolff.)

Grand quartier général.	Voitures de réquisition provenant de la Meurthe.................... (En recevra 100 autres demain.)	300
Garde impériale.	Voitures de réquisition provenant de la Moselle.............................	400
1er corps.......	Un marché d'entreprise pour la fourniture et la conduite de 600 *voitures*, pendant la durée de la campagne................	»
2e corps........	Voitures de réquisition des environs de St-Avold..................... 420 Recevra lundi, par les soins de l'administration du grand quartier général. 300	720
3e corps........	Voitures de réquisition provenant de la Meuse et de la Meurthe.............	550
4e corps........	Voitures de réquisition provenant des arrondissements de Briey et de Thionville................... 358 Recevra mardi, du grand quartier général (provenant des autres arrondissements de la Moselle).......... 150	508
5e corps........	Voitures de réquisition...............	694
6e corps........	N'a pas encore fait connaître ses ressources en train auxiliaire...............	»
7e corps........	A reçu l'ordre de constituer un équipage de 1000 voitures, dans le Haut-Rhin et dans le Doubs, pour le service des 1er et 7e corps................................	»
Réserve de cavalerie.	Voitures de réquisition des Vosges.... 150 Voitures de réquisition de Lunéville .. 100	250

Contingents attendus.

Réserve........	Ardennes (chiffre inconnu).............	»
	Vosges...............................	350
	Meurthe..............................	300

Places fortes déclarées en état de guerre.

Le Ministre de la guerre par intérim, au Major général, à Metz.

                                            Paris, 30 juillet :

Aux termes du décret du 27 juillet 1870, dont j'ai l'honneur de vous adresser ci-joint ampliation, les places de Strasbourg, Schlestadt, Neufbrisach, Belfort, Lichtemberg, La Petite-Pierre, Metz, Thionville, Longwy, Bitche, Marsal, Phalsbourg, Montmédy, Verdun et Toul, sont en état de guerre.

Par suite, le service devra être réglé à l'avenir, dans ces places, conformément aux dispositions du titre IV du décret du 13 octobre 1863.

Il importe que les commandants desdites places se pénètrent des devoirs que leur imposent ces dispositions; mais ils ne perdront pas de vue qu'il convient d'user avec réserve des nouveaux pouvoirs qui leur sont dévolus, et que c'est seulement dans le cas d'absolue nécessité, qu'ils doivent se déterminer à prendre des mesures qui pourraient porter atteinte à certains intérêts particuliers de la population.

Dans les questions de ce genre, il sera utile, d'ailleurs, que l'autorité militaire s'entende avec l'autorité civile, afin d'arriver à la solution la plus convenable pour les divers intérêts engagés.

J'invite MM. les généraux, commandant les 5e et 6e divisions militaires (1), à adresser des instructions dans ce sens aux commandants des places mises en état de guerre.

Le service du génie local recevra des instructions, en ce qui touche l'application à faire du décret du 10 août 1853, dans ces places.

Je vais désigner les officiers qui seront appelés à commander les places de Lichtemberg et La Petite-Pierre (2).

c) Opérations et mouvements.

Le Major général au Ministre de la guerre, à Paris.
(D. T. Ch.).

Metz, 30 juillet 7 h. 3/4 (Minute de la main du maréchal Le Bœuf).

Emplacements de demain :

    2e corps, quartier général à Morsbach (3).
    3e   —   —   à St-Avold.

---

(1) Metz et Strasbourg.
(2) « Le maréchal Le Bœuf vint visiter Strasbourg le 30 juillet, où
« il n'avait envoyé aucune instruction, quoiqu'il se fût réservé le com-
« mandement du territoire. On n'y avait pris aucune disposition sous
« le rapport de la défense. Les pièces n'étaient même pas sur les rem-
« parts. Le Maréchal fit une scène des plus violentes au commandant
« de la place, qui se contenta de répondre qu'il n'avait pas reçu d'in-
« structions. »
    (Souvenirs inédits du maréchal de Mac-Mahon, 30 juillet.)
(3) Ce sera Forbach, en réalité.

4ᵉ corps, quartier général à Boulay.
5ᵉ — — à Sarreguemines.
Garde, — à Metz (1).

Le général Douay appelle le dépôt et le 4ᵉ bataillon du 45ᵉ, d'Huningue à Belfort.

d) Situations et emplacements.

Effectif de l'armée du Rhin au 30 juillet.

	Hommes.	Chevaux.
1ᵉʳ corps	40,296	7,306
2ᵉ —	25,574	4,789
3ᵉ —	37,446	7,835
4ᵉ —	27,623	5,534
5ᵉ —	24,824	5,002
6ᵉ —	31,377	2,908
7ᵉ —	19,273	3,272
Garde impériale	20,478	7,383
Réserve de cavalerie	5,101	4,319
Réserve du génie	224	56
Total	232,216	48,404 (2)

Journée du 30 juillet.

1ᵉʳ CORPS.

a) Journaux de marche.

Journal de marche du 1ᵉʳ corps.

Le général Ducrot concentre toujours sa division autour de Lembach (3).

---

(1) Les autres corps d'armée, les parcs d'artillerie et le grand parc, conservent leurs emplacements de la veille. Il en est de même de la réserve générale de cavalerie. Quant à la réserve générale d'artillerie, elle commence à débarquer à Nancy.

(2) Le grand parc d'artillerie de l'armée est en voie de formation dans les huit arsenaux de Metz, Strasbourg, Rennes, la Fère, Besançon, Douai, Lyon, Toulouse. Deux équipages de pont de réserve sont, l'un à Toul, l'autre en voie de formation à Strasbourg.

(3) Il y a là une inexactitude. En réalité, la division Ducrot avait son

Le 96ᵉ est à Climbach avec des avant-postes au Pigeonnier et au col du Pigeonnier.

Le 1ᵉʳ zouaves a trois compagnies à Mattstall et a poussé jusqu'à Fleckenstein (1).

La 2ᵉ division envoie deux bataillons du 50ᵉ, l'un à Seltz, l'autre à Soultz, pour soutenir les 2ᵉ lanciers et 3ᵉ hussards (2).

b) Organisation et administration.

Le maréchal de Mac-Mahon au Major général (D. T.).

Strasbourg, 30 juillet, 5 heures soir (n° 2105), expédiée à 5 h. 35 soir.

Il ne manque plus que le 10ᵉ de dragons (3) pour que tous les corps qui doivent faire partie du 1ᵉʳ corps d'armée soient très largement représentés.

Il manque seulement des fractions qui arriveront sans doute prochainement.

L'artillerie est complète.

---

quartier général à Reichshoffen et ses éléments se trouvaient répartis à Niederbronn, Woerth, Reichshoffen, ainsi que le fait résulte clairement de l'examen des historiques des corps de la division. La même erreur s'est glissée dans le journal de marche du 1ᵉʳ corps pour la journée du 29 (2ᵉ fascicule, page 25). Aussi avait-on cru devoir rectifier (page 40) l'indication de Reichshoffen, donnée pour la division Ducrot le 29, dans un rapport du maréchal de Mac-Mahon au Major général. Cette indication était absolument exacte le 29; elle l'est encore le 30, les troupes de cette division ayant conservé leur emplacement de la veille.

(1) Le 1ᵉʳ zouaves n'était pas à Fleckenstein le 30, mais à Reichshoffen. Fleckenstein est un château en ruines situé au nord de Lembach, à l'extrême frontière.

(2) Ces régiments appartenaient à la division de cavalerie du 1ᵉʳ corps et se trouvaient à Soultz : le 3ᵉ hussards depuis le 26 juillet, le 2ᵉ lanciers depuis le 28 juillet.

(3) Ce régiment, parti de Clermont-Ferrand le 30 juillet, par étapes, ne put arriver en Alsace. Il se trouvait le 30 juillet à Varzy (Nièvre). Le 11 août, il avait atteint Mirecourt, lorsqu'il reçut du maréchal de Mac-Mahon l'ordre de rétrograder sur le camp de Châlons.

Le Major général au maréchal de Mac-Mahon.

Metz, 30 juillet.

J'ai l'honneur de vous adresser ci-joint 50 exemplaires d'un recueil des sonneries de l'armée prussienne.

Je vous prie de vouloir bien faire répartir ces exemplaires, à titre de renseignement, entre les différents corps de troupes placés sous vos ordres.

DIVISION DUHESME. — *Le colonel Dastugue, commandant le 11e régiment de chasseurs, au général de Septeuil, commandant la 1re brigade de la division de cavalerie du 1er corps.*

Haguenau, 30 juillet, 10 heures du matin.

....

Nous sommes pourvus de cartouches (fusil modèle 1866) à raison de 38 cartouches par homme.

Nos voitures régimentaires ont été marquées à Lyon. Les voitures des cantinières portent la plaque réglementaire. Nos sabres ont été affilés à Strasbourg. Chaque homme a une ferrure complète de rechange avec 30 clous. Les maréchaux ont, en outre, un approvisionnement de réserve de 2 jours d'avoine. Nous devons, en cas de départ, aligner cet approvisionnement à 4 jours. Nous toucherons ce soir 4 jours de vivres de campagne et 2 jours de biscuit de réserve. A partir d'après-demain, nous recevrons les vivres de campagne, les officiers exceptés.

....

Le maréchal de Mac-Mahon au général Douay, à Haguenau.

Strasbourg, 30 juillet.

Malgré les recommandations faites, j'ai été informé que, dans plusieurs corps, on a touché aux approvisionnements de réserve et surtout au biscuit.

Je vous rappelle que cet approvisionnement étant destiné à assurer le service au moment où l'on se mettra en marche, il est très essentiel que les chefs de corps donnent des ordres pour que des revues de détail soient passées et pour qu'on s'assure que ces approvisionnements sont toujours au complet.

Les cartouches devront être complétées à 90 par homme.

Je vous prie de me faire connaître les corps de votre division qui n'ont pas touché leurs voitures et ce qu'il leur en faut.

Le maréchal de Mac-Mahon au général Douay, à Haguenau.

Strasbourg, 30 juillet.

J'ai décidé que chaque régiment d'infanterie aura une réserve de 1000 paires de souliers et chaque bataillon de chasseurs une réserve de 400 paires.

A cet effet, une voiture de réquisition par brigade sera affectée au transport de ces chaussures.

Des ordres sont donnés à l'intendant du corps d'armée pour assurer l'exécution de cette mesure.

c) **Opérations et mouvements.**

ORDRE DE LA 2ᵉ DIVISION.

Haguenau, 30 juillet.

La 2ᵉ division du 1ᵉʳ corps de l'armée du Rhin se trouvant constituée par l'arrivée successive des corps qui la composent, le moment est venu, pour le général commandant la division, de faire un appel aux sentiments de patriotisme et d'honneur militaire qui animent les troupes des diverses armes, et de les convier à se rattacher fortement les unes aux autres par les liens d'estime et de fraternité qui feront de la 2ᵉ division une famille dont tous les cœurs doivent battre à l'unisson.

Appelés à accomplir une bien grande tâche, il dépend de vous de la rendre glorieuse. Fortifiés dans votre dévouement à la Patrie par les témoignages de sympathie qui vous ont suivis jusqu'ici, vous voudrez qu'à votre retour vos familles et vos concitoyens saluent en vous les intrépides soutiens de l'honneur national, et vous ferez bien d'acquérir des droits à leur reconnaissance.

Qu'une noble émulation règne entre vous. Vos armes sont supérieures à celles de l'ennemi. L'Empereur, donnant un auguste exemple, vient avec son fils partager vos dangers, et vous avez à votre tête un illustre Maréchal dont le nom seul est un gage de succès.

Montrez-vous dignes de lui et soyez certains que, fiers de conduire au combat les enfants de notre chère Patrie, vos généraux se montreront toujours dignes de vous commander.

Le Major général au maréchal de Mac-Mahon, à Strasbourg.

Metz, 30 juillet (n° 88).

J'ai l'honneur de vous faire savoir que je prescris à M. le général de Bonnemains, commandant la division de cuirassiers à Lunéville, de se tenir prêt à partir, avec sa division, le 2 août, pour se rendre « par étapes » à Brumath, où il se trouvera placé dans votre rayon d'action et en mesure, si les circonstances l'exigent, de concourir à vos opérations.

M. le général de Bonnemains recevra des ordres de mouvements par M. le Ministre de la guerre qui a été prévenu à cet effet.

DIVISION DE CAVALERIE DUHESME. — *Le colonel Daslugue, commandant le 11e chasseurs* (1), *au général de Septeuil, commandant la 1re brigade de la division de cavalerie du 1er corps.*

Haguenau, 30 juillet, 10 heures du matin.

....

A Drusenheim, une patrouille surveillant le Rhin, en avant de Greffern (côté du nord), a échangé hier des coups de fusil avec des cavaliers qui, dès son apparition, s'étaient portés sur la rive droite. Personne de blessé chez nous, quoique l'ennemi ait tiré 17 coups de feu. Le brigadier Pilot, du 3e escadron, aurait blessé un cavalier et atteint un cheval, et les cavaliers badois auraient disparu aussitôt.....

d) Situations et emplacements.

Le maréchal de Mac-Mahon au Major général, à Metz (D. T.).

Strasbourg, 30 juillet, 7 h. 25 soir (n° 2529), expédiée à 9 h. 35 soir.

SITUATION SOMMAIRE DU 1er CORPS A LA DATE DU 30.

1re *division*; se concentre à Lembach (2) :

Infanterie......	316 officiers,	9,040 hommes,	144 chevaux.
Artillerie......	15 —	431 —	369 —
Génie.........	4 —	75 —	17 —
Gendarmerie...	1 —	17 —	9 —

2e *division*; Haguenau, comme hier :

Infanterie......	304 officiers,	7,761 hommes,	91 chevaux.
Artillerie......	15 —	444 —	369 —
Génie.........	4 —	104 —	17 —
Gendarmerie...	1 —	17 —	9 —

---

(1) Le gros du 11e chasseurs est à Haguenau.
(2) Voir la note (3) de la page 34.

3ᵉ *division;* à Strasbourg :

    Infanterie...... 233 officiers, 7,234 hommes, 145 chevaux.
    Artillerie...... 15 — 433 — 370 —
    Génie......... 5 — 106 — 10 —
    Gendarmerie... 1 — 17 — 11 —

4ᵉ *division;* à Strasbourg :

    Infanterie...... 251 officiers, 7,598 hommes, 191 chevaux.
    Artillerie...... 15 — 444 — 371 —
    Génie......... 3 — 82 — 15 —
    Gendarmerie... 1 — 16 — 12 —

Division de cavalerie; emplacement comme hier :

    266 officiers, 3,386 hommes, 3,388 chevaux.
    Gendarmerie : 1 officier, 18 hommes, 17 chevaux.

Réserve d'artillerie :

    46 officiers, 1332 hommes, 1349 chevaux.

Réserve du génie :

    6 officiers, 149 hommes, 38 chevaux.

Services administratifs; à Strasbourg :

    Infirmiers........................... 85 hommes.
    Ouvriers........................... 13 —

Train des équipages :

    3 officiers, 194 hommes, 262 chevaux.

Train d'artillerie; à Strasbourg :

    2 officiers, 84 hommes, 132 chevaux.

    Total général..... { 1,512 officiers. / 39,078 hommes. / 7,306 chevaux. } 40,590

Matériel à Strasbourg.

Voitures du train...........................	45
Voitures auxiliaires.........................	55
Forges de campagne........................	2
Caissons d'ambulance......................	17
Caissons de pharmacie.....................	5
Voitures d'ambulance (4 roues).............	5
Voitures d'ambulance (2 roues).............	17
Brancards.................................	227

Emplacement des troupes au 30 juillet.

Quartier général	à Strasbourg.
Division Ducrot	à Lembach (1).
Division Douay	à Haguenau.
Division Raoult	à Strasbourg.
Division de Lartigue	à Strasbourg.

Division de cavalerie (Duhesme)
- 3ᵉ hussards......... à Soultz.
- 11ᵉ chasseurs....... à Haguenau.
- 2ᵉ lanciers......... à Soultz.
- 6ᵉ lanciers......... à Strasbourg et Schlestadt.
- 8ᵉ et 9ᵉ cuirassiers. à Brumath.

Réserve d'artillerie.................. à Strasbourg (2).

Journée du 30 juillet.

2ᵉ CORPS D'ARMÉE.

a) Journaux de marche.

Journal de marche du 2ᵉ corps d'armée.

Voir *Revue militaire*, février 1900, page 108.

Journal de marche de la 1ʳᵉ division.

Le 30 juillet, une reconnaissance, poussée du côté de Sarrelouis par un bataillon du 55ᵉ, ne signale rien de particulier.

Journal de marche de la 3ᵉ division.

Les reconnaissances continuent à ne point rencontrer l'ennemi. Les éclaireurs volontaires observent quelques patrouilles prussiennes. Les espions continuent de signaler la présence de forces très considérables sur la rive droite de la Sarre. Jusqu'au 28, elles n'avaient envoyé, sur la rive droite de la Sarre, que de petites patrouilles sans importance, se tenant en arrière et à peu de distance de la Sarre; mais, à partir du 29, elles vont commencer à déboucher vers Werden, Schoeneck et autres points (3).

---

(1) Voir la note (3) de la page 34.
(2) Le parc d'artillerie du 1ᵉʳ corps d'armée s'organise à Besançon.
(3) La Sarre avait été franchie par des patrouilles de la garnison de

Les espions continuent à signaler une concentration formidable du côté de Duttweiler, en arrière de Sarrebrück ; plus de 100,000 hommes se trouveraient sur cette ligne.

b) Organisation et administration.

Le Chef de station de Saint-Avold au Chef d'état-major du 2ᵉ corps.
Saint-Avold, 30 juillet.

Il arrive à l'instant, 12 h. 50 soir, un train de troupes composé de plusieurs détachements de plusieurs régiments :

1° 409 hommes du 63ᵉ régiment de ligne ;
2° 499 hommes du 67ᵉ régiment de ligne.

Veuillez bien nous dire où il faut diriger cette troupe.

Le même au même.
Saint-Avold, 30 juillet.

A l'instant, il rentre, 6 h. 15 soir, en gare, un train complet à destination de Saint-Avold, chargé de 94 voitures, lesquelles sont la plupart marquées : *Train auxiliaire* n° 1. — *Service régimentaire.* Prière de me dire si elles doivent continuer ou être déchargées ici. Un autre train, contenant 2 voitures de troupes, est prêt à rentrer en gare. Régiment encore pas connu. Faire le nécessaire.

Rapport journalier, du 29 au 3 juillet (1ʳᵉ division).

Un détachement composé de 2 officiers et 379 hommes, venant du dépôt du 55ᵉ, est arrivé au corps hier ; un homme de ce détachement est resté en route. Chaque homme était muni de 45 cartouches : on va compléter à 90 cet approvisionnement dans la journée.

Ces hommes étaient pourvus d'ustensiles de campement, mais ils n'ont apporté ni tentes-abris, ni demi-couvertures, ni petits bidons.

L'intendant du 2ᵉ corps demande l'organisation d'un service de direction et de surveillance pour les voitures de réquisition mises à la disposition du corps d'armée.

L'intendant Bagès, du 2ᵉ corps, au général Frossard.
Saint-Avold, 30 juillet (n° 61).

Les moyens de transport du corps d'armée seront constitués au moyen de voitures de réquisition et de voitures du service auxiliaire, parmi

---

Sarrelouis dès le premier jour. « Dès le premier jour, dit Verdy du Vernois, la frontière fut constamment observée par des patrouilles. »
(*Etudes de guerre*, 1ᵉʳ fascicule, page 117.)

lesquelles il est de la plus grande importance d'organiser un service de direction et de surveillance, qui ne peut être confié qu'à un cadre militaire.

L'article 44 du règlement du 15 janvier 1867, sur les transports en campagne, a d'ailleurs prévu les mesures à prendre dans ce but, et j'ai l'honneur de vous prier de vouloir bien faire mettre à ma disposition un cadre composé ainsi qu'il suit :

    1 lieutenant monté ;
    1 maréchal des logis monté ;
    4 brigadiers montés, pour faire fonctions de maréchaux des logis ;
    8 cavaliers montés, pour faire fonctions de brigadiers ;
    3 soldats de 2ᵉ classe, à pied ;
    1 trompette, monté.

Le lieutenant pourrait être désigné parmi les officiers du train des équipages, ainsi que le maréchal des logis ; mais les autres militaires ne pourraient être fournis par les troupes d'administration, et je prie Votre Excellence de vouloir bien les faire désigner parmi les autres corps de troupes du corps d'armée.

Grand quartier général à Metz.

30 juillet.

Envoi de la 1ʳᵉ section de l'État-Major général de l'armée au général Frossard, à Saint-Avold :

600 cartes indiquant les routes qui conduisent au Rhin (1).

c) **Opérations et mouvements.**

Le Major général au général Frossard, à Saint-Avold (D. T. Ch.).

Metz, 30 juillet, 12 h. 20 matin (n° 206), expédiée à 12 h. 55 matin.

Dimanche (31), vous porterez votre quartier général à Morsbach. Votre corps se concentrera sur les points qui vous seront indiqués par les instructions que vous recevrez dans la journée.

---

(1) Telle était la seule carte mise à la disposition des officiers. Dans l'armée allemande, « les troupes avaient été abondamment pourvues de « cartes des régions qui devaient servir de premier théâtre aux opéra- « tions, par les soins de la section de géographie et de statistique du « Grand État-Major prussien (colonel de Sidow), puissamment secondée « par le bureau topographique de Munich (major Orff). Au 31 juillet, « on avait distribué environ 170,000 feuilles françaises, dont plus de

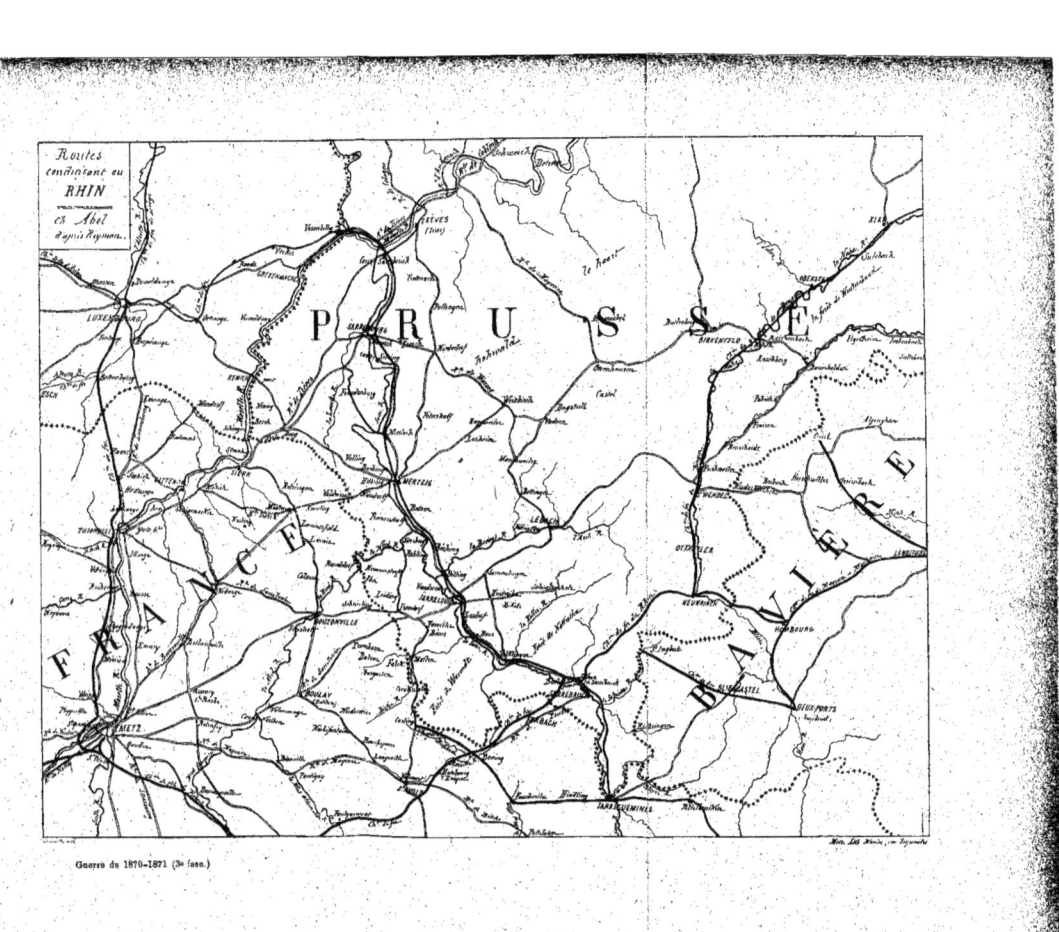

Réponse :

Le mouvement de concentration sera fait demain. J'attends les instructions annoncées. L'opération projetée pourra être faite après-demain, si rien ne contrarie (1).

Le Major général au général Frossard, à Saint-Avold (D. T.).

Metz, 30 juillet, 11 h. 7 matin (n° 231).

Un officier de l'État-Major général, partant demain matin par le train de 4 h. 53, vous apporte des ordres à Saint-Avold. Attendez son arrivée avant de partir de votre personne pour Morsbach.

L'Empereur au général Frossard (D. T. Ch.).

Metz, 30 juillet, 1 h. 25 soir (n° 222), expédiée à 2 heures du soir.

On dit que 10,000 hommes sont arrivés à Sarrebrück. Le mouvement de concentration sera, je l'espère, fait demain. Quand croyez-vous pouvoir être prêt pour l'opération projetée ?

Réponse :

Le mouvement de concentration sera fait demain, j'attends les instructions annoncées. L'opération projetée pourra être faite après-demain lundi, si rien ne contrarie. Nos renseignements disent que les 10,000 hommes ne se seraient pas arrêtés à Sarrebrück et que la concentration ennemie se fait sur la frontière bavaroise.

Le général Frossard au Major général, à Metz (D. T. Ch.).

Saint-Avold, 30 juillet, 6 h. 15 soir (n° 2508), expédiée à 6 h. 15 soir.

Vous m'avez annoncé des instructions pour mon mouvement qui doit se faire demain ; je les attends (2).

« 32,000 à l'échelle du 1/80,000°, et 52,000 feuilles environ de l'Alle-
« magne occidentale ».

(*La Guerre franco-allemande de* 1870-1871, rédigée par la Section historique du Grand État-Major prussien ; 1re livraison, page 108).

Remarquer que sur la carte ci-dessus la route marquée « route de Bouzonville » ne conduit nullement à cette localité.

(1) On voit que le général Frossard parle de « l'opération projetée » sans que le Major général en fasse mention dans son télégramme. Le Major général devait savoir qu'il s'agissait de la reconnaissance sur Sarrebrück.

(2) Ce télégramme a dû se croiser avec les ordres qui suivent. On ne

Le Major général au général Frossard.

Metz, 30 juillet (n° 75).

J'ai l'honneur de vous informer que l'Empereur ordonne les mouvements suivants :

2° *corps* (général Frossard). — Demain, 31 juillet, le général Frossard portera son quartier général à Morsbach.

La division Laveaucoupet ira de Bening sur la position (1) d'Œting, où elle s'établira.

La division Vergé partira de Saint-Avold pour aller remplacer, à Bening, la division Laveaucoupet.

(La division Bataille restera à Forbach ; la division de cavalerie et la réserve d'artillerie conserveront également leurs emplacements actuels.)

3° *corps* (maréchal Bazaine). — Le même jour, 31 juillet, le maréchal Bazaine portera son quartier général à Saint-Avold.

La division Montaudon se placera sur la position (2) de Haut-Hombourg.

La division Castagny ira à Saint-Avold.

La division Metman, à Ham-sous-Varsberg.

La division Decaen, à Boucheporn.

La division de cavalerie Clérembault et la réserve d'artillerie quitteront leurs positions actuelles pour se porter à Saint-Avold.

4° *corps*. — Le 31 juillet, le quartier général du 4° corps sera transféré à Boulay.

La division Cissey sera installée, le 1er août, à Bouzonville.

La division Rose, également, le 1er août, à Boulay.

La division Lorencez, dès le 31 juillet, à Coume.

La division de cavalerie Legrand aura son quartier général à Boulay, avec une brigade de dragons ; sur le même point, sera concentrée la réserve d'artillerie (2).

3° *division de cavalerie de réserve.* — La division de cavalerie de réserve Forton quitte Pont-à-Mousson, le 1er août, pour se rendre à Faulquemont.

---

pourrait cependant l'affirmer, car ces ordres ne portent aucune indication d'heure. Il est certain, toutefois, qu'à 6 h. 15 du soir, le général Frossard ne les avait pas encore reçus.

(1) Remarquer le mot « position », employé à deux reprises dans l'ordre du Major général.

(2) L'ordre ne fait pas mention de la réserve du génie des corps d'armée. Elle marchera et campera généralement avec la réserve d'artillerie. Les parcs de corps d'armée sont encore en voie d'organisation.

Le 5ᵉ corps (général de Failly) ne fait aucun mouvement, pas plus que les 1ᵉʳ, 6ᵉ, 7ᵉ corps et la garde impériale.

Le général Frossard au Major général.

Saint-Avold, 30 juillet (n° 42).

J'ai l'honneur d'accuser réception à Votre Excellence de sa dépêche n° 76, par laquelle elle me fait connaître les mouvements que mon corps d'armée doit exécuter demain, 31 juillet courant.

Le Major général au général Frossard, à Saint-Avold.

Metz, 30 juillet, à (1)   heures du soir (n° 21).

L'Empereur ordonne que vous franchissiez la Sarre, avec votre corps d'armée, dans la matinée du mardi 2 août (2), pour vous emparer de Sarrebrück.

Pour cette opération, vous serez appuyé par les deux divisions du général de Failly, qui sont en ce moment à Sarreguemines, et par les deux divisions du maréchal Bazaine qui doivent occuper, demain dimanche, Saint-Avold et Haut-Hombourg, et se rendre, dans la journée du 1ᵉʳ août, à Forbach.

L'intention de Sa Majesté est que vous passiez la Sarre au point que vous avez déjà reconnu, un peu en amont de Sarrebrück ; vous aurez, à cet effet, à votre disposition, l'équipage de pont de corps d'armée, qui sera dirigé demain de Metz sur Forbach, et qui servira à établir deux ponts pour vos troupes. L'Empereur tient essentiellement à ce que la Sarre ne soit pas franchie à gué.

Le maréchal Bazaine aura le commandement de toutes les troupes appelées à concourir à l'opération ; il se rendra, demain dimanche dans la matinée, à votre quartier général, à Morsbach. Le général de Failly, le général commandant l'artillerie et le général commandant le génie de l'armée s'y trouveront également, afin que vous puissiez arrêter de

---

(1) Sans indication d'heure.

(2) La reconnaissance offensive, sur Sarrebrück, est fixée au 2 août, bien que le général Frossard se fût déclaré prêt à l'exécuter le 1ᵉʳ août. On ne peut invoquer, pour justifier ce retard, la nécessité d'attendre les deux divisions du 3ᵉ corps qui devaient participer à l'opération, car d'après les ordres ci-dessus, elles devaient se rendre le 31 juillet à Saint-Avold et Haut-Hombourg d'où elles se trouvaient parfaitement en mesure d'appuyer le 2ᵉ corps. Il est possible qu'on voulut attendre que le 4ᵉ corps eût terminé son mouvement vers l'Est pour s'opposer au débouché de l'ennemi par Sarrelouis.

concert, sous la présidence du maréchal Bazaine, les détails d'exécution de l'opération.

Le rendez-vous aura lieu à 11 heures, à votre quartier général.

Annotation en marge. — Cela a été changé par suite de nouvelles dispositions arrêtées dans la conférence prescrite à la fin de la lettre.

Le général Frossard au général Vergé.

Saint-Avold, 30 juillet (n° 279).

Vous partirez demain, 31 juillet, à 9 heures du matin, avec votre division qui ira s'établir dans les positions de Bening, occupées actuellement par la division de Laveaucoupet, qui se portera en avant.

Vous emmènerez avec vous vos deux escadrons de dragons qui sont à Saint-Avold.

J'ai l'honneur de vous informer que je transporterai demain mon quartier général à Forbach (1).

Vous vous établirez, de votre personne, dans la maison, près de la gare, actuellement occupée par le général de Laveaucoupet.

Le général Frossard à X... (1re division d'infanterie, train, artillerie, génie, prévôt, intendance).

30 juillet.

Je transporterai demain, 31 juillet, mon quartier général à Forbach, et vous devrez vous mettre en route, avec les compagnies sous vos ordres, après la soupe mangée, pour venir vous établir près de la position qu'occupera la réserve d'artillerie, entre Morsbach et Forbach. Vous partirez de Saint-Avold, en suivant le mouvement de cette réserve, en laissant toutefois ici 10 voitures à la disposition de M. l'intendant du corps d'armée.

3e DIVISION.

Ordre de mouvement pour la journée du 31.

Tous les corps qui n'ont pas touché le pain pour la journée de demain se présenteront à l'administration, à 5 heures du matin, où la distribution sera faite dans l'ordre de bataille.

On touchera en même temps 4 jours de vivres de campagne, sucre,

---

(1) Les ordres reçus du grand quartier général désignaient Morsbach, et non Forbach, pour le quartier général du 2e corps d'armée.

« Le général Frossard avait préféré s'établir à Forbach à l'insu de « l'État-Major général. » (*Episodes de la guerre de* 1870 et le *Blocus de Metz*, par l'ex-maréchal Bazaine, page 11.)

café, sel, pour les journées du 1er au 4 août. A la même heure, les corps toucheront l'avoine pour les journées du 1er et du 2.

MM. les chefs de corps s'occuperont, dans la nuit, de faire réunir, par voie de réquisition directe et dans les villages environnants, les moyens de transport supplémentaires qui, en outre des 4 voitures de réquisition qui leur sont allouées, seraient nécessaires pour ne rien laisser en arrière.

Ils feront connaître à M. le sous-intendant, à 7 h. 1/2 du matin, le résultat de leurs recherches et leurs besoins sous ce rapport.

La division : état-major, 1re brigade, 2e brigade, intendance, services administratifs, ambulance, trésor et postes, artillerie, génie, cavalerie, quittera les cantonnements après la soupe mangée.

La 1re brigade se mettra en marche à 9 h. 1/2.

Les ordres de détail pour la mise en route et l'ordre de marche seront envoyés demain matin à 8 heures.

L'étape de demain sera de deux ou trois lieues. La division ira s'établir à droite et en arrière de Forbach.

Un adjudant-major par corps (infanterie, cavalerie) ; pour l'artillerie, un capitaine en second, se trouveront demain matin, à 4 h. 1/2, devant l'église de Morsbach, près du campement du 63e, pour aller avec le chef d'état-major reconnaître les nouveaux cantonnements.

MM. les généraux de brigade enverront un aide de camp ou officier d'ordonnance au même point.

d) Situations et emplacements.

Effectif au 30 juillet.

	Hommes.	Chevaux.
État-Major général	12	32
Division Vergé	7,702	590
Division Bataille	7,305	609
Division de Laveaucoupet	7,252	573
Division de cavalerie (de Valabrègue (1))	2,407	2,168
Réserve d'artillerie	748	744
Réserve du génie	148	73
Total	25,574	4,789

(1) Le général de Valabrègue, commandant la 1re brigade de la division, commandait provisoirement cette division en l'absence du général Lichtlin.

Une note, en marge, indique que les chiffres ci-dessus représentent le *nombre des disponibles*. Pour avoir l'effectif total du corps d'armée, il y aurait lieu d'ajouter 1374 hommes indisponibles, détachés, absents, aux hôpitaux ou ambulances.

Emplacement des troupes au 30 juillet (1).

Quartier général...............	à St-Avold.
Division Vergé.................	à St-Avold.
Division Bataille...............	à Forbach.
Division de Laveaucoupet.......	à Bening.
Division de cavalerie (de Valabrègue).	à Forbach, Bening et St-Avold.
Artillerie (état-major et réserve).....	à St-Avold.
Génie (état-major et réserve)........	à St-Avold (2).

Journée du 30 juillet.

3ᵉ CORPS.

a) Journaux de marche.

Journal de marche du 3ᵉ corps d'armée.

La 4ᵉ division arrive à Boulay.

Journal de marche de la division Decaen.

La 2ᵉ brigade (80ᵉ et 85ᵉ) part de Metz et arrive à Boulay à midi et demi; elle campe dans les environs de la ville (3).

Deux escadrons du 3ᵉ régiment de chasseurs (4), venant de Teterchen, arrivent à Boulay et sont mis à la disposition du général com-

---

(1) *Le général Frossard au Major général* (D. T.) :
Les troupes du 2ᵉ corps occupent toujours les mêmes emplacements. Leur effectif s'est augmenté de 194 hommes venus du dépôt du 67ᵉ; 300 du 55ᵉ; 600 du 23ᵉ.

(2) Le parc d'artillerie du corps d'armée s'organise à Lunéville.

(3) La 1ʳᵉ brigade de la division Decaen s'était rendue de Metz à Boulay le 29 juillet.

(4) Le 3ᵉ régiment de chasseurs appartient à la 1ʳᵉ brigade de la division de cavalerie du 3ᵉ corps.

mandant la 4e division, par ordre de M. le Maréchal commandant le 3e corps (1) (2).

b) Organisation et administration.

Le maréchal Bazaine au Major général (D. T.).

Saint-Avold, 30 juillet, 8 h. 20 matin (n° 2448), expédiée à 9 h. 20 matin.

Je n'ai rien reçu hier pour l'établissement de mes ambulances. Quand aurai-je voitures, chevaux ?

La brigade Brauer, de la division Decaen, a besoin de :

12 voitures régimentaires ;
3 paires de cantines d'ambulance pour le 60e ;
3 bâts de cantines d'ambulance pour le 60e.

La solde est due demain. Les mandats ne peuvent être payés à Boulay, faute de fonds suffisants et du visa du trésorier-payeur de la Moselle. La troupe a besoin de son argent. Je demande qu'un agent du trésorier-payeur général de la Moselle soit envoyé à Boulay pour faire la solde du 3e corps.

Le général Coffinières au maréchal Bazaine, à Boulay (D. T.).

Metz, 30 juillet, 4 h. 45 soir (n° 1959), expédiée à 5 h. 46 soir.

Nous n'avons plus, pour le moment, de matériel télégraphique disponible. La ligne de Boulay a tout épuisé.

Le nouveau matériel arrivera dans quelques jours.

Le maréchal Bazaine au Major général, à Metz (D. T.).

Boulay, 30 juillet, 5 h. 50 soir (n° 2507).

Demain matin je quitte Boulay et n'y aurai personne pour recevoir le matériel annoncé par lettre n° 120 de la 4e section. Je demande que le tout soit dirigé sur Saint-Avold, où j'aurai mon quartier général dès le milieu du jour (3).

---

(1) L'artillerie de la division Decaen se composait des 8e, 9e et 10e batteries du 11e régiment. Elles s'étaient portées à Boulay le 29 juillet.

(2) La compagnie du génie de la division Decaen n'a pas encore rejoint. Elle s'embarquera à Stora le 3 août et n'arrivera à Metz que le 11.

(3) Le 29 juillet, le maréchal Bazaine télégraphiait au Major général

c) Opérations et mouvements.

Le Major général au maréchal Bazaine, à Boulay.

Metz, 30 juillet, à (1) heures du soir.

Les ordres de l'Empereur sont que le général Frossard, avec son corps d'armée, franchisse la Sarre et s'empare de Sarrebrück.

L'opération devra être faite dans la matinée du mardi, 2 août, avec l'appui des deux divisions de votre corps d'armée, qui occuperont demain Saint-Avold et Haut-Hombourg, et des deux divisions du général de Failly qui sont, en ce moment, à Sarreguemines. A cet effet, les deux divisions qui doivent arriver demain à Saint-Avold et à Haut-Hombourg, continueront, dans la journée du 1er août, leur mouvement jusqu'à Forbach.

Pour l'opération dont il s'agit, l'Empereur désirerait que le général Frossard exécutât le passage de la Sarre, au point qu'il a déjà reconnu, un peu en amont de Sarrebrück.

Avec vos deux divisions, vous vous porteriez, en partant de Forbach et à travers la forêt de ce nom, vers Gersweiler, pour passer la Sarre en aval de Sarrebrück, à un point choisi entre le chemin de fer et le ruisseau qui tombe dans la Sarre, à hauteur du village de Burbach.

Le général de Failly se porterait de Sarreguemines vers Sarrebrück, par la rive droite de la Sarre, pour appuyer le mouvement du général Frossard.

Les mouvements de toutes les troupes, appelées à prendre part à cette opération, devront être combinés de telle façon que les passages de la Sarre, en aval comme en amont de Sarrebrück, soient exécutés au point du jour.

Votre Excellence prendra le commandement des trois corps d'armée appelés à concourir à l'opération.

Vous vous rendrez, de votre personne, dans la journée de demain, dimanche 31, au quartier général du général Frossard, à Morsbach,

---

qu'il n'avait « ni matériel, ni personnel pour les ambulances des divisions et celle du quartier général. » Il énumérait ensuite les voitures, cantines, bâts, etc., qui lui manquaient.

Le Major général lui répondit aussitôt (n° 120) (4e section) que ces ambulances n'avaient pu encore être envoyées de Metz au 3e corps, faute d'attelages et de harnais, mais qu'elles partiraient dans les vingt-quatre heures, ainsi que les bâts pour bêtes de somme. Quant aux cantines médicales et vétérinaires, on en référerait au Ministre.

(1) Sans indication d'heure.

où se trouveront également le général de Failly et les généraux commandant l'artillerie et le génie de l'armée; vous vous concerterez avec eux pour arrêter les dispositions de détail relatives à l'opération; le rendez-vous aura lieu à 11 heures.

L'équipage de ponts de corps d'armée, qui se trouve à Metz, sera transporté demain jusqu'à Forbach; il servira à l'établissement de deux ponts pour le passage des troupes du général Frossard. Le général Coffinières compte qu'il pourra fournir les moyens de jeter deux autres ponts pour le passage des deux divisions de votre corps; l'Empereur tient essentiellement à ce que la Sarre ne soit pas franchie à gué.

Je ferai remarquer à Votre Excellence que les instructions qui précèdent ne sont que des ordres d'ensemble. Sa Majesté s'en rapporte à votre expérience, pour régler les détails d'exécution, de la manière la plus convenable, pour assurer le succès de l'opération.

Le maréchal Bazaine au général Frossard, à Saint-Avold.

Boulay, 30 juillet.

Je vous remercie des renseignements que vous me transmettez; ceux que je reçois ce matin, du général Ladmirault, confirment les nouvelles de rassemblements assez importants de troupes sur la rive droite de la Sarre.

J'ai envoyé, ce matin, à Saint-Avold, un officier de l'État-Major général qui doit préparer l'assiette du campement pour le 3e corps qui doit venir vous remplacer. Je ne partirai qu'à 11 heures et je compte arriver à Saint-Avold vers 1 heure.

La division Montaudon part à 5 heures du matin et va occuper Haut-Hombourg; les autres divisions suivront le mouvement.

Le maréchal Bazaine au général Montaudon, commandant la 1re division du 3e corps.

Boulay, 30 juilllet (n° 78).

Demain, 31 juillet, à 5 heures du matin (1), vous partirez avec votre

---

(1) *Le général Frossard au général Montaudon, commandant la 1re division du 3e corps.*

Saint-Avold, 30 juillet.

M. le maréchal Bazaine me fait connaître que c'est à 5 heures du matin, demain, que vous devez vous mettre en marche pour venir occuper le Haut-Hombourg; j'avais cependant écrit au Maréchal, ce matin, que mes troupes qui occupent Saint-Avold n'en partiraient qu'à 9 heures. Si vous venez nous traverser, sur cette route unique, avant

infanterie, votre cavalerie, votre artillerie, votre génie et votre convoi administratif, de vos positions de Boucheporn, pour vous établir en avant de Saint-Avold, à Haut-Hombourg, à cheval sur le chemin de fer de Saint-Avold à Forbach et sur la route qui joint ces deux points.

Vous vous établirez dans les meilleures conditions de campement pour vos troupes, en ménageant, autant que possible, les récoltes non encore rentrées. Vous aurez, en avant de vous, les troupes du 2e corps : la division Vergé, du 2e corps, à Bening et la 3e division, Laveaucoupet, à OEtting ; la division Bataille, à Forbach.

J'aurai mon quartier général à Saint-Avold ; la division Castagny, avec mes réserves, sous Saint-Avold ; la division Metman, à Ham-sous-Varsberg ; et la division Decaen, à Boucheporn.

Dès que vous serez installé, envoyez-moi de vos nouvelles ; votre courrier me trouvera à Saint-Avold ou en marche pour y arriver de Boulay.

Accusez-moi réception de cette dépêche.

Le maréchal Bazaine au général Metman, commandant la 3e division du 3e corps.

Boulay, 30 juillet (n° 77).

Par ordre de l'Empereur, demain 31 juillet, votre division se portera, avec son artillerie, son génie et son service administratif, des positions (1) qu'elle occupe, à Ham-sous-Varsberg. Vous serez remplacé à Bouzonville par la division de Cissey, du 4e corps, mais vous n'attendrez pas son arrivée pour quitter vos positions (1).

Vous vous mettrez en route à 9 heures du matin et vous passerez par Teterchen, Guerting. En prenant vos positions (1) à Ham-sous-Varsberg, vous ne perdrez pas de vue qu'il est de votre initiative de général de division de choisir les meilleurs emplacements pour l'établissement de chaque fraction de votre division, et vous vous rappellerez que, demain entre autres, vous aurez, entre vous et la frontière, le 2e corps d'armée.

---

que nous n'ayons fait notre mouvement en avant, il en résultera un enchevêtrement et une confusion regrettables. Je désirerais donc que vous ne fussiez pas à Saint-Avold avant 9 heures et, si vous ne croyez pas pouvoir retarder dans ce sens votre marche, je vous prie d'en référer au Maréchal pour prendre ses ordres à cet égard.

Comme, d'ailleurs, la division Vergé, qui quitte Saint-Avold, a bien des choses à faire avant de se mettre en mouvement, elle ne peut pas partir avant 9 heures.

(1) En 1870, on campe chaque soir sur les emplacements les plus favorables, pense-t-on, pour recevoir le combat.

Si le chemin direct de Teterchen à Guerting n'était pas carrossable, vous auriez à prendre un peu sur votre droite, en passant par Coume.

Accusez-moi réception de cette dépêche. Ne partez pas avant l'heure que je vous indique et, dès votre arrivée à Ham-sous-Varsberg, mettez-vous en relations avec moi, dont le quartier général sera à Saint-Avold.

3ᵉ CORPS, 4ᵉ DIVISION. — *Ordre de mouvement.*

Boulay, 30 juillet (nº 44).

La 4ᵉ division du 3ᵉ corps d'armée fera, demain, un mouvement sur sa droite, pour aller occuper Boucheporn, à 10 kilomètres de Boulay sur la route de Saint-Avold.

La division ne commencera son mouvement que dans l'après-midi; on se tiendra prêt à marcher. On mangera la soupe du matin à l'heure habituelle.

La cavalerie marchera en tête avec le général commandant la division.

La 2ᵉ brigade marchera la première, puis la 1ʳᵉ brigade.

Les bagages suivront après l'artillerie et seront constitués conformément aux ordres du Maréchal commandant en chef. Ils marcheront dans l'ordre suivant :

> Général commandant la division ;
> État-major de la division ;
> Intendance et administration ;
> Payeur ;
> Général commandant la 2ᵉ brigade ;
> Corps de la 2ᵉ brigade, par rang de numéro ;
> Artillerie ;
> Cavalerie ;
> Prévôté.

Un sous-lieutenant de chaque corps marchera avec les bagages du corps ; il en assurera l'ordre, avec le vaguemestre, surtout pour le transport des hommes malingres et éclopés.

La 1ʳᵉ brigade touchera, demain matin, un jour de vivres pour les hommes et un jour de fourrage ; la 2ᵉ brigade n'aura rien à toucher. De cette manière, toute la division sera alignée, pour les vivres et les fourrages, jusqu'au 2 août inclus. Pour les vivres, on se conformera à l'ordre précédent, prescrivant que chaque corps doit toujours avoir deux jours de vivres de réserve et un jour de fourrage, non compris le jour de marche. Les corps attendront, du reste, de nouveaux ordres qui feront connaître le jour et l'heure de la distribution.

On n'abattra les tentes, on ne chargera les équipages et la cavalerie ne fera charger les chevaux qu'à l'heure qui en sera donnée sur un ordre de la division.

Chaque corps devra faire remettre, ce soir avant 8 heures, à l'état-major de la division, le nombre d'hommes malingres et éclopés qui ont besoin de voitures pour suivre.

Ordre du général de Rochebouët, commandant l'artillerie du 3ᵉ corps.

Boulay, 30 juillet.

La réserve d'artillerie partira demain matin, tout entière, pour se rendre de Volmerange à Saint-Avold.

Son départ sera réglé de manière à déboucher de Boulay sur la route de Saint-Avold, à 7 heures du matin. Elle marchera en colonne par section, de manière à laisser le milieu de la route libre.

Elle sera précédée, dans ce mouvement, par la réserve du génie du 3ᵉ corps.

Tout l'état-major d'artillerie doit partir avec la réserve.

D'ici à demain matin, l'emplacement que les réserves d'artillerie doivent occuper sous Saint-Avold, leur sera désigné par l'État-Major général.

Les troupes doivent emporter 2 jours de vivres et 1 jour de fourrages (ration complète).

P.-S. — On partira du camp à 6 heures, dans l'ordre suivant :

Les 2 batteries de combat du 4ᵉ ;
Les 2 batteries de combat du 11ᵉ ;
Les 4 batteries de combat du 17ᵉ ;
Les autres voitures de chaque batterie, dans le même ordre, sous la direction des capitaines en second.

Du général Decaen. — Note.

Boulay, 30 juillet.

D'après les ordres de M. le Maréchal, les hommes accompagnant les bagages, les militaires accompagnant le train auxiliaire, doivent toujours avoir la giberne et porter leurs armes. Dans chaque corps, le nombre des hommes laissés aux bagages des officiers sera réduit à 1 par collier.

On pourra laisser, à la disposition des vaguemestres des corps, 2 ou 3 hommes, en plus des conducteurs, pour donner au besoin un coup de main. Il est expressément recommandé que chaque voiture ne soit pas accompagnée par tous les ordonnances des officiers dont elle porte les effets.

Tous les corps de troupe du 3ᵉ corps qui, faute d'équipages régimentaires, ont reçu des moyens de transport auxiliaires, ne garderont strictement que le nombre de colliers équivalant à ceux que leur accorde le règlement. Ils reverseront immédiatement, au service de l'intendance, ce qu'ils pourraient avoir en excédent. Quant à ceux qui ont les équipages régimentaires, sous aucun prétexte ils ne devront conserver de moyens de transport auxiliaires. L'exécution de cet ordre est spécialement recommandée par le Maréchal à MM. les généraux de division et chefs de service.

La 4e division fera le versement des transports auxiliaires, immédiatement, entre les mains de M. l'intendant du 3e corps, au parc de l'administration, à l'entrée de Boulay, en venant de Metz.

Les corps d'infanterie rendront compte du poids et du volume des caisses contenant les pièces d'armes de rechange qu'ils ont à leur suite. Ils feront connaître, en même temps, les moyens qui ont servi à transporter ces caisses jusqu'à Boulay.

D'après les renseignements qui seront fournis, le chef d'état-major organisera, s'il y a lieu, des moyens de transport; mais ils ne seront pas donnés à chaque corps séparément; ils seront communs à tous les corps d'infanterie de la division et seront fournis, suivant les facilités plus ou moins grandes, par l'artillerie si elle peut en avoir, ou par le train dès qu'il sera arrivé, ou par un moyen de transport auxiliaire, spécialement fourni par l'intendance de la division.

Le Maréchal recommande instamment que, dans toutes les positions occupées par nos troupes, les chefs de cantonnements, de postes ou de grand'gardes se mettent immédiatement en relation avec les agents du service des douanes et des forêts, afin de se renseigner rapidement, et le plus complètement possible, sur les chemins de toute nature conduisant en avant de la ligne et sur ses flancs, et permettre ainsi de communiquer immédiatement avec les troupes voisines.

Du général Decaen. — Note.

Metz, 30 juillet.

Il n'y aura pas de distribution de vivres, ni de fourrages, pour les corps, avant le départ de demain.

Ils trouveront, en arrivant à Bouchéporn, tout ce qui leur est nécessaire et ils recevront, en temps utile, des ordres à cet effet.

Ordre du général de Rochebouët, commandant l'artillerie du 3e corps.

Boulay, 30 juillet.

Une des questions les plus importantes, pour l'artillerie, est de régler rapidement son tir sur le champ de bataille.

Pour atteindre ce but, la connaissance exacte de la distance présente sans doute une utilité incontestable, mais elle n'est pas toujours suffisante, car les pièces de même espèce n'ont pas toujours une portée uniforme.

Le moyen le plus pratique consiste à régler le tir d'après l'observation des points de chute fournis par les premiers coups tirés.

Or, au delà de 1000 mètres, il est quelquefois difficile d'observer les points de chute des projectiles ordinaires, et il devient dès lors indispensable de recourir à l'emploi des fusées percutantes.

Mais l'opération de dévisser une fusée fusante, et de visser à la place une fusée percutante, présente des difficultés au moment de l'action, et il importe d'avoir quelques projectiles armés à l'avance de fusées percutantes.

En conséquence, le général commandant l'artillerie du 3e corps d'armée prescrit à MM. les commandants de l'artillerie des divisions et de la réserve, de faire préparer à l'avance, dans toutes les batteries sous leurs ordres, 3 projectiles par pièce, avec des fusées percutantes, en leur assignant, dans le coffre de l'avant-train, une place bien déterminée, et en prenant toutes les précautions que leur suggérera leur expérience.

Ils adresseront, le plus tôt possible, au général commandant l'artillerie, une note faisant connaître les moyens les plus efficaces pour atteindre ce but.

Le Colonel chef d'état-major de l'artillerie du 3e corps, au Général commandant la réserve et le parc d'artillerie de ce corps.

Boulay, 30 juillet.

M. le Général commandant l'artillerie du 3e corps me charge d'avoir l'honneur de vous prier de vouloir bien faire désigner deux capitaines en 2e, savoir : un pour les batteries montées et l'autre pour les batteries à cheval de la réserve, qui seront chargés de conduire, pendant les marches et les combats, les réserves des batteries, réunies en petits parcs analogues aux parcs divisionnaires.

Le général appelle votre attention sur l'importance qu'il y a à faire choix d'officiers sûrs et ayant une aptitude spéciale pour remplir ces fonctions, qui doivent souvent les appeler à agir isolément, et vous prie de les lui faire connaître lorsqu'ils seront désignés.

d) Situations et emplacements.

Situation sommaire d'effectif au 30 juillet (1).

Officiers........................	1,540	37,446 (1).
Troupe.........................	35,906	
Chevaux........................		7,835 (1).

Emplacements des troupes au 30 juillet.

Quartier général..................	à Boulay.
Division Montaudon	à Boucheporn.
Division de Castagny...............	à Boulay.
Division Metman	à Bettange.
Division Decaen...................	à Boulay.
Division de cavalerie (de Clerembault).	à Boulay.
Réserve d'artillerie	à Volmerange (2).

4ᵉ CORPS.

a) Journaux de marche.

Journal de marche du 4ᵉ corps.

30 juillet.

Le *quartier général* du corps d'armée, toujours à Thionville.
1ʳᵉ *division*, à Sierck et environs.

---

(1) Se répartissant ainsi :

	Officiers.	Hommes de troupe.	Chevaux.
État-Major général...	33	65	115
1ʳᵉ division..........	273	6,724	461
2ᵉ —	307	7,368	642
3ᵉ —	290	7,390	635
4ᵉ —	296	8,837	607
Division de cavalerie..	300	3,997	3,985
Réserve d'artillerie...	33	1,305	1,290
— du génie.....	8	220	100
	1,540	35,906	7,835

Une dépêche télégraphique du maréchal Bazaine au Major général, datée de Boulay, 30 juillet, 3 h. 10 soir (n° 2495), donne les chiffres suivants :
   Hommes : 37,596 ; chevaux : 7,887.

(2) Réserve du génie à Volmerange. — Équipage de ponts à Metz. — Parc d'artillerie s'organise à Metz.

Les quatre compagnies du 73ᵉ, arrivées la veille à Longwy, et le détachement de 300 hommes du 6ᵉ de ligne partent de Thionville pour Sierck.

2ᵉ division. Le général commandant la 2ᵉ division dispose ses troupes de la manière suivante :

Quartier général, artillerie, ambulance, 13ᵉ de ligne sur le plateau de Lacroix (1) (à la ferme Sainte-Anne, à moitié chemin de Monneren à Lacroix); 5ᵉ bataillon de chasseurs à pied à Waldweistroff, se reliant avec Colmen. Deux bataillons du 43ᵉ à Laumesfeld et le 3ᵉ bataillon à Monneren (2), couvrant les communications avec Kédange et servant d'appui à la 1ʳᵉ division à Sierck (3) (4).

3ᵉ division. 2ᵉ bataillon de chasseurs à Filstroff.

15ᵉ de ligne...... { 1 bataillon à Lacroix,
{ 2 bataillons à Colmen, en soutien.

33ᵉ de ligne...... } Sur les positions en avant de Colmen.
54ᵉ —...... }

65ᵉ de ligne...... { 1 bataillon à Waldwisse,
{ 1 — à Halstroff,
{ 1 — à Flastroff (5).

9ᵉ batterie........ A droite des positions occupées.
10ᵉ — .... A gauche.
8ᵉ — .... Au centre (canons à balles).
7ᵉ hussards et compagnie du génie à Colmen.

---

(1) Le 1ᵉʳ bataillon du 13ᵉ est seul à Lacroix, d'après l'historique du corps; les 2ᵉ et 3ᵉ sont à Laumesfeld. Voir d'ailleurs (page 60), journal de marche de la division Bellecourt.

(2) D'après les historiques du 43ᵉ de ligne et du 1ᵉʳ d'artillerie, le 43ᵉ et l'artillerie sont à Monneren. (Voir pages 60 et 66.)

(3) Il n'est fait mention que des corps de la 1ʳᵉ brigade de la 2ᵉ division. Les deux régiments de la 2ᵉ brigade (général Pradier), occupaient, le 30 juillet au soir, d'après leurs *Historiques*, les emplacements suivants :

64ᵉ............. { 1ᵉʳ bataillon, Kœnigsmacker.
{ 2ᵉ — , Kédange.
{ 3ᵉ — , Thionville.

98ᵉ............. Les trois bataillons, à Thionville.

Ils avaient conservé les emplacements du 29.

(4) Compagnie du génie à la ferme Sainte-Anne.

(5) D'après l'historique du 65ᵉ de ligne, il y a, le 30 juillet, 1 bataillon à Bizing, 2 à Flastroff.

Une reconnaissance dirigée sur le territoire prussien de Nied—Altdorf ne rapporte aucun renseignement important. Quelques uhlans, en observation çà et là, se retirent à notre approche. Le soir, ils se hasardent dans le voisinage de nos avant-postes, auxquels ils envoient quelques coups de fusil qui restent sans réponse (1).

Artillerie. — Les réserves de cartouches d'infanterie rejoignent leurs divisions respectives, partant de Thionville à 5 heures du soir, pour Kœnigsmacker d'un côté, et de l'autre pour Kédange.

Journal de marche de la division de Cissey.

30 juillet.

Séjour à Sierck. — Des mesures spéciales sont prises par le général de Cissey pour empêcher les militaires de la division d'aller sur le territoire luxembourgeois, dont la limite est à peu de distance de Sierck, sur les hauteurs qui bordent la rive gauche de la Moselle, en face de cette ville. On évitera par là de fournir tout prétexte à récriminations de la part de la Prusse, sur de prétendues violations de territoire neutre.

Pour assurer l'exécution des mesures dont il s'agit, deux compagnies du 20e bataillon de chasseurs sont établies (2), en grand'garde de surveillance, sur la colline du Stromberg.

Le général de Cissey donne, d'autre part, de nouvelles instructions verbales aux généraux de brigade, chefs de corps ou de service, pour arrêter d'une manière absolue certaines tendances des hommes au gaspillage et à la maraude dans les champs non récoltés (3).

---

(1) La réserve d'artillerie est à Thionville, ainsi que la réserve du génie. Mais elles en partiront à 4 heures du soir pour aller : la première (sauf deux batteries), à Kédange, la seconde à Hombourg.

(2) Dès le 29 juillet. Voir ci-dessous.

(3) Les *Souvenirs de la Campagne de* 1870, manuscrit communiqué à la Section historique par le capitaine de Cissey, neveu du général, consacrent les lignes suivantes à la journée du 30 juillet :

« *Séjour à Sierck.* — Le général commandant en chef m'a écrit la veille qu'il a reçu des plaintes sur une prétendue violation du territoire neutre du Luxembourg par ma division. Il ne m'est pas difficile de répondre que ces plaintes proviennent du vif désir qu'ont les Prussiens d'avoir un prétexte pour violer cette neutralité. Quelques hommes seulement, attirés par les cabaretiers et les contrebandiers luxembourgeois, ont passé la Moselle et sont allés sur l'extrême frontière boire et acheter du tabac, du sucre et du café qui commence à faire complètement défaut à Sierck.

« Dès la veille, pour prévenir toute plainte, j'avais envoyé le capitaine

Journal de marche de la division Bellecourt (1).

30 juillet.

La 1re brigade (Bellecourt) se porte sur Kédange, en avant, vers la frontière, et s'établit : le 43e et l'artillerie à Monneren, le 13e à Lacroix (1er bataillon) et à Laumesfeld (2e et 3e bataillons); la compagnie du génie, l'ambulance, l'administration et la gendarmerie, avec le quartier général du général Bellecourt, à la ferme de Sainte-Anne, à mi-chemin entre Monneren et Lacroix (2).

Journal de marche de la division de Lorencez.

30 juillet.

Une reconnaissance, dirigée le matin sur Niedaltdorf, village du territoire prussien, ne rapporte aucun renseignement digne d'intérêt.

Les troupes de la division sont, à cette date, réparties de la manière suivante :

Garcin de l'autre côté de la Moselle établir, sur les hauteurs du Stromberg, deux compagnies de chasseurs à pied, destinées à empêcher toute violation de la frontière de la part de nos soldats; le capitaine commandant ce poste s'est mis en relations avec les douaniers et les gendarmes luxembourgeois et notre ligne de factionnaires est parfaitement établie.

« Nous continuons à compléter l'organisation de marche de la division qui, sauf la faiblesse de son effectif, commence à être très respectable; les sous-officiers et les soldats sont animés d'un excellent esprit..... »

En réalité la Prusse était fixée depuis le 17 juillet sur le respect de la neutralité du Luxembourg, le télégramme suivant le prouve :

« Division à corps d'armée (Trèves, le 17 juillet). — M. X..., de Luxembourg, personne sûre, déclare ce qui suit :

« Le ministre d'État N... lui a communiqué personnellement hier soir un télégramme adressé de Paris par le chargé d'affaires luxembourgeois, télégramme d'après lequel, suivant la déclaration de Grammont, la France respectera la neutralité. Renseignement de source certaine, confirmé par des bruits concordants. » (*Études de guerre*, par le général Verdy du Vernois, 1er fascicule, page 105).

(1) Le général de brigade Bellecourt commandait provisoirement la 2e division du 4e corps, en l'absence du général de division Rose, empêché, par raison de santé, de faire campagne.

(2) La 2e brigade (Pradier) conserve les emplacements du 29 (p. 58). Le 5e bataillon de chasseurs est à Waldweistroff.

Général Pajol à Colmen	2ᵉ bataillon de chasseurs......	à Filstroff.
	13ᵉ de ligne : 1 bataillon.......	à Lacroix ;
	— 2 bataillons......	sur les hauteurs S.-E. de Colmen.
	33ᵉ de ligne................	dans ses positions du 29 juillet (1).
Général Berger à Bizing	54ᵉ de ligne................	sur la position du 29 juillet (1).
	65ᵉ de ligne : 2 bataillons......	à Flastroff ;
	— 1 bataillon.......	à Bizing.

L'artillerie, le génie, les hussards (2), occupent les mêmes bivouacs qu'à la date du 29.

Brigade Berger (3) (54ᵉ et 65ᵉ de ligne).

Journal de marche.

.30 juillet.

Ayant envoyé de grand matin (d'Halstroff) (4) une reconnaissance de cavalerie à l'extrême frontière, un cavalier, vers 9 heures du matin (5), vint me prévenir que la reconnaissance avait été attaquée par des forces supérieures et qu'elle battait en retraite, tout en continuant de faire feu.

Je fis prendre immédiatement les armes à la brigade et me portai en avant, avec le 54ᵉ. Je me rendis, avec ce régiment, sur les lieux où l'attaque avait eu lieu. Les cavaliers prussiens, ayant aperçu ma colonne,

---

(1) A Colmen.

(2) Il s'agit du 7ᵉ régiment de hussards qui, d'après l'historique du corps, était « mis au service » de la division de Lorencez depuis le 28 juillet, sauf le 5ᵉ escadron de marche qui était resté à Thionville.

(3) 2ᵉ brigade de la 3ᵉ division du 4ᵉ corps.

(4) Cet incident a eu lieu le 29, d'après le compte rendu du général de Lorencez au général de Ladmirault (2ᵉ fascicule, page 99).

(5) D'après le compte rendu ci-dessus, c'est à 2 heures de l'après-midi, et non à 9 heures, que fut prévenu le général Berger. Il est probable, d'après l'historique du 65ᵉ de ligne, que le général Berger fut informé avant midi, car cet historique s'exprime ainsi :

« Les 2ᵉ et 3ᵉ bataillons séjournent à Flastroff et, *vers midi*, exécu-
« tent une reconnaissance sur Waldwisse, appuyés par un bataillon du
« 54ᵉ et une section d'artillerie venus de Colmen ».

L'historique du 54ᵉ de ligne dit simplement que « dans l'après-midi
« du 29, le 2ᵉ bataillon du 54ᵉ exécute une reconnaissance du côté de
« Waldwisse ».

cessèrent de poursuivre mes hussards; ils s'arrêtèrent dans le village de Waldwisse.

Je continuai de m'avancer et j'occupai, à mon tour, Waldwisse, au grand bonheur des habitants, qui nous accueillirent chaleureusement. Cette petite échauffourée avait mis ma troupe en belle humeur. Certes, elle aurait eu beaucoup d'entrain si, ce jour-là, les Prussiens avaient voulu nous disputer la possession de Waldwisse qui, du reste, était un village français touchant littéralement l'extrême limite de la frontière.

Au fur et à mesure que les corps se mettaient en ligne sur la frontière, un mouvement vers notre gauche se faisait sentir. Le 30, ma brigade fut envoyée à Bizing. La journée se passa en reconnaissances et à se garder militairement. C'est en traversant cette localité, qui regorgeait de bétail, de porcs et de moutons, que je fis la réflexion qu'il serait utile de faire refouler toutes ces ressources vers l'intérieur. Les événements ont justifié mes pressentiments. Notre humanité a été cause que nous avons abandonné à l'ennemi des ressources incalculables et dont nous avons plus d'une fois, étant sous les murs de Metz, regretté l'absence.

Journal de campagne du lieutenant en 1er Palle.

30 juillet.

La 9e batterie du 8e (4 rayé de campagne), venant de la Fère, à laquelle appartient le lieutenant Palle fait partie de la réserve d'artillerie du 4e corps. Elle est sous les ordres du capitaine-commandant Masson. Partie par étapes de la Fère, le 20 juillet, avec la 6e batterie qui a même destination, elle rejoint, le 30 juillet, à Thionville, la réserve du 4e corps, que commande le colonel Soleille. Elle touche à Thionville une partie de son campement. A l'effectif, elle compte 4 officiers et 148 hommes.

b) Organisation et administration.

Le général de Ladmirault au Major général, à Metz (D. T.).

Thionville, 30 juillet, 12 h. 35 soir (n° 2478), expédiée à 1 heure du soir.

L'effectif du 4e corps s'est accru aujourd'hui :

1° De 400 hommes du 33e et 163 hommes du 54e, venus de leurs dépôts;

2° De 2 batteries d'artillerie de la réserve du corps;

3° De la réserve divisionnaire de la 3e division;

4° De 180 ouvriers d'administration ou infirmiers.

Effectif total, à la date de ce soir : 1280 officiers, 26,078 hommes de troupe, 5,614 chevaux.

Le général de Ladmirault au Major général, à Metz (D. T.).

Thionville, 30 juillet, 9 h. 35 matin (n° 2455), expédiée à 10 h. 5, matin.

Il nous manque, pour le service des ambulances du 4° corps, les chevaux et harnais pour atteler 12 caissons à 4 chevaux et pour 6 voitures Masson à 1 cheval. Nous avons les caissons et voitures.

Le Ministre de la guerre au Général commandant la 3° division, à Lille (D. T.).

Paris, 30 juillet.

Si les hommes manquent de tentes-abri ou de demi-couvertures, il faut leur en faire envoyer d'urgence par le magasin de campement de Lille.

Les autres effets, ils les recevront à Thionville.

Portez à 600 hommes le détachement du 65°.

c) **Opérations et mouvements.**

Ordre de mouvement.

Thionville, 30 juillet (n° 15).

Demain, 31 juillet, le quartier général du 4° corps se transportera de Thionville à Boulay. La route par laquelle ce mouvement s'effectuera passe par Kédange, Dalstein, Eberswiller, Hestroff, Gommelange, Eblange, la forêt d'Ottonville.

Le départ de Thionville aura lieu à 5 heures du matin.

La brigade de dragons (1) et les deux 5ᵉˢ escadrons de hussards (2) partiront de Thionville demain à 6 heures du matin et se rendront à Boulay en 2 jours. La réserve d'artillerie (4 batteries) partira ce soir à 4 heures; elle ira bivouaquer à Kédange et arrivera demain à Boulay.

La compagnie du génie et le parc partiront aussi ce soir à 4 heures, pour aller bivouaquer à Hombourg.

Le bataillon du 64° de ligne (3) et 1 bataillon du 98° partiront

---

(1) 2° brigade de la division de cavalerie du 4° corps.

(2) La 1ʳᵉ brigade de la division de cavalerie du 4° corps se composait des 2° et 5° hussards. Le 2° hussards (4 escadrons) fut attaché à la division de Cissey le 27 juillet; le 7° hussards (4 escadrons) à la division de Lorencez le 28 juillet. Les deux 5ᵉˢ escadrons dont il s'agit plus haut sont ceux des 2° et 7° hussards.

(3) Il s'agit du bataillon du 64° qui est à Thionville; les deux autres sont l'un à Kédange, l'autre à Kœnigsmacker.

demain, à 4 heures du soir, pour aller coucher à Kédange. Le bataillon du 64ᵉ de ligne, qui est à Kœnigsmacker, s'y rendra directement, d'après les ordres qu'il recevra.

Le général Pradier (1) marchera avec ces troupes et il lui sera adjoint un demi-peloton de hussards. Il recevra, à Kédange, des ordres du général commandant la 2ᵉ division.

Il restera à Thionville 2 bataillons du 98ᵉ (2), l'ambulance, le trésor, le convoi de l'administration, 6 gendarmes, 2 batteries de la réserve d'artillerie.

Les militaires des divers corps, détachés à l'administration, resteront provisoirement à Thionville.

Tous les corps partants auront 6 jours de vivres de réserve et 4 jours de fourrage.

Le général de Ladmirault au Major général.

Thionville, 30 juillet (n° 24).

J'ai l'honneur de vous accuser réception de votre dépêche n° 75, relative aux mouvements qui devront s'opérer les 31 juillet et 1ᵉʳ août.

Tous les ordres sont donnés pour l'exécution de ceux de ces mouvements qui concernent le 4ᵉ corps d'armée. Toutes les positions indiquées par votre dépêche, pour les différentes fractions de ce corps, seront rigoureusement occupées.

Je dois vous informer qu'il m'est impossible de mettre en route demain le trésor du corps d'armée; ses chevaux de voitures et harnais, achetés à Paris par le ministère des finances, ne sont pas encore arrivés. Il en est de même de l'ambulance, à laquelle manquent les attelages et les « harnais ». J'aurais bien pu acheter les chevaux, mais, quant aux harnais, il m'eût été impossible de les faire confectionner. M. l'intendant militaire a vainement cherché à s'en procurer à Metz.

Je laisse à Thionville un bataillon du 98ᵉ (2) pour escorter toute cette portion isolée et pour surveiller le convoi civil que je ferai diriger sur Boulay.

Je dois ajouter qu'il manque, dans les corps, beaucoup de grandes gamelles, marmites et grands bidons. J'en ai fait demander à Lille, mais ils ne sont pas encore arrivés.

---

(1) Commandant la 2ᵉ brigade de la 2ᵉ division.
(2) Un seul bataillon du 98ᵉ, le 3ᵉ, est resté à Thionville le 31, au lieu de deux que le général de Ladmirault avait indiqués dans l'ordre de mouvement ci-dessus (n° 15).

Je serai demain à Boulay, avec une partie de mon état-major ; le reste y arrivera le 1ᵉʳ août, la distance (40 kilomètres) étant trop grande pour une étape. Vous pourrez donc, dès demain, m'adresser vos ordres et instructions à Boulay.

Le maréchal Bazaine au général de Ladmirault, à Thionville. (CONFIDENTIELLE.)

Boulay, 30 juillet.

Je vous remercie des renseignements que vous m'envoyez sur le cours de la Sarre. Il est probable que, si les pluies torrentielles qui ont été signalées ces jours derniers continuaient, il y aurait des modifications dans le régime des eaux ; mais je sais que l'on prépare, au grand quartier général, les moyens qui nous sont nécessaires pour franchir ce cours d'eau.

Vous devez avoir reçu la feuille de renseignements n° 5, par laquelle on vous avise de grands mouvements de troupes sur la Sarre et de l'arrivée du roi de Prusse à Coblentz. J'ai vu hier l'Empereur à Saint-Avold ; rien n'est encore bien arrêté sur les opérations que doit entreprendre l'armée française. Il semble cependant que l'on penche vers un mouvement offensif en avant du 2ᵉ corps.

Le général Bellecourt, commandant provisoirement la 2ᵉ division du 4ᵉ corps, au général de Ladmirault.

Ferme de Sainte-Anne, 30 juillet.

J'ai reçu les ordres de mouvement à 9 heures ; j'ai expédié immédiatement la dépêche adressée au général de Lorencez et pris mes dispositions de manière à être arrivé, avec toute la 1ʳᵉ brigade, l'artillerie et la réserve d'artillerie, à Bouzonville dans le milieu du jour (à 3 heures au plus tard) (1).

Les réquisitions de fourrage et de pain, qui ont été faites par le sous-intendant, nous suivront. Nous avons également une réserve de viande sur pied, à notre suite.

Cette lettre est la confirmation de la dépêche télégraphique que je vous adresse à Kédange ; mais elle vous arrivera peut-être la première, le télégraphe de Kédange, ou étant encombré, ou marchant de la façon la plus irrégulière.

---

(1) Voir, au sujet de la 2ᵉ brigade, la note (3) de la page 58. La compagnie du génie dont il n'est pas fait mention est avec la 1ʳᵉ brigade.

Le général Bellecourt, commandant provisoirement la 2ᵉ division du 4ᵉ corps, au général de Ladmirault.

Ferme de Sainte-Anne, 30 juillet.

J'ai l'honneur de vous rendre compte que, suivant vos ordres, j'ai quitté Kédange ce matin, avec la 1ʳᵉ brigade de la 2ᵉ division. Le départ n'a pu avoir lieu qu'à midi, les distributions ayant pris un temps considérable.

Les troupes sont ainsi placées :

5ᵉ bataillon, à Waldweistroff;

13ᵉ de ligne, 1 bataillon à Lacroix, 2 à Laumesfeld;

43ᵉ de ligne, avec l'artillerie et l'ambulance (1), à Monneren.

Mon quartier général est à la ferme Sainte-Anne, à moitié chemin de Monneren à Lacroix, avec la compagnie du génie.

L'état sanitaire est bon.

Les réquisitions deviennent de plus en plus difficiles; le pays s'épuise. Le sous-intendant de la division déploie un zèle infatigable et digne d'éloges; il a fait connaître hier la situation et mes besoins à M. l'intendant du corps d'armée.

Aucun renseignement sérieux ne m'est parvenu.

Le bataillon du 13ᵉ de ligne, cantonné à Lacroix, y a trouvé un bataillon du 15ᵉ (3ᵉ division) qui y a été envoyé, ce matin sans doute, pour occuper le nœud de routes que le 13ᵉ de ligne garde maintenant.

J'ai avisé le général commandant la 3ᵉ division de mes positions.

P.-S. — Au moment où cette lettre allait partir, je reçois, par cavalier, une lettre du maréchal Bazaine, que je vous transmets immédiatement par un cavalier frais.

d) Effectifs et emplacements.

Situation sommaire d'effectif du 4ᵉ corps au 30 juillet.

Officiers	1,237	
Troupe	26,386	} 27,623.
Chevaux	5,534 (2).	

---

(1) D'après le journal de marche de la division, l'ambulance serait avec le quartier général à la ferme Sainte-Anne.

(2) Ces nombres se répartissent ainsi d'après les situations particulières :

	Officiers.	Troupe.	Chevaux.
État-Major général	32		75
1ʳᵉ division (de Cissey)	290	7,502	537
2ᵉ — (Bellecourt)	319	7,303	545

LA GUERRE DE 1870-1871.

Emplacement des troupes au 30 juillet.

Quartier général...............	à Thionville.
Division de Cissey..............	à Sierck et environs.
Division Bellecourt.............	à Lacroix—Waldweistroff—Laumesfeld (1).
Division de Lorencez...........	(entre Thionville et Bouzonville) à Filstroff—Lacroix—Colmen—Waldwisse—Halstroff—Flastroff (2).
Division de cavalerie (Legrand)..	à Sierck—Bouzonville—Colmen.
Réserve d'artillerie.............	à Thionville (3) (4).

Journée du 30 juillet.

5ᵉ CORPS D'ARMÉE.

a) Journaux de marche.

Journal de marche du 5ᵉ corps d'armée.

Voir *Revue militaire*, août 1899, page 293.

Journal de marche de la division de l'Abadie d'Aydrein.

30 juillet.

Les troupes de la division de l'Abadie restent dans les positions qu'elles occupaient la veille. Le général de division fait reconnaître les

	Officiers.	Troupe.	Chevaux.
3ᵉ division (de Lorencez)	312	7,804	635
Division de cavalerie (Legrand)....	178	2,303	2,400
Réserve d'artillerie..............	26	990	1,009
— du génie..............	4	136	77
Services.....................	44	348	181

(1) Et Monneren.
(2) D'après les historiques des corps de la division, Waldwisse et Halstroff n'étaient pas occupés. Par contre, il y avait un bataillon du 65ᵉ à Bizing.
(3) Réserve du génie à Thionville. Le parc d'artillerie s'organise à Verdun.
(4) La réserve d'artillerie est à Thionville jusqu'à 4 heures de l'après-

emplacements des grand'gardes de la brigade Lapasset (1), qui se relient à gauche avec les petits postes de la brigade Fauvart-Bastoul (2) campée à Spicheren.

Une décision du rapport chez le général en chef prescrit de ne pas soulever une guerre de chicane, de riposter si l'ennemi tire, et cependant de ne pas le laisser approcher de trop près.

Il est décidé aussi que les caissons à deux roues portant les munitions de l'infanterie marcheront et parqueront avec la réserve d'artillerie divisionnaire. Dans le combat, lorsqu'il y aura nécessité de prendre de nouvelles cartouches, ces voitures rejoindront les bataillons auxquels elles sont affectées, sur la demande du général de brigade ou du colonel.

Les trois escadrons du 12e chasseurs (3) viennent de Niederbronn à Bitche rejoindre la division Guyot de Lespart (4).

Le prévot, le médecin chef de l'ambulance, le payeur et l'aumônier de la division de cavalerie arrivent à Sarreguemines.

Ordre est donné de fournir des boulangers à l'administration : l'Empereur, est-il dit au rapport, a reconnu que cela est indispensable.

On communique une décision ministérielle du 24 juillet, d'après laquelle les sous-officiers et caporaux employés dans les dépôts de recrutement ou à d'autres services, hors de l'armée, seront mis à la suite dans les corps auxquels ils appartiennent.

Les divisions Goze, Guyot de Lespart et Brahaut sont aux mêmes campements près de Sarreguemines, Bitche et Rohrbach.

b) **Organisation et administration.**

Le général de Failly au Major général (D. T.).

Sarreguemines, 30 juillet, 11 h. matin (n° 2470) expédiée à 12 h. 15 soir.

Aucun des petits dépôts n'a encore rejoint.

---

midi seulement; elle en part à ce moment pour aller coucher à Kédange. La réserve du génie part également de Thionville à 4 heures pour aller bivouaquer à Hombourg.

(1) 1re brigade de la division de l'Abadie d'Aydrein.

(2) 2e brigade de la 2e division du 2e corps.

(3) 1re brigade de la division de cavalerie du 5e corps.

(4) Le 12e chasseurs se trouvait à Niederbronn depuis le 20 juillet; il avait un escadron détaché à Reichshoffen. C'est un peloton de ce régiment, sous les ordres du sous-lieutenant de Chabot, qui surprit, le 25 juillet, la reconnaissance du capitaine Zeppelin à Schirlenhof.

Le Ministre de la guerre au général de Failly.

Paris, 30 juillet.

Soixante chevaux de la remonte de Sampigny sont dirigés de ce dépôt sur Sarreguemines, pour la remonte des officiers sans troupe.

Le Major général au général de Failly.

Metz, 30 juillet.

L'indemnité extraordinaire de rassemblement sera allouée aux troupes arrivées à leurs points de concentration, jusqu'à ce qu'elles reçoivent les vivres de campagne.

Le même au même.

Metz, 30 juillet.

Vu l'insuffisance du train régulier pour encadrer les équipages militaires requis, assurez le service d'ordre de ces équipages au moyen de militaires pris dans les troupes de cavalerie de votre corps d'armée.

Les vivres de campagne seront touchés à partir du 3 août.

La frontière est fermée : les ordres à ce sujet sont formels.

Vous ne devez pas la laisser franchir par des sujets prussiens ou bavarois. Annonce d'instructions relatives à la suppression du shako et à l'allégement du sac du soldat.

c) Opérations et mouvements.

Le Major général au général de Failly.

Metz, 30 juillet.

Par ordre de l'Empereur, le général Frossard doit franchir la Sarre et s'emparer de Sarrebrück, dans la matinée du mardi 2 août, avec l'appui des deux divisions de votre corps d'armée, qui sont en ce moment à Sarreguemines.

A cet effet, vous vous porterez de Sarreguemines sur Sarrebrück, par la rive droite de la Sarre, pour appuyer le mouvement exécuté par M. le général Frossard (1).

Les mouvements de toutes les troupes appelées à prendre part à cette

---

(1) Les 1re et 2e divisions seulement, d'après l'ordre du Major général au maréchal Bazaine. La 3e division restait à Bitche. Il n'est pas fait mention, dans l'ordre du Major général, de la division de cavalerie du 5e corps.

opération devront être combinés de telle façon que les passages de la Sarre, en aval comme en amont de Sarrebrück, soient exécutés au point du jour.

M. le maréchal Bazaine prendra le commandement des troupes des trois corps d'armée appelés à concourir à l'opération.

Vous vous rendrez de votre personne, dans la matinée du dimanche 31, au quartier général du général Frossard, à Morsbach, où se trouveront également le maréchal Bazaine et les généraux commandant l'artillerie et le génie de l'armée.

Vous vous concerterez avec eux, sous la présidence du maréchal Bazaine, pour arrêter les dispositions de détail relatives à l'opération. Le rendez-vous aura lieu à 11 heures du matin.

d) Effectifs et emplacements.

Situation sommaire d'effectif du 5ᵉ corps au 30 juillet.

Officiers	1,099	} 24,824.
Troupe	23,725	
Chevaux	5,002 (1).	

Emplacement des troupes au 30 juillet.

Quartier général	à Sarreguemines.
Division Goze..................	à Sarreguemines.
Division de l'Abadie d'Aydrein....	à Sarreguemines (2).
Division Guyot de Lespart.......	à Bitche.
Division de cavalerie (Brahaut)....	à Bitche—Niederbronn—Sarreguemines.
Réserve d'artillerie et génie	à Sarreguemines (3).

---

(1) Ces chiffres se répartissent ainsi d'après les situations particulières :

	Officiers.	Troupe.	Chevaux.
État-Major général...............	16	32	48
1ʳᵉ division (Goze)	272	6,632	615
2ᵉ — (de l'Abadie d'Aydrein).	239	5,981	541
3ᵉ — (Guyot de Lespart)	300	7,457	491
Division de cavalerie Legrand.....	151	2,165	2,004
Réserve d'artillerie..............	27	653	636
— du génie...............	10	124	91
— de l'intendance..........	65	649	528

(2) Brigade Lapasset, à Grossbliederstroff depuis le 27 juillet, moins le 84ᵉ de ligne, encore à Phalsbourg, et qui ne rejoindra que le 2 août.

(3) Le parc d'artillerie s'organise à Epinal.

Journée du 30 juillet.

6ᵉ CORPS D'ARMÉE.

b) Organisation et administration.

Le Major général au maréchal Canrobert, au camp de Châlons.

Metz, 30 juillet (n°83).

L'Empereur a décidé que la division de votre corps d'armée qui est à Soissons, sera appelée au camp de Châlons (1).

Sa Majesté laisse à V. Exc. le soin de fixer la date de ce mouvement, en en référant au Ministre de la guerre, qui reçoit avis de cette décision.

Ordre du général commandant l'artillerie du 6ᵉ corps.

Camp de Châlons, 30 juillet.

Toutes les batteries divisionnaires étant arrivées, MM. les lieutenants-colonels commandants supérieurs devront, à partir d'aujourd'hui, se mettre sous les ordres de leurs généraux de division, pour les manœuvres et prises d'armes. Ils devront fournir leurs situations aux états-majors de ces divisions, indépendamment de celles qu'ils envoient à l'état-major de l'artillerie.

Le général Labastie au général Bertrand, commandant la réserve et le parc.

Camp de Châlons, 30 juillet.

J'ai l'honneur de vous faire connaître que le Ministre m'écrit :

« Les 4 réserves divisionnaires du corps seront respectivement attelées par des détachements des compagnies 4, 4 *bis*, 10 *bis* et 3, du 1ᵉʳ régiment du train d'artillerie.

Ces détachements sont arrivés à la Fère le 26 juillet, et ces réserves sont, par suite, à votre disposition.

Les compléments de ces compagnies arriveront à la Fère ultérieurement, ainsi que la compagnie 3 *bis* du même régiment.

Vous voudrez bien faire connaître ces dispositions aux commandants des réserves et parcs placés sous vos ordres.

---

(1) Division La Font de Villiers.

Le maréchal Canrobert au Major général, à Metz (D. T.).

Camp de Châlons, 30 juillet, 4 h. 35 soir (n° 2509), expédiée à 4 h. 20 soir.

Il y a des réserves divisionnaires du 6° corps prêtes à la Fère ; les autres le seront prochainement. Prière de les faire venir au camp de Châlons, au fur et à mesure de leur organisation.

Le général Labastie, commandant l'artillerie du 6° corps, au maréchal Canrobert.

Camp de Châlons. 30 juillet.

On a remarqué, pendant la campagne d'Italie de 1859, que les réserves et parcs d'artillerie n'étaient point toujours aussi bien traités que les autres troupes de l'arme, au point de vue des distributions de vivres et de fourrages.

Néanmoins, l'effectif de ces corps importants peut s'élever à près de 2,000 hommes et plus de 2,000 chevaux.

Je regarde comme très important qu'un sous-intendant ou membre de l'intendance soit, dans le cours de la campagne, attaché aux réserves et parcs d'artillerie du 6° corps de l'armée du Rhin, afin d'assurer la subsistance de ses hommes, de ses sous-officiers et de ses officiers.

Le Major général au maréchal Canrobert, au camp de Châlons.

Metz, 30 juillet.

J'ai l'honneur d'adresser à Votre Excellence 1000 exemplaires d'une carte des routes conduisant au Rhin. Je vous prie de vouloir bien les faire distribuer aux officiers de votre corps d'armée.

Le Maréchal Canrobert au général Levassor-Sorval, à Paris.

Camp de Châlons, 30 juillet (n° 58).

Des cartes ont été adressées du Dépôt de la guerre au camp de Châlons, pour 4 divisions du 6° corps d'armée. Ce corps en ayant cinq, vous voudrez bien demander directement au Dépôt de la guerre, à Paris, les deux exemplaires de la carte de France au 1/320,000° (feuilles 9, 13, 14, 15, 19 et 20) destinées au général de division et au chef d'état-major de la 4° division. J'en écris, par le courrier d'aujourd'hui, au Ministre de la guerre, en priant S. Exc. de faire droit à cette demande.

Je vous renouvelle l'ordre de profiter de votre séjour à Paris pour vous fournir de tous les effets de campement et d'équipement qui vous sont nécessaires, tels que couvertures de marche, tentes-abris, souliers de rechange, ceintures de flanelle, grands bidons, gamelles et marmites.

Je vous signalerai également, comme devant attirer votre attention, les besoins en chevaux de trait, voitures, pièces de rechange d'armes, telles que : aiguilles, obturateurs, ressorts à boudin, etc..... Ces besoins seront calculés sur l'effectif de 2,400 hommes que les régiments doivent atteindre prochainement.

Il y aura lieu également d'aviser aux moyens de transformer rapidement les pantalons et les jambières qu'un certain nombre d'hommes de la réserve apporteront sans doute.

Le Général commandant la division de cavalerie du 6° corps, au maréchal Canrobert.

Camp de Châlons, 30 juillet (n° 12).

J'ai l'honneur de prier Votre Excellence de vouloir bien autoriser le 1er régiment de hussards à tirer à la cible lundi, à 5 heures du matin.

Ce régiment n'a pas encore exécuté le tir à balle avec le fusil modèle 1866.

d) Effectifs et emplacements.

Le maréchal Canrobert au Major général, à Metz (D. T.).

Camp de Châlons, 30 juillet, 10 h. 55 matin (n° 2475), expédiée à 12 h. 50 soir.

SITUATION AU 30 JUILLET.

Au Camp :
Infanterie, 14,584 ; cavalerie, 1282 ; artillerie, 1391 ; génie, 486.
A Soissons :
Infanterie, 6,786.
A Paris :
Infanterie, 6,848.

Total général : 31,377.

SITUATION SOMMAIRE DE L'EFFECTIF AU 30 JUILLET.

Officiers...................... 1,222 ⎫
Troupe........................ 30,155 ⎬ 31,377
Chevaux....................................... 2,908

6° CORPS D'ARMÉE.

EMPLACEMENT DES TROUPES AU 30 JUILLET.

Quartier général....................... au camp de Châlons.
Division Tixier .... au camp de Châlons.

Division Bisson.................................. au camp de Châlons.
Division La Font de Villiers.................. à Soissons.
Division Levassor-Sorval...................... à Paris.
Division de cavalerie (de Salignac-Fénelon).... au camp de Châlons.
(Il manque encore 3 régiments.
Réserve d'artillerie et génie................ au camp de Châlons (1).

Organisation générale du 7ᵉ corps d'armée.

Le général Douay au Major général, à Metz.

Belfort, 30 juillet.

J'ai l'honneur de vous rendre compte que j'ai procédé de la manière suivante à l'organisation du service dans le 7ᵉ corps et la place de Belfort :

Le 28, jour de mon arrivée, j'ai pris connaissance du besoin des troupes à Belfort, à Colmar (2), et prescrit de suite l'envoi à Paris d'un officier de mon état-major et d'officiers des troupes déjà arrivés, pour obtenir du Ministre de la guerre le complément immédiat des ustensiles et du matériel de campement, ne pouvant plus compter sur les ressources de Strasbourg, Metz et même Lyon, déjà épuisées.

J'attends avec anxiété le résultat de cette demande, dont dépend la mobilisation des troupes.

Je suis assuré que les vivres et les fourrages ne me manqueront pas.

J'ai requis, dans tout le pays qui m'environne, des voitures pour former le train auxiliaire. J'en ai aujourd'hui environ 200; j'espère en avoir 500 d'ici à deux ou trois jours et me compléter bientôt à 1000, en poursuivant cette opération avec ardeur. Je n'ai pas encore de train régulier.

Le génie a des travaux urgents à faire dans la place et autour de Belfort. J'y ai pourvu de la manière suivante :

Le 5ᵉ de ligne est campé à Bellevue, le 89ᵉ à côté des Perches, le 37ᵉ va l'y suivre. Ces troupes, tout en procédant à la mobilisation, sont appliquées aux travaux des fortifications.

Le succès de cette mobilisation dépend absolument de l'envoi à Belfort des ustensiles de campement, des harnais et des voitures qui manquent aux troupes.

J'ai été hier faire la reconnaissance de Huningue, et j'y ai noué des relations pour avoir des renseignements sur l'ennemi.

---

(1) Le parc d'artillerie du 6ᵉ corps s'organise à la Fère.
(2) Division Conseil-Dumesnil.

Les renseignements que j'ai recueillis semblent indiquer que l'ennemi se dispose à occuper Lörrach et Nollingen.

J'ai trouvé à Huningue le dépôt du 45°, qui m'y semble fort en l'air. Il a un magasin considérable, environ 800 hommes d'effectif. Il lui faudra 5 jours pour emballer tous ses effets.

Il résulte de ma reconnaissance de Huningue à Mulhouse que, pour le moment, nous serions très vulnérables de ce côté, si l'ennemi devenait entreprenant, car il pourrait faire passer le Rhin, en barques, à quelques détachements et tenter des entreprises contre notre ligne ferrée et même la ville de Mulhouse et Altkirch.

Pour parer à cette éventualité, il faudrait que je puisse placer la cavalerie dans les villages situés sur la grande route de Neuf-Brisach à Huningue, soutenue par de l'infanterie établie en seconde ligne, près de la voie ferrée de Huningue à Mulhouse et occupant aussi Altkirch.

Mais il m'est à peu près impossible de rien entreprendre tant que les troupes ne posséderont pas tout leur outillage.

Quant à la cavalerie, j'insiste de la manière la plus pressante pour qu'on organise un corps de *pourvoyeurs*, dépendant soit de l'administration militaire, soit des entrepreneurs, pour qu'elle puisse profiter au moins d'achats faits sur les lieux mêmes, des ressources abondantes du pays, sans être obligée de revenir en arrière, chercher chaque jour ses distributions.

Si l'on ne prenait pas ce parti, la cavalerie consommerait des ressources précieuses, sans nous rendre le moindre service.

De concert avec l'intendant, j'étudie les moyens de rendre ce système pratique ; mais il sera indispensable de régulariser ces procédés nouveaux soit par un règlement, soit par une autorisation spéciale.

J'envoie cette même dépêche au maréchal de Mac-Mahon.

Le général Douay au Major général, à Metz (D. T.).

Belfort, 30 juillet, 3 h. 20 soir (n° 1524, expédiée à 8 h. 25 soir).

Je reçois, relativement aux ustensiles et matériel de campement, de bonnes nouvelles de Paris. Les officiers envoyés reviendront avec presque tout le complément.

Dès que je les aurai, je vous enverrai les chiffres relatifs aux ceintures de flanelle.

Organisation de la division Liébert.

Journal de marche.

30 juillet.

La 2° colonne du 37° de ligne, venant de Nice et forte de 11 compagnies, arrive à Belfort le 30 juillet.

L'effectif total du régiment est alors de 60 officiers et 1921 hommes.
Le 37e est campé à Bellevue.

La 1re colonne du 53e de ligne arrive le même jour à Belfort; elle comprend 36 officiers, 795 hommes et 11 chevaux.

Organisation de l'artillerie.

Journal de marche.

30 juillet.

Le 30 juillet, le général de Liégeard (1) recevait l'ordre d'aller rejoindre le quartier général et de s'établir à Belfort avec les officiers attachés à son état-major.

Déférant sans retard aux ordres reçus, il se mettait en route immédiatement, avec son chef d'état-major, laissant son aide de camp et les capitaines adjoints ramener, le jour suivant, les voitures, chevaux et archives de l'artillerie (2).

En allant vers Mulhouse, notre train a croisé successivement les trois trains amenant à Colmar les trois batteries de la 1re division, dont l'infanterie était arrivée depuis le 28.

Nous avons trouvé, réunie à Belfort, toute la 2e division avec les trois batteries du lieutenant-colonel Clouzet, dirigé individuellement sur Colmar. De plus, la 8e batterie du 6e régiment, appartenant à la 3e division, encore en formation à Lyon, était également près du quartier général, avec le commandant Médoni dont l'autre batterie de 4 avait été retenue, ainsi que la batterie de canons à balles, par la 3e division (3).

---

(1) Le général de Liégeard et son état-major se trouvaient réunis à Colmar depuis le 22 juillet, date à laquelle aucune des parties constitutives de l'artillerie du 7e corps n'était encore arrivée dans cette ville, désignée comme lieu de concentration.

(2) *Le général de Liégeard, commandant l'artillerie du 7e corps, au général Soleille, à Metz.*

Colmar, 30 juillet (n° 21).

J'ai l'honneur de vous rendre compte que, sur l'invitation du général commandant en chef le 7e corps d'armée, je quitte Colmar pour me rendre à Belfort.

J'emmène mon état-major et le lieutenant-colonel Clouzet, commandant l'artillerie de la 2e division.

(3) A Lyon.

Travaux du génie à Belfort.

Journal de marche.

30 juillet.

Les travaux du camp retranché sont continués dans les mêmes conditions que les jours précédents, avec l'aide de 1400 travailleurs militaires et de 400 travailleurs civils, placés sous la direction des officiers du génie présents à Belfort.

Le général Doutrelaine au Directeur des forts, à Besançon.

Belfort, 30 juillet.

A mon retour d'Huningue, où j'ai été faire, hier, une reconnaissance, je reçois deux lettres du 28 juillet relatives, l'une aux dispositifs de mines, l'autre à l'amélioration de Montbéliard.

Pour ce qui est des mines, je ne saurais trop vous répéter ce que je vous écrivais il y a quelques jours; ne vous pressez pas et gardez-vous de rien faire qui puisse compromettre les communications ferrées de Besançon à Strasbourg, ainsi que celles de Belfort à Besançon avec l'intérieur. Je vous disais à ce sujet, pour votre gouverne, qu'aujourd'hui même je ferais décharger les fourneaux qui avaient été chargés ces jours derniers sur la voie ferrée de Belfort à Altkirch. Rappelez-vous qu'à l'heure qu'il est les deux corps d'armée dont les quartiers généraux sont à Strasbourg et à Belfort ne sont pas encore constitués et qu'il serait désastreux qu'il arrivât le moindre accident de nature à arrêter ou seulement à retarder le transport des troupes et du matériel.

Pour ce qui touche Montbéliard, examen fait de l'avant-projet que vous m'avez adressé, je suis d'avis que le seul ouvrage qu'il y ait intérêt à construire maintenant, c'est la citadelle, et je renoncerai volontiers à votre tête de pont et à votre lunette à mi-côte du plateau de Thiergarten. Je ne crains pas qu'en venant de Delle, l'ennemi s'engage dans la presqu'île d'Arbouans et j'estime qu'il serait plus imprudent encore aux défenseurs de Montbéliard de s'y engager. Si vous ne croyez pas que la batterie du château suffise pour battre le terrain de la presqu'île, vous pourrez commencer l'escarpement de la gorge de la citadelle par un parapet portant batterie auquel vous pourrez donner 100 et même 150 mètres de long et qui vous servira de parados pour le front de tête. Grâce à cela, vous pourrez supprimer votre tête de pont.

Je ne tiens pas davantage à votre lunette de Thiergarten; vous la projetez dans l'hypothèse qu'un combat se livrera dans la plaine de la route de Belfort, soit; mais dans ce cas, qui suppose Montbéliard fortement occupé, c'est à la hauteur du parc qu'il faudra s'établir. Votre lunette n'a d'ailleurs, sur la vallée de la Lusine, que des vues très restreintes et peu propres à compléter celles de la citadelle.

En résumé je trouve que, pour une occupation réduite de Montbéliard, votre projet est trop étendu et c'est dans cette hypothèse que je crois devoir me placer pour le moment. Aujourd'hui, en effet, et en raison des dispositions stratégiques de l'armée du Rhin, il n'y a qu'un corps de 30,000 hommes pour défendre la trouée de Belfort et défendre la haute Alsace. On ne pourra donc envoyer à Montbéliard qu'un détachement assez faible, auquel il suffit d'assurer les moyens de résister jusqu'à ce qu'il soit secouru par le gros de l'armée, concentré à Belfort. Pour cela, la citadelle et le château suffiront. Peut-être même le château seul suffirait-il? Je n'en suis pas bon juge, ne connaissant pas cet ouvrage et ne pouvant l'apprécier que d'après un plan au 1/5000°.

Si au contraire les circonstances de la guerre amenaient à occuper Montbéliard par des troupes nombreuses, il faudrait ajouter aux défenses de la citadelle et du château un ouvrage à établir sur la hauteur du parc, et je pense que vous feriez bien d'entreprendre immédiatement l'étude de cet ouvrage, en complément de celle de la citadelle.

Quoi qu'il en soit, il y a si peu de troupes en ce moment, et ce qu'il y en a est si peu organisé, qu'en présence des énormes travaux à faire à Belfort, il m'est impossible de demander au général Douay l'envoi d'un détachement quelconque à Montbéliard. D'autre part, il est peu probable que nous restions longtemps ici, en sorte que vous ne pouvez guère compter sur le concours du 7ᵉ corps d'armée.

Raison de plus pour limiter au plus strict indispensable des travaux que vous ne pouvez exécuter qu'avec vos propres ressources.

Je vous enverrai sans doute demain une dépêche télégraphique pour vous donner rendez-vous sur le terrain pour le 1ᵉʳ août. Mais peut-être, pressé par les circonstances, n'aurai-je pas le temps de vous prévenir et, dans ce cas, je serais heureux de trouver sur place le capitaine Bascou.

Rien de menaçant sur la frontière bavaroise ni sur la frontière Suisse.

Effectif sommaire du 7ᵉ corps au 30 juillet

(y compris la division Dumont non encore arrivée à Lyon ou elle doit se former).

Officiers..........................	809	19,273
Troupe............................	18,464	
Chevaux..		3,272

Le général Douay, commandant le 7ᵉ corps, au Major général (D. T.).

Belfort, 30 juillet, 4 h. 20 soir (n° 2513), expédiée à 7 h. 10 soir.

1ʳᵉ DIVISION, à Colmar : 17ᵉ bataillon de chasseurs, 3ᵉ de ligne, 21ᵉ de ligne, 47ᵉ de ligne (1). Officiers, 203 ; troupe, 5,410.

2ᵉ DIVISION, à Belfort : 5ᵉ de ligne, 37ᵉ de ligne, 89ᵉ de ligne (2). Officiers, 146 ; troupe, 4,361.

Cavalerie, à Belfort : 4ᵉ hussards, 4ᵉ lanciers (3). Officiers, 125 ; troupe, 1601 ; chevaux, 1416.

Artillerie, à Belfort : 8ᵉ batterie du 6ᵉ (4) ; 8ᵉ et 12ᵉ batteries du 12ᵉ (5) ; 3ᵉ et 4ᵉ batteries du 19ᵉ (6 et 7). Officiers, 21 ; troupe, 729 ; chevaux, 693.

Génie, à Belfort : Officiers, 13 ; troupe, 119.

3ᵉ DIVISION, à Lyon : 52ᵉ de ligne, 82ᵉ de ligne, 83ᵉ de ligne (8). Officiers, 206 ; troupe, 4,700.

Cavalerie, à Lyon : 6ᵉ hussards, 6ᵉ dragons (9). Officiers, 83 ; troupe, 1156 ; chevaux, 926.

Artillerie, à Lyon : 2 batteries. Officiers, 8 ; troupe, 287 ; chevaux, 237. Une batterie arrivée le 29 de Marseille.

Génie, à Lyon : 1 compagnie. Officiers, 4 ; troupe, 101.

---

(1) Manque le 99ᵉ de ligne : le 2ᵉ bataillon, partira d'Aix le 28, arrivera à Colmar le 30 ; le 3ᵉ bataillon partira d'Avignon le 31, arrivera à Colmar le 2 août ; le 1ᵉʳ bataillon partira de Marseille le 2 août, arrivera à Colmar le 4 août.

(2) Manque le 53ᵉ de ligne, dont la première colonne arrive à Belfort le 30 juillet.

(3) Faisaient partie, avec le 8ᵉ lanciers, de la division de cavalerie du 7ᵉ corps.

(4) Appartenant à la 3ᵉ division, en formation à Lyon.

(5) Appartenant à la réserve d'artillerie du corps d'armée.

(6) Appartenant à la réserve d'artillerie du corps d'armée. Les 7ᵉ et 10ᵉ batteries du 10ᵉ d'artillerie arrivent à Belfort le 31 juillet et complètent la réserve d'artillerie.

(7) Le 30 juillet, la 1ʳᵉ division reçoit à Colmar, par chemin de fer, les 3 batteries qui lui sont attribuées. Les batteries de la 2ᵉ division arrivent à Belfort dans la nuit du 30 au 31 juillet.

(8) Manque le 72ᵉ qui, parti de Toulouse les 1ᵉʳ et 2 août, arriva à Sathonay le 3 août et fut dirigé sur Belfort le 12 août avec le reste de la division Dumont.

(9) Constituant la 2ᵉ brigade de la division de cavalerie du 7ᵉ corps et retenus à Lyon pour assurer la tranquillité de la ville.

Emplacement des troupes au 30 juillet 1870.

Quartier général...........................	à Belfort.
Division Conseil-Dumesnil	à Colmar.
Division Liébert...........................	à Belfort.
Division Dumont...........................	à Lyon.
Division de cavalerie (Ameil)................	à Belfort et Lyon.
Réserve d'artillerie et génie.................	à Belfort (1).

GARDE IMPÉRIALE.

a) Journaux de marche.

Journal de marche de la Garde.

La Garde profite de son séjour au camp pour compléter son organisation.

Le payeur-trésorier de la division de cavalerie et ses deux adjoints arrivent au camp pour organiser leur service.

Organisation du service d'ambulance de la 2º division d'infanterie (grenadiers).

Organisation du service du trésor et des postes du quartier général à Chambières.

Journal de marche de la division Deligny.

Des détachements pour les corps d'infanterie sont annoncés des dépôts, par les voies ferrées, formés d'hommes de la réserve. Ils ont les effectifs suivants :

Bataillon de chasseurs...	50	hommes.
1ᵉʳ voltigeurs	50	—
2ᵉ —	85	—
3ᵉ —	96	—
4ᵉ —	89	—

Journal de marche de la division Picard.

Séjour au bivouac de Chambières.

Les médecins attachés à l'ambulance de la division, un détachement de la 4ᵉ section d'ouvriers d'administration et un détachement de la 2ᵉ section d'infirmiers militaires rejoignent la division.

Revue des armes et des munitions.

---

(1) Le parc d'artillerie s'organise à Vesoul.

Journal de marche de la division de cavalerie Desvaux.

30 juillet.

La division continue à faire séjour au bivouac de Chambières.

M. Jaubert, trésorier-payeur de la division, et ses deux adjoints complètent leur installation au bivouac et commencent à entrer en fonctions.

La prévôté de la division se trouve constituée, sous les ordres de M. Eswein, lieutenant de gendarmerie.

b) Organisation et administration.

Mobilisation des hommes.

Réponse au rapport.

Camp de Chambières, 30 juillet.

Un détachement de la Garde impériale arrivera aujourd'hui à Metz, par les voies ferrées.

Ce détachement comprend :

    50 hommes pour le bataillon de chasseurs.
    50 — le 1er voltigeurs.
    85 — le 2e —
    95 — le 3e —
    100 — le 4e —

Les cadres de conduite rétrograderont après l'arrivée des hommes au camp.

Le Major général au général Bourbaki.

Metz, 30 juillet (n° 86).

L'Empereur a remarqué que, dans certains régiments de grenadiers et de voltigeurs de la Garde, les voitures régimentaires étaient conduites par des soldats de ces corps. L'intention de Sa Majesté est que, dans la Garde comme dans la ligne, le personnel nécessaire à la conduite des voitures régimentaires soit emprunté à la garde mobile.

J'ai donc l'honneur de vous inviter à vous conformer, sans délai, à cette disposition, et à prendre les mesures nécessaires pour que les soldats de la Garde employés à ce service y soient remplacés au fur et à mesure des ressources que la garde mobile pourra mettre à votre disposition.

P.-S. — M. le général commandant la 3° division militaire (1) reçoit l'ordre de faire, à cet effet, appel aux bataillons de garde mobile de son

---

(1) Metz.

commandement, et c'est à cet officier général que les corps devront s'adresser pour obtenir les conducteurs gardes mobiles dont ils ont besoin.

Mobilisation des chevaux.

Le général Bourbaki au Major général.

Camp de Chambières, 30 juillet (n° 19).

Un certain nombre de chevaux de la Garde sont déjà signalés comme incapables de suivre la colonne.

J'ai l'honneur de prier Votre Excellence de me faire savoir où, dans le cas d'un départ précipité, ces chevaux devraient être versés.

En marge : Demander au général commandant la 5ᵉ division de une proposition à ce sujet.

Artillerie.

Le général Pé de Arros, commandant l'artillerie de la Garde, au général Bourbaki.

Metz, 30 juillet (n° 17).

J'ai l'honneur de vous rendre compte que le personnel et le matériel du parc d'artillerie de la Garde impériale vont commencer leur mouvement, de Versailles à Metz, le 31 du courant. Le parc se compose d'environ :

400 hommes ;
700 chevaux ;
112 voitures.

Son départ de Versailles s'effectuera en trois colonnes, qui s'embarqueront à Versailles, chacune à un jour d'intervalle. La première colonne partira dimanche 31.

Je vous prie de vouloir bien m'indiquer le campement que vous réservez à ces troupes et à leur matériel.

Le général Bourbaki au colonel Rivet, commandant la place de Metz, et au général Pé de Arros.

Chambières, 30 juillet.

Le parc d'artillerie de la Garde doit arriver à Metz en trois colonnes, demain et les 1ᵉʳ et 2 août. J'ai l'honneur de vous informer que ce parc sera campé sur le glacis de l'ancienne citadelle qui regarde la Moselle, et près de la porte de la citadelle.

Le général Soleille au général Bourbaki.

Metz, 30 juillet (n° 117).

Par ordre de l'Empereur, la place de Metz doit être armée le plus promptement possible.

Ne pouvant disposer, pour l'exécution des travaux d'armement, d'aucune troupe de l'artillerie de la ligne, le Major général m'a autorisé à vous demander les servants à pied de l'artillerie de la Garde qui seraient disponibles, ainsi que le nombre de sous-officiers et de lieutenants nécessaires.

Ce personnel rentrera tous les soirs à son camp.

Pour l'exécution des détails, je m'entendrai avec le général Pé de Arros.

Le général Pé de Arros, commandant l'artillerie de la Garde, au général Soleille.

Metz, 30 juillet (n° 18).

J'ai l'honneur de vous rendre compte qu'il a été envoyé aujourd'hui à l'état-major de la Garde des exemplaires d'une note indiquant le moyen de mettre rapidement hors de service les bouches à feu de campagne prussiennes. Cette note distingue les bouches à feu se chargeant par la culasse de celles qui se chargent par la bouche, et prescrit, pour ces dernières, d'employer en premier lieu l'enclouage.

Le général commandant en chef la Garde impériale désirerait répartir, dans les 6 régiments de cavalerie, un certain nombre de marteaux et de clous destinés à l'enclouage.

L'artillerie de la Garde, n'ayant actuellement à sa disposition aucun de ces instruments, je vous prie de vouloir bien en ordonner la confection et la livraison par la direction d'artillerie de Metz.

Train des équipages.

Le général Bourbaki au Major général.

Metz, 30 juillet (n° 17).

J'ai l'honneur de transmettre ci-joint à Votre Excellence copie de la dépêche qui m'est adressée par M. le chef d'escadron commandant le train de la Garde impériale :

« A l'organisation des trois compagnies de guerre du bataillon, M. l'intendant général Lefrançois, chargé d'en surveiller les détails, prit bonne note de tout ce qui nous manquait pour assurer le service et qui se décomposait de la manière suivante :

« 1° Des chariots de parc pour porter des fardeaux encombrants (l'escadron n'en possédant que 6, je les ai pris, ne pouvant en prendre davantage);

« 2° Des forges de campagne (il en faudrait deux par compagnie et nous n'en avons pas une, aussi nos maréchaux sont-ils forcés d'en louer en ville pour ajuster les fers aux chevaux).

« Les pièces de rechange de toute sorte nous font aussi défaut, puisqu'à Paris il y a un atelier du parc qui fait toutes les réparations au matériel des équipages de la place.

« Je suis sans un seul outil pour réparer le matériel, il nous faudrait donc aussi des caisses réglementaires.

« Tout cela devait arriver avant nous, ou du moins en même temps à Nancy, premier point de ralliement des compagnies. J'ai envoyé à la gare une demi-heure avant mon départ et rien n'était encore arrivé.

« De même, depuis notre arrivée à Metz, il ne nous est rien arrivé, ni à la gare, ni au camp. »

Je saisis cette occasion, monsieur le Major général, pour porter à votre connaissance que les compagnies du train de la Garde comprennent seulement les effectifs suivants :

La 2e, 111 hommes et 122 chevaux de trait ;
La 3e, 126 » 148 » »
La 4e, 116 » 127 » »

Il n'y a que deux chariots par compagnie et pas de forge.

L'effectif de ces compagnies est encore diminué par le service de la maison de l'Empereur, d'après les prescriptions de votre dépêche du 23 juillet courant, et encore n'a-t-on pu mettre à la disposition de ce service que trois chariots; il a été impossible de fournir les deux prolonges attelées (on aurait pu remplacer ces prolonges attelées par des chariots, mais les trois qui nous restent nous sont absolument nécessaires, car ils portent un matériel qui ne peut être chargé ailleurs) qui, d'après votre dépêche du même jour, devaient être mises à la disposition de M. Amiot, chef du service télégraphique.

Dans ces conditions, j'ai l'honneur de vous faire connaître qu'il nous serait absolument impossible, en cas de départ, d'assurer convenablement le service des transports, et je vous prie de vouloir bien ordonner telles mesures que vous jugerez utiles pour ramener l'effectif de nos compagnies du train au chiffre fixé par votre dépêche du 19 juillet.

Le général Bourbaki au Général adjudant général du Palais.

Metz, 30 juillet.

Par dépêche du 23 juillet courant, le Ministre de la guerre m'a prescrit de faire mettre 36 chevaux, 3 prolonges attelées pour le service de a maison de l'Empereur, et 2 prolonges attelées pour le service télégraphique de l'Empereur.

J'ai l'honneur de vous informer que les compagnies du train des équipages militaires de la Garde n'ont pas, à l'armée, de prolonges.

Elles ont six chariots de parc, dont trois sont chargés d'un matériel encombrant qui ne pourrait être mis sur aucune autre espèce de voiture et qui, d'ailleurs, appartiennent à l'administration de la guerre.

Le train ne peut pas disposer de ces trois voitures.

Je viens de donner des ordres pour que les trois autres soient mises, avec deux caissons, à la disposition de la maison et du service télégraphique de l'Empereur. Les 36 chevaux sont, depuis déjà deux jours, au quartier de Chambières. Mais, comme les chariots de parc sont d'un usage très utile, pour le service des troupes et de l'administration, je vous serais obligé de ne conserver ces trois voitures que dans le cas où vous ne pourriez pas faire autrement, et d'accepter, en échange, des caissons, si cette substitution peut avoir lieu sans inconvénient.

P.-S. — Le train a envoyé deux caissons au chef du service télégraphique de l'Empereur, mais il n'en a pas été pris livraison et ils ont dû revenir à leur compagnie, au camp de Chambières.

Ne vous serait-il pas possible de vous faire délivrer des prolonges par l'artillerie ou tout autre service de Metz?

L'Adjudant général du Palais au général Bourbaki.

Metz, 30 juillet.

D'après les ordres de l'Empereur, et conformément à ce qui a été décidé à Paris par Son Excellence le Ministre de la guerre, voici le compte total des besoins, en hommes, chevaux et voitures, pour le service de Sa Majesté, savoir :

    56 chevaux;
    27 conducteurs;
    4 chariots;
    1 maréchal, avec ses cantines de maréchalerie.

J'ai l'honneur de vous prier de vouloir bien donner des ordres pour que tout ce matériel soit livré aujourd'hui à M. le premier écuyer.

Armement.

Le général Bourbaki au Major général.

Camp de Chambières, 30 juillet (n° 22).

La gendarmerie est encore pourvue de l'ancien armement, pour lequel il lui sera impossible, en campagne, de s'approvisionner en munitions.

Dans ces circonstances, le prévôt du quartier général de la Garde demande si les hommes ne pourraient pas recevoir, comme la cavalerie, le mousqueton dit chassepot, ainsi que le revolver système Perrin.

Habillement.

Le Major général au général Bourbaki, à Chambières.

Metz, 30 juillet (n° 126).

En réponse à votre lettre du 29 de ce mois, n° 7, j'ai l'honneur de vous faire savoir que l'Empereur a décidé que la veste bleue sera, dans le régiment des lanciers de la Garde, substituée à l'habit blanc. Ce dernier vêtement sera versé dans les magasins.

Je vous prie de vouloir bien donner des ordres pour l'exécution de cette disposition.

c) Opérations et mouvements.

Le Major général au général Bourbaki, à Metz.

Metz, 30 juillet.

J'ai l'honneur de vous faire connaître que, par ordre de l'Empereur, le bataillon de chasseurs de la Garde devra partir demain matin, dimanche 31 juillet, par voie ferrée, pour Thionville, où il relèvera les troupes du 4ᵉ corps, qui font un mouvement sur Boulay.

Ce bataillon de chasseurs ne sera détaché que momentanément, et jusqu'à ce qu'il puisse être remplacé à Thionville par de la troupe de ligne ou d'autres corps (1).

Du général Deligny, commandant la 1ʳᵉ division d'infanterie de la Garde.

Metz, 30 juillet.

Ordre.

Par ordre de l'Empereur, le bataillon de chasseurs à pied de la Garde partira demain matin, 31 juillet, par les voies ferrées, pour Thionville, où il relèvera les troupes du 4ᵉ corps, qui font un mouvement sur Boulay.

Ce bataillon ne sera détaché que momentanément.

Il devra toucher, aujourd'hui même, le pain pour la journée du 31 juillet, et les fourrages pour le 31 juillet et le 1ᵉʳ août.

Des mesures sont prises pour que le bataillon s'embarque à 4 heures du matin. Il devra être rendu à la gare à 2 h. 3/4, c'est-à-dire une heure un quart avant le départ.

Un officier du bataillon sera envoyé aujourd'hui à la gare, pour s'assurer que l'heure fixée pour le départ est exacte.

---

(1) En réalité, la 2ᵉ division du 4ᵉ corps laissera le 31 à Boulay un bataillon du 98ᵉ, sur l'ordre du général de Ladmirault, à la garde du trésor du corps d'armée et de l'ambulance, qu'on ne pouvait emmener faute d'attelages et de harnais.

L'Intendant militaire de la Garde au général Bourbaki.

Metz, 30 juillet.

En réponse à votre dépêche de ce jour, j'ai l'honneur de vous rendre compte que des mesures sont prises pour que le bataillon de chasseurs à pied de la Garde se mette en route demain dimanche à 4 heures du matin.

Ce bataillon est fort de 730 hommes et de 10 chevaux. Il compte, en outre, 28 officiers.

d) Situation et emplacement.

Effectif sommaire de la Garde au 30 juillet.

Hommes..................................... 20,478
Chevaux.................................... 7,383

Ces chiffres se répartissent ainsi, d'après les situations de détail :

	Officiers.	Troupe.	Chevaux.
Division Deligny...............	343	8,099	842
Division Picard	293	6,801	690
Division de cavalerie (Desvaux)....	293	3,803	3,794
Artillerie de la Garde	61	1,574	1,560
Génie.......................	8	267	85
Escadron du train des équipages..	14	354	506
Prévôté	3	55	39

Emplacement des troupes au 30 juillet.

Quartier général...................... à Metz.
Division Deligny...................... à Metz.
Division Picard...................... à Metz.
Division de cavalerie (Desvaux).......... à Metz.
Artillerie et génie..................... à Metz (1).

RÉSERVE DE CAVALERIE.

a) Journaux de marche.

Journal de marche

DE LA 2e DIVISION DE CAVALERIE (de Bonnemains).

30 juillet.

Le 30 juillet 1870, le général vicomte de Bonnemains, commandant

---

(1) Le parc d'artillerie de la Garde commencera le 31 son mouvement de Versailles sur Metz par voie ferrée.

la division active de cavalerie de Lunéville, recevait l'ordre de se rendre par étapes à Brumath, où il devait séjourner pendant quelques jours et recevoir ce qui lui manquait. Le départ fut fixé au 2 août.

La division était composée de la manière suivante :

1re brigade.	{	1er cuirassiers, colonel de Vendeuvre.
Général Girard.	{	4e cuirassiers, colonel Billet.
2e brigade.	{	2e cuirassiers, colonel baron Rosetti.
Général de Brauer.	{	3e cuirassiers, colonel de Lacarre.

Mais les effectifs étaient trop faibles, puisque chaque escadron n'avait au départ que 100 chevaux.

La 1re brigade était depuis 6 jours à Lunéville ; elle venait du camp de Châlons, où elle s'était rendue au mois de mai.

Elle avait été remplacée, à son départ de Lunéville, par les 3e et 5e lanciers qui, aussitôt la déclaration de la guerre, étaient partis pour Bitche et faisaient partie du 5e corps.

A la division étaient attachées 2 batteries du 19e d'artillerie : l'une de mitrailleuses, l'autre de 4 de campagne, sous les ordres du commandant Astier. Ces 2 batteries étaient arrivées de Valence par les voies ferrées et bivouaquaient depuis quelques jours sur le champ de manœuvre de Lunéville.

La division de Bonnemains prenait le nom de 2e division de réserve de cavalerie ; elle ne faisait partie d'aucun corps et devait, dans le principe, recevoir directement ses ordres du Major général de l'armée du Rhin. Il n'en fut rien cependant (1).

L'ordre de marche fut immédiatement établi : les deux brigades feront route séparément, la 1re, avec la batterie de 4, par Vic, Fenestrange et Phalsbourg ; la 2e par Blamont, Sarrebourg et Saverne, avec la batterie de mitrailleuses et l'état-major de la division. Les 2 brigades se trouveront réunies le 5 à Brumath.

b) Organisation et administration.

DE LA 1re DIVISION DE RÉSERVE DE CAVALERIE (du Barail).

Le Général commandant la 5e division militaire, au Général commandant la subdivision de Nancy et au Commandant d'armes à Lunéville (D. T.).

Metz, 30 juillet, 6 h. 40 matin.

Un train spécial est parti ce soir de Toulon à 8 h. 45, à destination de Lunéville, contenant :

---

(1) A la date du 4 août, la division de Bonnemains sera attachée au 1er corps d'armée.

1 régiment de chasseurs d'Afrique : état-major; 27 officiers ; 353 hommes; 373 chevaux et mulets.

c) Opérations et mouvements.

DE LA 3ᵉ DIVISION DE RÉSERVE DE CAVALERIE.

Le général de Forton au Major général, à Metz (D. T.).

Pont-à-Mousson, 30 juillet, 7 h. 35 soir.

Je n'ai moyen de transport que voitures de réquisition, qui (ne) peuvent franchir en un jour les 46 kilomètres de Pont-à-Mousson à Faulquemont. Je bivouaquerai près Solgnes, le 1ᵉʳ août, et serai le 2 matin à Faulquemont.

d) Situations et emplacements.

2ᵉ DIVISION DE RÉSERVE DE CAVALERIE (de Bonnemains).

Effectif sommaire au 30 juillet.

CORPS.		OFFI-CIERS.	TROUPE.	TOTAUX.	CHEVAUX.
1ʳᵉ brigade...	1ᵉʳ cuirassiers......	38	531	569	429
	4ᵉ cuirassiers......	36	532	568	430
2ᵉ brigade...	2ᵉ cuirassiers......	40	530	570	433
	3ᵉ cuirassiers......	40	531	571	431
Totaux........		154	2,124	2,278	1,723

Des données plus détaillées sont contenues dans la dépêche suivante ; mais, d'après l'heure d'expédition de cette dépêche, ces données semblent s'appliquer plutôt à la journée de la veille, 29 juillet.

Le général de Bonnemains au Major général (D. T.).

Lunéville, 30 juillet, 6 h. 55 matin (n° 2415), expédiée à 8 h. 10 matin.

Sont à Lunéville : la 2ᵉ division de la réserve de cavalerie : 2,245 hommes (officiers compris) et 2,002 chevaux ; 1ʳᵉ batterie (*bis*) du 5ᵉ d'artillerie et subsistances attachées au parc d'artillerie du 2ᵉ corps d'armée : 70 hommes, 1 cheval, 130 voitures (munitions d'artillerie et cartouches); 2° compagnie légère du train des équipages : 224 hommes, 41 chevaux, 179 mulets; gendarmerie (réserve de cavalerie) : 63 hommes, 64 chevaux ; détachement de la 9° compagnie du 2° régiment du train d'artillerie : 43 hommes, 66 chevaux ; détachement de la 4° compagnie, idem : 33 hommes, 44 chevaux ; détachement, idem : 81 hommes, 140 chevaux.

3° DIVISION DE RÉSERVE DE CAVALERIE (de Fortou).
Effectif sommaire de la division au 30 juillet (1).

CORPS.	OFFICIERS.	TROUPE.	TOTAUX.	CHEVAUX.	
1re brigade. { 1er dragons....	41	532	573	532	A Pont-à-Mousson.
9e dragons....	39	532	571	514	Id.
2e brigade. { 7e cuirassiers.	39	517	556	542	Id.
10e cuirassiers.	40	499	539	502	Id.
Artillerie............	»	»	»	»	N'est pas arrivée.
TOTAUX.....	159	2,080	2,239	2,060 (1)	

ARTILLERIE DE L'ARMÉE.

a) Journaux de marche.

Journal des opérations (du général SOLEILLE).

30 juillet.

Les batteries de la réserve générale, dirigées sur Nancy par les voies

---

(1) Cet effectif se trouve vérifié, à 2 unités près, par la dépêche suivante :

Le général de Forton au Major général (D. T.).

Pont-à-Mousson, 30 juillet, 9 h. 40, matin.
Effectif de la division :
158 officiers, 2,080 hommes de troupe.
Totaux : 2,238 hommes et 2,060 chevaux.
Emplacement : Pont-à-Mousson.

rapides, y arrivèrent le 30 et le 31 (1). Le général Canu quitta Metz pour en prendre le commandement.

b) Organisation et administration.

Le général Canu, commandant la réserve générale d'artillerie, au général Soleille.

Metz, 30 juillet (n° 38).

J'ai l'honneur de vous rendre compte que je suis allé hier à Nancy, pour voir les batteries de la réserve générale qui pouvaient y être arrivées. Je n'y ai trouvé que les 1re et 2e du 18e régiment, commandées par M. le chef d'escadron Masson. Je n'ai pu savoir, à la gare, l'époque positive de l'arrivée des autres batteries, tant du 13e que du 18e. On m'a dit seulement qu'elles étaient en route. Je suppose que ce sera aujourd'hui ou demain (2). J'ai laissé, en tout cas, l'ordre pour leur installation.

Le chef d'état-major, dont la lettre de service a été envoyée, je crois, très tardivement, ne m'a point encore donné signe de vie. Je l'attends cependant avec impatience.

Voici la situation d'effectif des deux batteries, au 29 juillet :

	Officiers.	Troupe.	Totaux.	Chevaux.
18e régiment, 1re batterie.....	4	151	155	180
— 2e batterie.....	4	150	154	179
Totaux....	8	301	309	359

J'ai trouvé hier soir, à mon retour de Nancy, les différentes dépêches que vous m'avez adressées, et je donne des ordres pour qu'on s'y conforme strictement.

Le même au même.

Metz, 30 juillet (n° 49).

J'ai l'honneur de vous informer que je viens de recevoir l'avis de l'arrivée à Nancy de 3 batteries du 13e régiment. Elles sont complètes en matériel, hommes et chevaux ; il ne leur manque que des effets de campement.

Le lieutenant-colonel qui les commande ajoute que les 5 autres batteries arriveront probablement demain ou lundi.

---

(1) Fournies par les 13e et 18e régiments d'artillerie, à raison de 8 par régiment.

(2) Ces batteries seront réunies à Nancy le 1er août au matin.

Mon intention est d'aller demain à Nancy et de me fixer au centre de mon commandement.

Le Colonel directeur d'artillerie, à Strasbourg, au général Soleille, à Metz.

Strasbourg, 30 juillet (n° 258).

M. le général de division Forgeot me donne communication de la lettre n° 10, que vous lui avez adressée le 27 juillet. Un passage de cette lettre est ainsi conçu :

« Je donne l'ordre au Directeur de Strasbourg de mettre d'urgence à votre disposition tous les objets qui pourraient encore vous faire défaut ; ces versements seront plus tard régularisés. »

J'ai l'honneur de vous faire observer, mon Général, que vos lettres n°s 6 et 10, des 26 et 27 juillet, ne contiennent aucun ordre de cette nature, et je vous prie de vouloir bien m'envoyer cet ordre écrit, pour mettre ma responsabilité à couvert vis-à-vis de M. le Ministre de la guerre.

Note du colonel de Girels, directeur d'artillerie, à Metz.

Metz, 30 juillet (n° 37).

— Combien de bouches à feu en sus de celles qui entrent dans l'armement de la place ?

    6 canons de 12 de place lisses ;
    22 canons de 8 de campagne lisses ;
    118 canons obusiers de 12 ;
    6 obusiers de 12 de montagne.

— Combien de cartouches pour fusil transformé modèle 1867 ?
    11,900,000.

— Combien de cartouches pour fusil à percussion ?
    5,800,000.

d) Opérations et mouvements.

Le Major général au général Soleille.

Metz, 30 juillet.

Par ordre de l'Empereur, les 2e, 3e et 5e corps d'armée feront, dans la matinée du mardi 2 août, un mouvement en avant sur Sarrebrück, sous le commandement supérieur du maréchal Bazaine.

Vous vous rendrez, de votre personne, dans la matinée de demain dimanche, 31 juillet, au quartier général du général Frossard, à Morsbach, à 11 heures, pour concerter, avec les commandants en chef de ces 3 corps d'armée et le général commandant le génie de l'armée, les dispositions de détail relatives à l'opération.

L'équipage de pont de corps d'armée qui se trouve à Metz, devra être transporté, dans la journée de demain dimanche, non plus jusqu'à Saint-Avold, mais bien jusqu'à Forbach.

GÉNIE DE L'ARMÉE.

Notes journalières du général Coffinières, commandant le génie de l'armée.

30 juillet.

J'accompagne l'Empereur dans la visite du fort de Plappeville. Le 2ᵉ corps (général Frossard) se porte (1) à Forbach; le 3ᵉ corps (maréchal Bazaine) à Saint-Avold; le 4ᵉ corps (général de Ladmirault) à Boulay; la Garde (général Bourbaki) à Courcelles-Chaussy (2).

Il est décidé que les 2ᵉ, 3ᵉ et 5ᵉ corps feront une attaque sur Sarrebrück. Le génie et l'artillerie reçoivent l'ordre d'envoyer des équipages de ponts à Forbach.

Un décret met en état de guerre toutes les places de l'Alsace et de la Lorraine.

Une affiche placardée à Metz engage les ouvriers terrassiers à travailler dans les forts.

---

(1) Il faut lire sans doute ici : Les ordres sont donnés pour que *le 2ᵒ corps... se porte.*

(2) En réalité, la Garde resta à Metz jusqu'au 4 août.

GÉNIE DE L'ARMÉE.

Effectif de la réserve générale du génie, au 30 juillet : 224.

Officiers et soldats......... 224.

Situation du matériel des parcs d'armée, de corps d'armée et de compagnie, à la date du 30 juillet.

CORPS.	CHE-VAUX.	VOI-TURES.	HAR-NAIS.	OBSERVATIONS.
1° GRAND QUARTIER GÉNÉRAL.				
Parc d'armée..................	Complet.	1 forge, 27 voitures contenant 9,000 gros outils.	»	Le parc s'organise à Satory. On n'en a pas de nouvelles récentes.
Détachement d'ouvriers du génie..	»	»	»	Doit rejoindre le parc à Toul.
Compagnies.				
2° comp. de sapeurs du 1er régiment (télégraphes).	»	»	»	On n'a pas de renseignements sur les voitures.
1re comp. de mineurs du 3e régiment.	Complet.	Complet.	Complet.	A Metz.
1re comp. de sapeurs du 3e régiment (chemins de fer).	Complet.	»	Complet.	
2° GARDE IMPÉRIALE.				
Parc de corps d'armée........... (Pas de compagnie de réserve).	Complet.	Complet.	Complet.	Arrivé le 28 juillet à Metz.
Compagnies.				
8° comp. de sapeurs du 3e rég...	Complet.	Complet.	Complet.	A Metz.
10° — — ...	Complet.	Complet.	Complet.	A Metz.
3° 1er CORPS D'ARMÉE				
Parc de corps d'armée...........	»	»	»	On n'a pas de nouvelles de ce parc, qui doit être attelé à Lyon et conduit à Strasbourg par un détachement de conducteurs du 1er régiment venant d'Algérie.
2° comp. de mineurs du 1er régiment (réserve).	Complet.	Complet.	Complet.	A Strasbourg.
Moitié de la 1re comp. de sapeurs du 1er régiment (réserve).	Complet.	Complet.	Complet.	A Strasbourg.
Compagnies.				
3° comp. de sapeurs du 1er rég...	Complet.	Complet.	Complet.	
8° — — ...	Complet.	Complet.	Complet.	
9° — — ...	Complet.	Complet.	Complet.	
13° — — ...	Complet.	Complet.	Complet.	

CORPS.	CHE-VAUX.	VOI-TURES.	HAR-NAIS.	OBSERVATIONS.
4° 2ᵉ CORPS D'ARMÉE.				Le général commandant le génie du 2ᵉ corps se plaint du manque de moyens de transport pour les bagages des 2ᵉ, 12ᵉ et 13ᵉ compagnies. Elles ont pourtant leurs voitures de section. Sera le 31 à Morsbach.
Parc de corps d'armée............	Complet.	Complet.	Complet.	
2ᵉ comp. de sapeurs du 3ᵉ régiment (réserve).	Complet.	Complet.	Complet.	
Compagnies.				
9ᵉ comp. de sapeurs du 3ᵉ rég...	Complet.	Complet.	Complet.	
12ᵉ — — ...	Complet.	Complet.	Complet.	A Forbach.
13ᵉ — — ...	Complet.	Complet.	Complet.	A Bening.
5° 3ᵉ CORPS D'ARMÉE.				
Parc de corps d'armée............	Complet.	Complet.	Complet.	
4ᵉ comp. de sapeurs du 1ᵉʳ régiment (réserve).	Complet.	Complet.	Complet.	
Moitié de la 1ʳᵉ comp. de sapeurs du 1ᵉʳ régiment de chemins de fer (réserve).	Complet	Complet	Complet.	Cette demi-compagnie a 2 voitures et 1 caisson porte-poudre.
Compagnies.				
10ᵉ comp. de sapeurs du 1ᵉʳ rég...	Complet.	Complet.	Complet.	A Saint-Avold.
11ᵉ — — ...	Complet.	Complet.	Complet.	A Bettange.
12ᵉ — — ...	Complet.	Complet.	Complet.	A Boucheporn.
6ᵉ — — ...	»	»	»	Attachée à la 4ᵉ division. Rentre d'Algérie et doit prendre ses voitures à Lyon. N'est pas encore arrivée.
6° 4ᵉ CORPS D'ARMÉE.				
Parc de corps d'armée............	»	»	»	Vient du camp de Châlons et était annoncé pour le 27. On n'en a pas de nouvelles.
2ᵉ comp. de mineurs du 2ᵉ régiment (réserve).	»	»	»	A dû partir de Montpellier le 23 juillet munie de son parc.
Compagnies.				
9ᵉ comp. de sapeurs du 2ᵉ rég...	»	»	»	Sont parties de Montpellier le 23 juillet, munies de leurs parcs. On n'en a pas de nouvelles.
10ᵉ — — ...	»	»	»	
13ᵉ — — ...	»	»	»	
7° 5ᵉ CORPS D'ARMÉE.				
Parc de corps d'armée............	»	»	»	Le parc a dû être dirigé de Châlons sur Bitche. Il devait y être le 27. On n'en a pas de nouvelles.
5ᵉ comp. de sapeurs du 2ᵉ rég...	»	»	»	A dû quitter Montpellier le 23 pour Phalsbourg.
Compagnies.				
6ᵉ comp. de sapeurs du 2ᵉ rég...	»	»	»	Ces compagnies sont parties de Montpellier le 23 juillet pour Phalsbourg. Elles amènent leurs parcs.
8ᵉ — — ...	»	»	»	
14ᵉ — — ...	»	»	»	

CORPS.	CHE-VAUX.	VOI-TURES.	HAR-NAIS.	OBSERVATIONS.
8° 6° CORPS D'ARMÉE.				
Parc de corps d'armée............	»	»	»	Doit être dirigé de Satory sur le camp de Châlons, attelé par un détachement de sapeurs-conducteurs du 3e régiment. Devait être rendu le 26.
14e comp. de sapeurs du 3e régiment (réserve).	»	»	»	Rentre d'Algérie.
Compagnies.				
3e comp. de sapeurs du 3e rég...	»	»	»	Ont dû quitter Arras le 25 juillet, pourvues de leurs parcs. Étaient annoncées à Châlons pour le même jour.
4e — — ...	»	»	»	
7e — — ...	»	»	»	
11e — — ...	»	»	»	
9° 7° CORPS D'ARMÉE.				
Parc de corps d'armée............	»	»	»	Doit être dirigé de Lyon sur Belfort, attelé par un détachement de sapeurs-conducteurs rentrant d'Algérie.
12e comp. de sapeurs du 2e régiment (réserve).	»	»	»	Venant de Sathonay. A reçu l'ordre de partir le 23 ; elle est pourvue de son parc.
Compagnies.				
2e comp. de sapeurs du 2e rég...	»	»	»	Doivent avoir quitté Montpellier le 23 juillet, pourvues de leurs parcs, et ont dû arriver à Lyon le même jour.
4e — — ...	»	»	»	
3e — — ...	»	»	»	Vient d'Algérie et prendra ses voitures à Lyon.

RENSEIGNEMENTS

GRAND QUARTIER GÉNÉRAL, A METZ.

BULLETIN DE RENSEIGNEMENTS (n° 6).

30 juillet.

D'après les renseignements venus de côtés divers, il semblerait que les forces allemandes seront groupées de la manière suivante :

1ʳᵉ ARMÉE OU ARMÉE DE GAUCHE (Prince royal). Quartier général à Carlsruhe.

CORPS D'ARMÉE DE LA GARDE.

Infanterie.	Cavalerie.	
4 régiments de la garde à pied.	Gardes du corps.	
4 régiments de grenadiers de la garde.	Cuirassiers de la garde.	Pionniers.
1 régiment de fusiliers de la garde.	Hussards.	Train.
1 bataillon de tirailleurs.	2 régiments de dragons.	
1 bataillon de chasseurs de la garde.	2 régiments de uhlans.	
	2 régiments d'artillerie.	

Vᵉ CORPS D'ARMÉE (de Posen).

58ᵉ rég. d'infanterie.	6ᵉ grenadiers.	5ᵉ cuirassiers.	Artillerie.
59ᵉ —	46ᵉ rég. d'infanterie.	4ᵉ dragons.	Pionniers.
7ᵉ grenadiers.	37ᵉ fusiliers.	10ᵉ uhlans.	Train.
47ᵉ rég. d'infanterie.	50ᵉ rég. d'infanterie.	14ᵉ dragons.	
5ᵉ bat. de chasseurs.		2ᵉ hussards.	
		1ᵉʳ uhlans.	

UN CORPS D'ARMÉE composé de divisions badoise et wurtembergeoise.

4 régiments d'infanterie badoise.	2 ou 3 régiments de dragons badois.
4 régiments d'infanterie wurtembergeoise.	3 ou 4 régiments de cavalerie wurtembergeoise.

UN CORPS D'ARMÉE BAVAROIS.

Régiments (?)

2ᵉ ARMÉE OU ARMÉE DU CENTRE (Prince Frédéric-Charles). Quartier général à Mannheim.

IIᵉ CORPS D'ARMÉE (Poméranie).

Infanterie.		Cavalerie.	
2ᵉ grenadiers.	9ᵉ grenadiers.	3ᵉ dragons.	Artillerie.
42ᵉ rég. d'infanterie.	49ᵉ rég. d'infanterie.	9ᵉ uhlans.	Pionniers.
14ᵉ —	21ᵉ —	2ᵉ cuirassiers.	Train.
54ᵉ —	61ᵉ —	11ᵉ dragons.	
2ᵉ bat. de chasseurs.		5ᵉ hussards.	
		4ᵉ uhlans.	

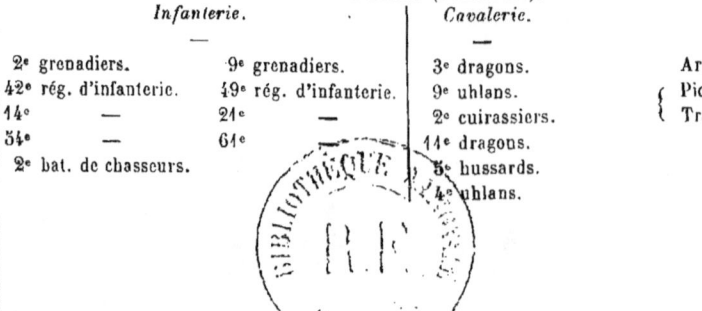

IIIe CORPS D'ARMÉE (Brandebourg).

8e grenadiers.	20e rég. d'infanterie.	2e dragons.	Artillerie.
48e rég. d'infanterie.	60e —	10e —	Pionniers.
12e grenadiers.	24e —	12e —	Train.
52e rég. d'infanterie.	64e —	3e uhlans.	
3e bat. de chasseurs.	35e fusiliers.	6e cuirassiers.	
		3e hussards.	
		15e uhlans.	

IVe CORPS D'ARMÉE (Magdebourg).

26e rég. d'infanterie.	31e rég. d'infanterie.	7e cuirassiers.	Artillerie.
66e —	71e —	7e dragons.	Pionniers.
27e —	72e —	10e hussards.	Train.
67e —	86e —	16e uhlans.	
93e d'Anhalt.	96e —	13e dragons.	
4e bat. de chasseurs.		12e hussards.	

XIIe CORPS D'ARMÉE (Saxon).

100e grenadiers.	104e rég. d'infanterie.		Artillerie.
101e —	105e —	4 régiments de cavalerie.	Pionniers.
102e rég. d'infanterie.	106e —	2 régiments de uhlans.	Train.
103e —	107e —		
108e fusiliers.	12e et 13e bat. de chasseurs.		

UN CORPS D'ARMÉE BAVAROIS.

Régiments (?)

3e ARMÉE OU ARMÉE DE DROITE (général Steinmetz). Quartier général à Kreuznach.

VIIe CORPS D'ARMÉE (Westphalie).

Infanterie.		Cavalerie.	
13e rég. d'infanterie.	39e fusiliers.	8e hussards.	Artillerie.
73e fusiliers hanovriens.	74e rég. d'inf. hanovrien.	14e uhlans.	Pionniers.
15e rég. d'infanterie.	53e rég. d'inf. hanovrien.	15e hussards.	Train.
55e —		5e uhlans.	
7e bat. de chasseurs.	77e rég. d'inf. hanovrien.		

VIIIe CORPS D'ARMÉE (Rhin).

33e fusiliers.	29e rég. d'infanterie.	8e cuirassiers.	Artillerie.
65e rég. d'infanterie.	69e —	7e hussards.	Pionniers.
28e —	40e fusiliers.	9e —	Train.
68e —	70e rég. d'infanterie.	7e uhlans.	
8e bat. de chasseurs.			

GARNISON DE MAYENCE.

19e, 30e, 81e, 87e régiments d'infanterie.

IXᵉ CORPS D'ARMÉE (Schleswig).

36ᵉ fusiliers.	25ᵉ rég. d'infanterie.	17ᵉ dragons.	Artillerie.
75ᵉ rég. d'infanterie.	84ᵉ —	18ᵉ —	Pionniers.
76ᵉ —	11ᵉ grenadiers.	11ᵉ uhlans.	Train.
89ᵉ grenadiers (Mecklembourg).	85ᵉ rég. d'infanterie.	6ᵉ dragons.	
90ᵉ fusiliers.		16ᵉ hussards.	
9ᵉ et 14ᵉ bat. de chasseurs.			

Xᵉ CORPS D'ARMÉE (Hanovre).

78ᵉ rég. d'infanterie.	56ᵉ rég. d'infanterie.	4ᵉ cuirassiers.	Artillerie.
91ᵉ —	79ᵉ —	9ᵉ dragons.	Pionniers.
16ᵉ —	17ᵉ —	19ᵉ —	Train.
57ᵉ —	92ᵉ —	16ᵉ —	
10ᵉ bat. de chasseurs.		11ᵉ hussards.	
		17ᵉ —	
		13ᵉ ublans.	

Il reste *3 corps d'armée*, sur l'emploi desquels aucun renseignement n'est encore parvenu.

Iᵉʳ CORPS D'ARMÉE (Prusse orientale).

1ᵉʳ grenadiers.	4ᵉ grenadiers.	3ᵉ cuirassiers.	Artillerie.
41ᵉ rég. d'infanterie.	44ᵉ rég. d'infanterie.	1ᵉʳ dragons.	Pionniers.
3ᵉ grenadiers.	5ᵉ grenadiers.	12ᵉ uhlans.	Train.
43ᵉ rég. d'infanterie.	45ᵉ rég. d'infanterie.	10ᵉ dragons.	
1ᵉʳ bat. de chasseurs.		1ᵉʳ hussards.	
		8ᵉ uhlans.	

VIᵉ CORPS D'ARMÉE (Silésie).

10ᵉ grenadiers.	22ᵉ rég. d'infanterie.	1ᵉʳ cuirassiers.	Artillerie.
18ᵉ rég. d'infanterie.	62ᵉ —	8ᵉ dragons.	Pionniers.
38ᵉ fusiliers.	23ᵉ —	4ᵉ hussards.	Train.
51ᵉ rég. d'infanterie.	63ᵉ —	15ᵉ dragons.	
6ᵉ bat. de chasseurs.		6ᵉ hussards.	
		2ᵉ uhlans.	

XIᵉ CORPS D'ARMÉE (Nassau et Hesse).

34ᵉ fusiliers.	32ᵉ rég. d'infanterie.	5ᵉ dragons.	Artillerie.
80ᵉ —	95ᵉ —	14ᵉ hussards.	Pionniers.
82ᵉ rég. d'infanterie.	83ᵉ —	13ᵉ —	Train.
88ᵉ —	94ᵉ —	6ᵉ uhlans.	
11ᵉ bat. de chasseurs.			

DIVISION GRAND-DUCALE DE HESSE.

4 régiments d'infanterie.	2 régiments de cavalerie
2 bataillons de chasseurs.	

On suppose que cette dernière armée, sous les ordres du général Vogel de Falkenstein (?) serait destinée à opérer au nord.

Il est probable que la cavalerie n'est pas restée répartie dans les corps d'armée telle qu'elle est indiquée, mais, par les numéros des régiments d'infanterie, il sera facile de reconnaître le corps d'armée.

Voici, comme indication, les couleurs des pattes d'épaule aux tuniques d'infanterie :

Ier, IIe, IXe et X^e corps : Pattes d'épaule blanches.

IIIe, IVe et XIe corps : Pattes d'épaule rouges.

V^e et VIe corps : Pattes d'épaule jaunes.

VIIe et VIIIe : Pattes d'épaule bleues.

La situation du VIIIe corps n'aurait pas varié : concentration de 40,000 hommes, dit-on, à Duttweiler.

La concentration de la 2e armée, entre Mayence et Mannheim, avance.

La 1re armée serait à cheval sur le Rhin (duché de Bade et Bavière rhénane), se reliant par le pont de Maxau.

Le 27, on a vu, à Mannheim, les 2e, 4e, 86e et 96e régiments d'infanterie prussiens, et le 4e dragons prussiens.

On recevait également, d'une source sûre, la dépêche suivante :

On me communique de nouveaux renseignements militaires ....; je vous les transmets pour faire suite à ceux que je vous ai déjà adressés.

« La Garde partira entre le 29 et le 1er; elle sera sur le Rhin dans trois jours. Le Ier corps est également en mouvement et les troupes saxonnes sont en route depuis le 27. On s'applique surtout à faire partir les hommes disponibles de chaque corps, afin de masser sur le Rhin, dans le plus bref délai, le plus de forces possible. Les mesures pour la formation des dépôts et leur armement, surtout pour les troupes de réserve et de la landwehr, sont fort incomplètes.

« Les troupes ont avec elles des vivres pour huit jours.

« On paraît disposé à prendre l'offensive en dirigeant des forces considérables à travers le Rhin dans le Palatinat.

« Le moment présent semble favorable pour une marche en avant des Français.

« Le quartier général du prince royal sera à Spire, celui du roi à Mayence; on attend leur départ pour demain ou après-demain. La division de la garde de la landwehr est mobilisée. On prend des dispositions pour doubler les escadrons de cavalerie. Il y a abondance d'hommes (1). »

---

(1) Une annotation en marge porte : « L'Empereur ayant dû rece-

LA GUERRE DE 1870-1871.

Le Ministre de la guerre au Major général, à Metz (D. T.).

Paris, 30 juillet, 6 h. 24 soir (n° 2515, expédiée à 7 h. 20 soir).

Je reçois, à l'adresse du commandant Samuel, un télégramme signé X..., ainsi conçu : « Arrivé le quatrième jour seulement faute de trains, lettre de change partie. Concentration de monnaie à Coblentz et à Mayence ; bientôt, je paierai juste » (1).

Le Préfet de Metz au Major général.

Metz, 30 juillet.

Dans une dépêche de ce matin, on confirme le bruit que l'armée prussienne se dispose à prendre l'offensive et que les troupes restées à Trèves et à Conz (confluent de la Sarre et de la Moselle) se dirigeraient vers Sarrebrück.

1er CORPS.

Bulletin de renseignements.

30 juillet au matin (n° 3).

Le général Ducrot a poussé hier soir jusqu'à Falckenstein, sur le Sauerbach, et il occupe le Pigeonnier, sur la route de Lembach à Wissembourg.

Les renseignements qu'il a recueillis, et qui paraissent sûrs, font penser que les avant-postes ennemis se sont retirés de la frontière et ont appuyé vers leur droite. Le plus avancé de ces avant-postes, est paraît-il, à Bobenthal, sur la Lauter.

Le calme le plus complet règne sur la frontière, dans les environs de Wissembourg ; ceux de Lauterbourg paraissent moins sûrs.

Sur le Rhin, vers Neuf-Brisach, il y a toujours grande apparence d'un rassemblement considérable dans la Forêt-Noire. Les déserteurs confirment ce renseignement.

Bulletin de renseignements.

30 juillet, au soir (n° 4).

Un espion, qui revient de Mannheim et Carlsruhe, affirme qu'il y a

---

voir cette nuit cette dépêche, elle n'a pas été renvoyée par le Ministre des affaires étrangères au Major général ».

(1) *Lire* : « Des émissaires partis pour le Rhin. Concentrations nombreuses à Coblentz et Mayence ; bientôt, j'enverrai des détails précis ».

à peine un régiment dans chacune de ces villes ; tout ce qui était dans les environs de Carlsruhe a été envoyé de l'autre côté du Rhin.

Rastadt est hermétiquement fermé. Les habitants ont dû se pourvoir de vivres pour 3 mois.

A Stuttgard, il n'y a non plus personne. Les habitants sont stupéfaits ; ils déplorent la guerre. Beaucoup de soldats voudraient déserter, par peur de l'armée française, si la chose leur était possible.

Extrait des renseignements envoyés par le colonel Dastugue, commandant le 11ᵉ régiment de chasseurs.

L'agent de Drusenheim croit qu'il doit y avoir une concentration de troupes à Lauterbourg, Kandel, Germersheim.....

Un agent de Lauterbourg au Commandant du 16ᵉ bataillon de chasseurs, à Seltz.

Lauterbourg, 30 juillet, 10 h. soir.

J'ai l'honneur de vous informer, par le maréchal des logis du 11ᵉ, en exploration à Neewiller, que des hussards prussiens et des dragons badois circulent dans Lauterbourg, depuis le départ du détachement de ce matin. On craint une invasion de 20,000 hommes, cette nuit.

Du même agent.

Note. (Sans date).

Les patrouilles en ville, des hussards prussiens, mêlés aux dragons badois, se multiplient ; on dit que 20,000 hommes, se trouvant en forêt du Bienwald et jusqu'à Maxau, se préparent à une invasion par Lauterbourg.

Du même agent.

Note. 30 juillet.

L'arrivée de notre première patrouille de chasseurs à cheval à Lauterbourg même, ce matin, vers 7 heures, a complètement rassuré nos populations, qui vivaient dans la consternation, et fait complètement disparaître de la lisière de notre frontière les soldats de l'ennemi ; tous se sont retirés dans la forêt du Bienwald.

Le commandant d'Hugues au général de Montmarie, commandant la 1ʳᵉ brigade de la 2ᵉ division, à Haguenau (D. T.).

Seltz, 30 juillet, 8 h. 10 soir (expédiée à 9 h. 5 soir).

Je reçois dépêche de Lauterbourg m'annonçant que des détachements prussiens ont fait invasion sur notre territoire. Depuis ce matin 11 heures, deux patrouilles du 11ᵉ chasseurs, parties aujourd'hui et rentrées à 9 heures, n'avaient rien vu à Lauterbourg.

Le commandant du 11ᵉ chasseurs s'est assuré lui-même qu'il n'avait paru dans la plaine qu'une patrouille longeant les frontières.

Cependant, devant l'insistance de l'agent qui annonçait l'invasion probable, pour cette nuit, de 20,000 Prussiens, je crois devoir vous donner avis.

Annotation du général Douay. — Cet agent de Lauterbourg donne des avis alarmants. Le commandant de Seltz a fait faire des reconnaissances et n'a rien vu.

2ᵉ CORPS.

Division Bataille (à Forbach).

Rapport du général Bataille.

30 juillet.

Des renseignements certains confirment ce qui a déjà été dit sur une concentration fort importante de troupes sur la frontière bavaroise.

A Duttweiler et de Saint-Ingbert à Sultzbach, de nombreux travailleurs élèvent actuellement des retranchements considérables et construisent des ouvrages sur une étendue de 4 à 5 kilomètres.

Des espions viennent de partir dans cette direction, avec mission spéciale de reconnaître ces travaux et, autant que possible, la force du corps d'armée établi dans cette région.

Il vient d'autre source que tous les convois de troupes se dirigent vers le Palatinat (infanterie et artillerie).

Il a été ordonné, dans tous les villages prussiens, de sonner les cloches à toute volée, dès qu'on remarquera un fort mouvement de troupes françaises. Un simple tintement signale l'arrivée des patrouilles ou reconnaissances. Ce fait explique la sonnerie, dans Sarrebrück, aussitôt après le tir contre la Maison-Rouge, avant-hier.

Rapport du 30 juillet.

Ce matin, les reconnaissances habituelles ont été poussées assez loin en avant de nos lignes.

Les patrouilles ennemies continuent à faire des apparitions rapides dans les villages de l'extrême frontière, et réveillent les habitants pour leur demander des renseignements sur notre force et nos positions, qu'ils semblent ne connaître que d'une manière fort imparfaite.

Les francs-tireurs du 66ᵉ de ligne, postés dans la petite maison de douane, ont échangé des coups de feu avec les vedettes prussiennes et démonté trois cavaliers. Deux chevaux sont restés sur le terrain. Un bataillon du 66ᵉ a profité de sa reconnaissance sur Saint-Arnual pour faire du bois dans une forêt prussienne.

Le commandant de la grand'garde du 67ᵉ, rend compte que, dans la journée d'hier, les vedettes et les petits postes de l'ennemi se sont tenus hors de portée. Vers 4 heures du matin, des travailleurs (au nombre de 50 environ) sont sortis de la Maison-Rouge, située à l'angle Est du champ de manœuvre, et l'on a pu constater qu'ils piochaient la terre, à l'extrémité du champ de luzerne qui se trouve en avant de la maison : un officier à cheval les dirigeait dans ce travail. Au bout d'une heure, ils se sont retirés.

Neuf trains de chemin de fer ont passé pendant la nuit à Sarrebrück.

Rapport des avant-postes de la division.

Nuit du 29 au 30 juillet.

Le Steinberg et la vallée de Saint-Nicolas sont paisibles. La retraite prussienne a été entendue à 7 h. 1/2 et l'appel à 8 heures, dans la direction de Lauterbach.

Emersweiller est vide et calme, ainsi que la vallée de la haute Rosselle.

Les quelques coups de feu qu'on a entendus sont ceux d'une compagnie du 23ᵉ, qui s'était portée en avant de Grande-Rosselle à 5 h. 1/4. Elle rencontra une découverte de cavalerie dont nos éclaireurs attendaient l'approche, et tira à volonté une cinquantaine de coups de feu, dont nous ignorons le résultat.

Division de Laveaucoupet (à Bening).

Service des renseignements. — Rapport du 29 au 30 juillet.

D'après les renseignements fournis par des hommes ayant des connaissances et des parents à Nass-Weiller (route de Sarrelouis), aucune patrouille prussienne n'avait été vue dans la direction de Grande-Rosselle, pas plus qu'à droite et à gauche de ce point. Mais on savait Lauterbach, village prussien en avant de Carling, occupé par une force prussienne dont on ne pouvait déterminer l'importance. C'est le seul détachement prussien dont les habitants aient eu connaissance........

Un numéro de la *Gazette de Sarrebrück*, celui du 12 juillet, donne la composition de la 16ᵉ division, qui se trouvait à cette époque dans le rayon de Trèves : elle comprend le 4ᵉ régiment de grenadiers de la garde (régiment de la Reine), les 29e, 69e, 70e d'infanterie de ligne, le 40e régiment à pied, le 8e bataillon de chasseurs, le 7e de uhlans, le 9e hussards, 3 batteries à cheval, 6 batteries légères de campagne et un détachement du 8e bataillon du train.

Un espion, revenu ce matin, donne des renseignements importants : il a passé successivement à Emersweiller, Grande-Rosselle, Ludweiler, Geislautern. Il arrivait à ce dernier point vers 2 heures de l'après-midi, le 29, et le trouvait occupé par au moins un régiment d'infanterie (3,000 hommes) et 2,000 cavaliers dont le 9e hussards, qu'il reconnaissait à sa fourragère blanche. On était en train de délivrer à tout ce monde des billets de logement pour les maisons du village ; ils s'y trouvaient très à l'étroit, et les plus pauvres habitations avaient à loger jusqu'à 10 ou 12 soldats. L'espion apprenait en même temps que Werden était fortement occupé, et que de nouvelles troupes débouchaient à chaque instant du pont de Wolcklingen. Il se serait porté jusqu'à ce dernier point, mais il recevait l'avis qu'il était recherché, ayant été trahi. Un autre espion a été hier à Schœneck, petit village français situé sur l'extrême frontière : il y apprenait que le 28 au soir, 80 Prussiens s'étaient présentés dans ce village et l'avaient fouillé. La veille déjà, une patrouille y était venue et avait menacé quelques habitants, le pistolet sur la gorge. Hier encore, à 10 heures du matin, il venait une nouvelle petite patrouille. A l'extrémité du village et un peu au delà de la frontière prussienne, se trouve une auberge visitée à tout moment par des patrouilles; on suppose, à Schœneck, que l'ennemi y reçoit les rapports de ses espions.

3e CORPS.

Bulletin du 30 juillet.

Trèves. — Le 29e régiment d'infanterie prussien, attendu à Trèves, n'y était pas arrivé le 28, mais on persiste à annoncer de nombreux arrivages de troupes de Coblentz et de Neuwied. Elles se concentreraient entre Trèves, Wittlich et Conz. La pénurie de vivres est toujours très grande.

Merzig. — Il y a des hussards prussiens à Biring, village situé à un kilomètre de la frontière, en face de Waldwisse. Ils ont des éclaireurs dans la forêt de Gangelfang, annexe de Waldwisse. On signale la position de Biring comme dominant tout le pays.

Sarrelouis. — Le 27, on a entendu, du côté de Sarrelouis, un grand mouvement de trains. On ne sait s'ils amenaient des troupes ou s'ils les emmenaient.

RENSEIGNEMENTS TOPOGRAPHIQUES SUR LE COURS DE LA SARRE.

1° *Passage guéable à Rehlingen.* — On y arrive, sur la rive gauche, par la route de Bouzonville à Büren.

Avant le passage, prendre position sur la rive droite de la Nied, entre Rehlingen, Siersdorf et Büren. Après le passage, position à prendre sur la rive droite de la Sarre, en face de Rehlingen.

Les hauteurs des deux rives ont à peu près le même relief. Avant le passage, une partie des troupes peut être mise à l'abri dans la vallée encaissée de la Nied, vers Siersdorf. La Sarre a, sur ce point, 30 à 35 mètres de largeur;

2° *Passage guéable à Merzig.* — La route qui aboutit à ce gué part de Métrich, sur la route de Thionville à Sierck, et passe à Remeling et Waldwisse, pour aboutir à Hilbringen.

Avant le passage, position à prendre sur les hauteurs, entre Silvingen, Hilbringen et Mondorf. Après le passage, position sur les hauteurs de la rive droite, entre Merzig et Bietzen. (Les derniers rapports fournis au 4e corps signalent la présence de Prussiens sur le plateau, entre Merzig et Bietzen.)

Largeur de la Sarre sur ce point : de 30 à 40 mètres. Digues resserrant le chenal navigable. Berges douces.

Division Metman (à Valmunster).

Le général Metman au maréchal Bazaine.

Valmunster, 30 juillet (n° 24).

J'ai l'honneur d'adresser à Votre Excellence les renseignements que je reçois de M. le général Arnaudeau, installé à Bouzonville.

Le général Arnaudeau a fait une reconnaissance jusqu'à Bedersdorf (territoire prussien). Il a vu devant lui des vedettes prussiennes à cheval, qui se sont retirées à son approche.

Il est passé par Schreckling, Bedersdorf, Wœlfing, Château-Rouge et Alzing, pour rentrer à Bouzonville. Il s'exprime ainsi : « Ma première intention était de rentrer par Tromborn, mais, comme j'ai vu des troupes françaises installées dans ce gros village, je me suis dispensé d'y passer (marche militaire du général de Potier). Il court, depuis ce matin, beaucoup de bruits et l'opinion publique commence à s'inquiéter plus que précédemment. *On dit* (?) que, depuis mardi, il est arrivé 50,000 hommes autour de Sarrelouis. Le chemin de fer aurait aussi transporté beaucoup de monde du côté de Sarrebrück.

« Jeudi, on aurait entendu une forte canonnade de ce côté. Entre Bérus et Filsberg, l'ennemi serait en train d'installer des retranchements avec artillerie. Déjà six canons seraient en batterie. De plus, à 2 kilomètres de Sarrelouis, sur la gauche, de grands retranchements seraient en construction sur le Limberg, position très dominante. Même chose à Filsberg. Enfin, d'autres positions entre Kerlingen et Gerstling ; sur la côte, en arrière de Leyding, il y aurait des préparatifs de camp retranché, très près de la position. »

Le général Arnaudeau transmet, sous toute réserve, ces renseignements. Pourtant, un maire du voisinage lui a affirmé qu'il fallait croire en toute assurance à de grands renforts arrivés depuis trois jours, plus aux travaux de défense, à droite et à gauche, et en avant de Sarrelouis.

4ᵉ CORPS.

Bulletin de renseignements.

30 juillet, 10 h. matin.

Il n'y a aucune troupe stationnaire sur la rive gauche de la Moselle : il y est signalé seulement des « einquartierung » (campements), où les hommes font étape ou séjour. Les principaux points de ce genre sont Wittlich, Bittburg et Speicher (rapports d'espions).

Les 26, 27, 28, des détachements n'ont cessé de venir par les routes de l'Eifel, qui débouchent à ces points sur Trèves où ils ont été embarqués en chemin de fer : ils ont formé 20 convois les deux premiers jours, et 6 le troisième. Ces hommes appartiennent à la réserve de la 1ʳᵉ et 2ᵉ levées; beaucoup ne sont pas habillés ni équipés : ces troupes s'accumulent de Sarrelouis à Sarrebrück. 150 ou 180 chariots et voitures, chargés de paille pour ambulances, sont dirigés sur Trèves. Deux escadrons du 7ᵉ hussards sont arrivés à Schweich (près Trèves), le 28, et ont dû séjourner le 29, à moins d'événement extraordinaire, ayant traversé l'Eifel et venant relever le 8ᵉ, qui fait le service de reconnaissance avec le 5ᵉ uhlans depuis le 19 juillet (rapports d'espions).

Un mouvement simultané se fait par Birkenfeld : une partie des troupes y arrivent par terre (probablement de Wittlich et du Hundsrück) une partie vient par le chemin de fer, puisque le courrier signale des convois nombreux se dirigeant vers la frontière par Tholey, Ottweiler, Neunkirchen.

L'artillerie a passé, le 27, à Birkenfeld, en deux trains, par la ligne Rhein—Nahe.

On établit, à Wittlich, des approvisionnements considérables en vivres, pain bis, avoine, foin, paille; toutes les granges y sont remplies de vivres, sans que cet endroit soit gardé autrement que par des troupes de passage (rapports d'espions).

Le 28, le 70ᵉ de ligne aurait quitté la garnison de Sarrelouis pour se diriger sur Sarrebrück et au delà. On suppose toujours deux régiments, infanterie et cavalerie, à Merzig (renseignements fournis par les reconnaissances).

Dépêche télégraphique du 29 au soir, venue de Wasserbilig, par Luxembourg : « Personne à Conz, Trèves; tout le monde dirigé sur « Merzig ».

Artillerie à Sarrebrück. On peut croire que le 8° corps se concentre sur la haute Sarre et la Nahe.

D'après les rapports des avant-postes, il y aurait un rideau de 2,000 à 3,000 hommes, de Borg à Merzig, couvrant la Sarre.

Division de Cissey (à Sierck).

Le général de Cissey au général de Ladmirault, à Thionville.

Sierck, 30 juillet.

(Bulletin de renseignements.)

1° Deux compagnies du 57° ont fait, le 29, une petite reconnaissance sur la frontière, en face de leurs bivouacs; elles ont aperçu au loin cinq à six vedettes de cavalerie. Le colonel de ce régiment rend compte, par lettre du 29 au soir, que, d'après des renseignements fournis par des agents des douanes, eaux et forêts, les Prussiens auraient évacué Trèves pour se porter vers Sarrelouis (renseignement peu précis et par on-dit).

L'ennemi aurait fait prévenir, dans ses villages frontière, en face du 57°, d'avoir à préparer des écuries et des fourrages pour la cavalerie. Aucune force n'était arrivée jusqu'au 29.

M. le colonel du 57° expose qu'il n'a aucune carte des localités où il se trouve;

2° D'après un second rapport du colonel du 57° de ligne, postérieur au précédent, plusieurs petites reconnaissances opérées par deux compagnies réunies ont été faites du côté de Waldwisse. Une de ces reconnaissances, déjà rentrée au bivouac, n'a signalé que des allées et venues de patrouilles chez l'ennemi.

D'après des on-dit, trois bataillons d'infanterie et un peu d'artillerie ennemis seraient arrivés à Perl hier soir. Ce renseignement a besoin de confirmation.

Division de Lorencez (à Colmen).

Le général de Lorencez au général de Ladmirault.

Colmen, 30 juillet (n° 16).

D'après vos ordres, Waldwisse n'a pas été occupé ce matin; deux bataillons du 65ᵉ restent à Halstroff (1) et le troisième bataillon de ce régiment est à Bizing.

Un bataillon du 54ᵉ est établi à Flastroff (2); les deux autres sont sur les positions de Colmen.

Une reconnaissance, dirigée ce matin jusqu'à Nied-Altdorf, sur le territoire prussien, n'a rapporté aucun renseignement digne d'intérêt. Quelques uhlans, en observation çà et là, se retirent à notre approche. Le soir, ils se hasardent jusque dans le voisinage de nos avant-postes, auxquels ils envoient quelques coups de fusil qui restent sans réponse.

P.-S. — D'après un avis que m'adresse le général Berger, M. le général de Cissey aurait fait occuper Waldwisse par deux compagnies; ces troupes auraient l'ordre de se retirer chaque soir.

D'après des renseignements qui me paraissent dignes de foi, les Prussiens auraient peu de monde sur la Sarre; cette rivière, de Sarrelouis à Sarrebourg, ne serait défendue par aucun ouvrage de fortification; il n'y aurait pas de ponts; les bacs auraient été enlevés, mais il y aurait quelques gués. Sarrelouis serait, en ce moment, presque sans troupes; mais le chemin de fer de Trèves pourrait y jeter une forte garnison en quelques heures.

7ᵉ CORPS.

Le général Douay, commandant le 7ᵉ corps, au Major général, à Metz.

Belfort, 30 juillet (n° 2).

Arrivé à Belfort le 28, j'ai de suite désigné le commandant Loizillon pour être le chef du bureau politique de mon corps d'armée, et je lui ai adjoint le capitaine Tinchant, qui parle bien l'allemand.

Le commandant Loizillon m'a accompagné dans la reconnaissance que j'ai faite à Huningue. Il s'est mis en rapport avec les officiers de douanes de l'extrême frontière et l'autorité civile, pour chercher à nouer des relations sur le territoire suisse et même sur le territoire badois, s'il le peut.

Je ne me dissimule pas les difficultés que rencontrera le commandant Loizillon pour trouver des espions, même en les payant bien, car la surveillance, sur la frontière suisse, est aussi grande que sur la frontière française. En ce moment, il cherche à se renseigner à toutes les

---

(1) A Flastroff, d'après l'historique du 65ᵉ de ligne.
(2) Tout le 54ᵉ de ligne est sur les positions en avant de Colmen, d'après l'historique du corps.

sources, pour monter son service le plus vite possible, conformément aux indications de Votre Excellence.

Le Chef du service des renseignements au 7ᵉ corps, au colonel Lewal, chef du service des renseignements à l'État-Major général, à Metz.

Belfort, 30 juillet.

Ce n'est qu'avant-hier, à son arrivée, que le général Douay m'a prévenu que je serais chargé du service des renseignements ; il m'a adjoint le capitaine Tinchant, qui parle bien l'allemand.

Jusqu'ici, je n'ai guère pu m'occuper de mon service spécial, car nous sommes tous pris pour l'installation des troupes, pour l'organisation de notre corps d'armée, qui était dépourvu de tout, et pour la mise en marche de notre bureau.

Cependant, le général Douay, qui désirait voir Huningue le plus vite possible, m'a emmené hier avec lui. Les renseignements que nous avons eus, à Huningue même, étaient contradictoires. Les uns disaient qu'il y avait un grand camp à Lörrach et à Nollingen, vis-à-vis Rheinfelden ; les autres disaient qu'il n'y avait encore paru aucun soldat. Je pense cependant qu'il y a du monde, mais en petite quantité, juste pour faire face au dépôt du 45ᵉ, qui est à Huningue et qui compte à peu près 750 hommes.

Le mouvement, sur la ligne ferrée qui longe le Rhin, s'est beaucoup ralenti depuis deux jours ; hier, dans la matinée, il n'y a eu qu'un seul train montant et un descendant. Les jours précédents, le mouvement était très actif, il y avait des trains à 3 locomotives ; on n'a pu me dire de quoi étaient chargés ces trains. On supposait qu'ils transportaient la plus grande partie de l'armée badoise du côté de Rastadt.

Le commandant Loizillon au colonel Lewal, à Metz (D. T.).

Belfort, 30 juillet, 5 h. 40 soir (n° 2527), expédiée à 8 h. 45 soir.

Un déserteur prussien, venu à Colmar, dit qu'une armée considérable se forme derrière la Forêt-Noire.....

GARDE IMPÉRIALE.

Le général Bourbaki au Major général.

Metz, 30 juillet (n° 20).

J'ai l'honneur de rendre compte à Votre Excellence, en réponse à ses dépêches n° 1, du 17 juillet, et n° 58, du 27 du même mois, que le personnel restreint composant l'État-Major général de la Garde impériale ne me permet pas d'attacher plusieurs officiers au service des renseignements. En conséquence, j'ai dû me borner, au moins provisoirement, à charger seulement M. le capitaine d'état-major Guillet de ce service, sous la direction de mon chef d'État-Major général.

Je prie Votre Excellence de vouloir bien mettre à ma disposition les fonds nécessaires pour payer les individus employés comme espions par le service des renseignements.

Renseignements tirés de la presse.

L'Avenir du Luxembourg du 30 juillet.

Gare de Luxembourg, 27 juillet, 5 heures.

J'arrive de nouveau de Wasserbillig et, pour cette fois, je n'ai pu franchir la frontière ; le poste prussien a été doublé et, derrière les buissons, de dix mètres en dix mètres, sur la frontière et sur la route, on aperçoit des vedettes, le fusil chargé.

A Sarrebrück, il n'y a pas plus de deux escadrons et d'un bataillon d'infanterie. Les habitants abandonnent la ville et se réfugient en Belgique.

A Trèves, depuis hier, on a vu passer près de 20,000 hommes de toutes armes.

Journée du 31 juillet.

Le 31 juillet, à 11 heures du matin, les généraux Lebrun, aide-major général; Frossard, commandant le 2ᵉ corps; de Failly, le 5ᵉ; Soleille et Coffinières, l'artillerie et le génie de l'armée, se réunissent en conférence à Forbach, sous la présidence du maréchal Bazaine, pour régler les détails de l'opération sur Sarrebrück.

Le maréchal Bazaine exprima l'avis « qu'il ne fallait « pas l'entreprendre sur une grande échelle, puisque « nous n'étions pas complètement organisés pour en « poursuivre les résultats favorables, et que c'était pro- « voquer l'ennemi, qui se concentrait depuis une dizaine « de jours, à prendre l'offensive sur nos corps dissé- « minés » (1). Il préférait une « opération sérieuse sur « Deux-Ponts ou sur Trèves, réunissant tous nos « moyens, afin de porter la guerre chez l'ennemi et « après avoir enlevé Sarrelouis ». On lui objecta que « les places se masquaient et tombaient par suite des « traités; qu'agir autrement serait faire la guerre « comme du temps de Turenne ». Peut-être lui fit-on remarquer aussi qu'une « opération sérieuse » sur Deux-Ponts ou sur Trèves provoquerait l'ennemi au moins autant que l'occupation de Sarrebrück. La discussion dura longtemps sans doute — il en arrive presque toujours ainsi dans ces sortes de conseils de guerre — car le maréchal Bazaine dit « qu'on se mit *enfin d'accord* « pour que l'opération projetée se bornât à occuper les

---

(1) *Episodes de la guerre de* 1870, par le maréchal Bazaine, page 12.

« positions de la rive gauche de la Sarre, dominant la
« gare qui serait battue par le canon » (1).

On renonçait donc à franchir la Sarre et même à s'emparer de Sarrebrück, mais on pensait que « l'ennemi « serait amené à manifester sa présence et ses vues » (2) par le déploiement probable des forces signalées depuis deux jours à Duttweiler et se montant, d'après certains renseignements, à 40,000 hommes, s'élevant même, d'après d'autres, à 100,000.

Le maréchal Bazaine rendit compte à l'Empereur par télégramme, à 4 h. 50 du soir, de la décision prise à l'unanimité ; l'Empereur répondit dans la soirée qu'il approuvait les dispositions arrêtées par les conférents.

Pendant ce temps, ont lieu les mouvements prescrits le 30 dans le but de rapprocher l'armée de la frontière, tout en faisant appuyer les corps de gauche vers la voie ferrée de Metz à Sarrebrück.

2ᵉ *corps*. Quartier général......... transféré à Forbach.
— 1ʳᵉ division............. se porte à Bening et à Morsbach.
— 2ᵉ — .... reste à Forbach.
— 3ᵉ — .... se porte à Œting.
— Division de cavalerie..... — à Merlebach.
— Réserves d'artillerie et du génie .... — à Morsbach (3).

3ᵉ *corps*. Quartier général......... transféré à Saint-Avold.
— 1ʳᵉ division............. se porte à Haut-Hombourg.
— 2ᵉ — .... — à Saint-Avold.
— 3ᵉ — .... — à Ham-sous-Varsberg.
— 4ᵉ — .... — à Boucheporn.
— Division de cavalerie..... — à Saint-Avold.
— Réserves d'artillerie et du génie .... — à Saint-Avold (4).

---

(1) *Épisodes de la guerre de* 1870, par le maréchal Bazaine, page 13.
(2) *Rapport sur les opérations du* 2ᵉ *corps de l'Armée du Rhin*, général Frossard, page 16.
(3) Le parc d'artillerie du 2ᵉ corps s'organise à Lunéville.
(4) Le parc d'artillerie du 3ᵉ corps s'organise à Metz.

4ᵉ corps. Quartier général .... transféré à Boulay.
— 1ʳᵉ division............ se porte à Lacroix.
— 2ᵉ — .... — à Bouzonville.
— 3ᵉ — .... — à Coume.
— Division de cavalerie..... — à Bouzonville.
— Réserves d'artillerie et du génie .... } — à Boulay (1).

La garde reste à Metz, sauf le bataillon de chasseurs à pied, qui est transporté en chemin de fer à Thionville pour y remplacer les troupes du 4ᵉ corps (2).

Les marches du 31 sont généralement exécutées par colonne de division, chacune marchant pour son propre compte, sans se préoccuper de la colonne voisine et sans que les ordres des commandants de corps d'armée ou l'initiative des généraux de division aient établi une liaison quelconque entre les différentes colonnes dans une région pourtant accidentée, coupée de bois et même de grandes forêts. Ces marches suggèrent quelques réflexions et donnent lieu à un certain nombre d'enseignements.

On est frappé d'abord des faibles distances parcourues. Faisant abstraction du 2ᵉ corps dont les divisions se concentraient presque sur place en vue d'une action imminente, on constate qu'au 3ᵉ, les étapes des quatre divisions sont respectivement de 15, 20, 14 et 10 kilo-

---

(1) Le parc d'artillerie du 4ᵉ corps s'organise à Verdun.
(2) Le parc d'artillerie de la garde commence son mouvement de Versailles sur Metz par voie de fer.
Le Ministre, « après avoir fixé les points de concentration des parcs « sur le terrain stratégique, avait recommandé aux directeurs de ces « parcs de tenir leurs généraux au courant du degré d'avancement « de cette concentration, afin qu'à leur tour, les généraux pussent « provoquer les ordres de mouvement... »
D'après le général Susane, directeur au ministère de la guerre, « il « doit y avoir (le 31), au moins trois compagnies du train au parc de « chaque corps d'armée ».

mètres ; qu'au 4ᵉ, elles sont de 17, 14 et 16 kilomètres. Voulait-on, par une marche de début très courte, ménager les troupes qui comprenaient des réservistes tout récemment arrivés et peu entraînés? On n'y réussit pas, car, d'après certains journaux de marche des divisions, la journée fut pénible.

La raison semble toute différente. Depuis 1815, toutes les campagnes de l'armée française avaient eu lieu, soit dans des pays peu peuplés où l'on ne pouvait ni cantonner ni réquisitionner, soit dans des pays amis où l'on tenait à ménager les populations. On avait donc pris l'habitude de camper à l'issue de chaque marche, et, par conséquent, de serrer la colonne sur sa tête. On avait perdu, de la sorte, les traditions des guerres du Premier Empire où les troupes cantonnaient, échelonnées en profondeur variable sur les routes de marche, afin de leur faire rendre le maximum de travail utile, tout en tenant compte du degré de concentration exigé par la situation tactique. Rassembler, au contraire, la colonne chaque soir dans un camp et la dérouler le lendemain, équivalait à perdre pour la marche autant d'heures qu'il en fallait pour l'écoulement de la colonne et à mettre en route très tardivement les éléments de queue, obligés d'attendre, pour s'ébranler, que les éléments de tête eussent dégagé le terrain. L'armée du Rhin et celle de Châlons ont appliqué ce système défectueux pendant que nos adversaires reprenaient et mettaient en pratique les procédés courants des maréchaux du Premier Empire (1).

---

(1) Un des exemples les plus frappants de l'avantage des cantonnements en profondeur et de leur influence sur la longueur de la marche, nous est donné par l'armée de Napoléon, du 6 au 11 novembre 1805. Le 6 novembre, au moment où la colonne s'engageait à Amstetten, sur la chaussée de Vienne, elle avait 85 kilomètres de profondeur, et comprenait quatre corps d'armée et la réserve de cavalerie. Cependant, du

Ce qui frappe aussi, à l'examen des journaux de marche des divisions, c'est l'heure tardive du départ, 9 heures généralement, parfois plus tard. La division de cavalerie du 3e corps part de Boulay à 1 heure de l'après-midi, la réserve d'artillerie du même corps à midi et demi. Au 4e, la division de Lorencez se met en route à 10 heures du matin, la division Bellecourt à 11 heures, la division de Cissey entre 3 et 5 heures du soir (1). On était pourtant à la fin du mois de juillet.

A la vérité, le maréchal Bazaine avait prescrit le 30, à sa 1re division, de rompre de Boucheporn à 5 heures du matin ; mais le général Frossard fit savoir au général Montaudon, commandant cette division, que celle du 2e corps, qui occupait Saint-Avold, ne pouvait quitter cette localité avant 7 heures, qu'il en résulterait « un « enchevêtrement et une confusion regrettables », et qu'il désirerait que la division Montaudon ne fût pas à Saint-Avold avant 9 heures. Le général Montaudon s'empressa de déférer au désir du général Frossard. Il ne quitta Boucheporn qu'à 9 heures et cependant, nous apprend son Journal de marche, « la colonne du « 2e corps, qui n'évacue Saint-Avold que très tard, « retarde la marche de la division » (2).

---

6 au 11 novembre, la vitesse moyenne en vingt-quatre heures fut, pour la Garde et le 1er corps de 28 kilomètres, pour le 4e corps de 30 kilomètres, pour le 5e corps de 24 kilomètres.

En 1806, grâce à l'échelonnement des cantonnements en profondeur, le 7e corps peut parcourir 100 kilomètres environ en cinquante heures, du 10 au 12 octobre ; les 13 et 14, le 4e corps fait 68 kilomètres en trente-deux heures et prend part à la bataille d'Iéna ; le 6e corps fournit 80 kilomètres en trente-six heures et parvient également à assister à la bataille.

(1) Il est juste de dire que l'ordre de mouvement destiné à la division de Cissey pour la journée du 31, ne lui parvint qu'à 7 h. 20 du matin le même jour. Le cavalier, porteur de l'ordre, s'était égaré.

(2) « En arrivant dans la Grande-Rue de Saint-Avold, ma division

Certaines colonnes mettent un temps relativement considérable pour franchir une faible distance. La division de Laveaucoupet, du 2ᵉ corps, commence son mouvement vers 10 h. 30 pour se porter de Bening sur les hauteurs d'Œting ; il est terminé « avant la nuit ». La 3ᵉ division du 3ᵉ corps, partie de Valmünster à 9 heures du matin, arrive à Ham-sous-Varsberg à 3 heures de l'après-midi, ayant mis six heures pour faire 14 kilomètres. Il est vrai « qu'une partie des routes que doit
« suivre la division est occupée pendant la matinée par
« les troupes d'autres divisions du même corps » (1).
La 3ᵉ division du 4ᵉ corps part de Colmen à 10 heures du matin et sa tête de colonne n'arrive à Coume qu'à 4 heures du soir, soit six heures pour faire 17 kilomètres.

Dans la journée du 31, les divisions de cavalerie des 3ᵉ et 4ᵉ corps restent absolument inutilisées : elles effectuent leur marche à peu près comme elles auraient fait une route à l'intérieur et bivouaquent à l'arrivée derrière l'infanterie. Quant aux divisions de cavalerie des 2ᵉ et 5ᵉ corps, elles se bornent à envoyer leurs reconnaissances journalières qui dépassent à peine les avant-postes.

On disposait alors en Lorraine de quatre divisions de cavalerie (sans compter celle de la Garde) dont l'effectif total s'élevait, le 31 juillet, à 12,000 sabres. Quel pouvait être leur emploi ? Il ne s'agissait nullement de les lancer à l'aventure en pays ennemi sous prétexte de « former « rideau » et avec la vague mission « d'explorer ».

Le grand quartier général français avait intérêt à

« est arrêtée pendant plusieurs heures par les bagages, le matériel et
« des détachements du 2ᵉ corps dont l'état-major a mal réglé la
« marche. Immobiles sous une pluie torrentielle, nous n'arrivons que
« fort tard au bivouac. » (Général Montaudon, *Souvenirs militaires*, tome II, page 67.)

(1) Journal de marche de la 3ᵉ division du 3ᵉ corps.

être fixé sur deux points : 1° quelle était l'importance réelle du rassemblement signalé par le service des renseignements à Duttweiler, si près de la frontière ? 2° était-on exposé, comme le craignait l'Empereur, à voir les Allemands déboucher de Sarrelouis ?

Or, ainsi que le fait remarquer le maréchal de Moltke, « Napoléon Ier employait très fréquemment « les divisions de cavalerie légère attachées aux corps « d'armée pour constituer rapidement de grosses masses « de cavalerie sur un point déterminé. Il ne se faisait « aucun scrupule de laisser, pendant un certain temps, « ces corps d'armée privés de cavalerie » (1).

Pour répondre à ces deux questions, il fallait donc, semble-t-il, constituer deux masses de cavalerie : l'une, d'une division, aurait été chargée de donner un coup de sonde sur Sarrelouis et de lancer des reconnaissances d'officiers vers les rassemblements ennemis signalés vers Trèves ; l'autre, de trois divisions, sous un commandement unique, aurait reçu la mission de reconnaître et de surveiller les forces adverses de Duttweiler, de détruire les voies ferrées, d'occuper les nœuds de communication et de lancer des reconnaissances jusqu'au contact des rassemblements adverses qui s'effectuaient au sud de Mayence. A la réception des premiers renseignements venus de Duttweiler, le 2e corps, formant avant-garde générale de l'armée, franchissait la Sarre

---

(1) *Moltkes Taktisch-strategische Aufsätze aus den Jahren* 1857-1871, herausgegeben vom Grossen Generalstabe. Berlin, 1900. Mittler und Sohn, page 113.

Dans le même mémoire, après avoir examiné le rôle de la cavalerie prussienne pendant les opérations en Bohême, le maréchal de Moltke en conclut « qu'il n'est pas judicieux d'attribuer en toutes circon- « stances à chaque corps d'armée une réserve de cavalerie. Ce sera la « tournure des opérations journalières qui décidera, s'il y a lieu, de « lui en donner une momentanément ou non », page 120.

presque sans coup férir, et s'établissait en tête de pont sur la rive droite, prêt à recueillir le corps de cavalerie au moindre échec. C'était donc une mission précise, dans une direction bien déterminée, qui aurait été attribuée à chacune de ces masses de cavalerie : telle la cavalerie de Murat, soigneusement tenue en bride par l'Empereur jusqu'au moment (12 octobre 1806) où il veut savoir si l'armée prussienne est à Leipzig ou non.

Vers la fin du mois de juillet 1870, les circonstances étaient d'ailleurs exceptionnellement favorables à une action en masse de la cavalerie française au delà de la Sarre.

En raison de la faiblesse de la couverture allemande, de l'éloignement des rassemblements principaux signalés par le service des renseignements, de la zone libre qui existait entre eux et de l'absence d'une masse de cavalerie adverse pour s'opposer à ses entreprises, un corps de cavalerie français aurait eu devant lui un champ d'action très étendu, offrant peu d'obstacles, fertile en résultats (1). Mais, sur ce point aussi, les traditions des cam-

---

(1) « En dehors de la possibilité de s'emparer de Sarrebrück, la « situation offrait encore à la cavalerie française une occasion de « succès tout particulièrement favorable en partant de Sarregue-« mines.....

« Une telle invasion cût-elle été de quelque utilité sérieuse ? A « cette question, on peut formellement répondre : oui. Que le com-« mandement français se proposât de prendre l'offensive ou de garder « la défensive, c'était, dans les deux cas, un succès, que de prendre « pied sur le territoire ennemi, que de troubler la marche de la mobi-« lisation s'effectuant sur ce territoire. La cavalerie pouvait pousser en « avant jusqu'à ce qu'elle rencontrât l'ennemi en forces, et, en conser-« vant le contact avec l'adversaire à partir de ce moment, elle satisfaisait « à l'une de ses obligations, qui consiste à observer l'ennemi et à « masquer les mouvements de l'armée. En vue de l'offensive, il impor-« tait, d'autre part, d'empêcher l'adversaire d'intercepter les lignes, et « de les rétablir, autant que possible, là où elles auraient été inter-

pagnes du Premier Empire semblaient s'être perdues dans l'armée française (1).

L'état-major allemand, qui avait affecté une ou deux divisions de cavalerie, dites indépendantes, à chaque armée, ne paraît pas avoir mieux apprécié le rôle qu'elles étaient susceptibles de jouer, en liaison avec les corps de couverture, pendant la période de mobilisation et de concentration. Le maréchal de Moltke dit même, dans son mémoire de 1868, qu'il n'y a pas lieu de constituer de grandes unités de cavalerie à ce moment, à cause des difficultés de l'alimentation des chevaux (2).

Les débuts de plusieurs campagnes de l'Empire, celles de 1806 et 1809 entre autres, étaient pourtant probants en ce qui concerne l'action combinée des divisions de cavalerie avec ces corps de couverture, devenus plus tard avant-garde générale. Un des mémoires du maréchal de Moltke, daté du 6 mai 1870, prévoit bien une « avant-garde d'armée » (3). Elle est constituée par un corps de cavalerie et une division d'infanterie ; mais celle-ci paraît plutôt destinée, dans la pensée du maré-

---

« ceptées ; en vue de la défensive, il importait de procéder à des
« destructions complètes sur le territoire ennemi. » (Verdy du Vernois,
Études de guerre, 1ᵉʳ fascicule, pages 59 et 60.)

(1) « Montrez votre cavalerie, avait cependant télégraphié le maréchal
« Le Bœuf, le 26 juillet, aux commandants des cinq premiers corps
« d'armée ; il faut qu'elle vous éclaire au loin sur toute la ligne de la
« Sarre. Qu'elle ne craigne pas de s'avancer *au delà de la frontière* en
« prenant les précautions et mesures de prudence nécessaires pour ne
« pas se compromettre. »

Il convient d'ajouter que la réunion des divisions de cavalerie en un corps de cavalerie et son envoi sur Duttweiler étaient du ressort du haut commandement français. Il en était de même de l'exploration sur Sarrelouis par une autre division de cavalerie.

(2) *Loc. cit.*, page 125.

(3) *Correspondance militaire du maréchal de Moltke*, 1ᵉʳ volume, n° 20, et *Moltkes Taktisch-strategische Aufsätze*, page 125.

chal à être surtout un gros soutien de la cavalerie (1). Ce fut en réalité le rôle attribué aux deux divisions d'infanterie prises dans les IIIe et IVe corps et qui « devaient suivre comme soutien » les 5e et 6e divisions de la IIe armée à partir du 31 juillet (2).

Telles paraissent être les causes de l'inaction des divisions de cavalerie allemandes pendant la période de concentration, et même au moment du débouché. A la Ire armée, la 3e division de cavalerie cantonnera encore les 4 et 5 août derrière le VIIIe corps, elle sera le 6 à Lebach, à 20 kilomètres de la Sarre, n'atteindra cette rivière que le 7 août et ne la franchira que le 10. La 1re division de cavalerie débarque le 4 août à Birkenfeld et n'arrive sur la Sarre que le 8 août. A la IIIe armée, la 4e division de cavalerie n'aura terminé ses débarquements que le 1er août et le 3 août elle cantonnera encore à Offenbach, en arrière du Ve corps et des Bavarois (3). A la IIe armée, les 5e et 6e divisions de cavalerie précé-

---

(1) « La mission de la cavalerie, dit-il, n'est pas de rester massée « comme lorsqu'il s'agit de décider d'un combat : au contraire, elle « doit porter ses divisions dans les directions les plus diverses et leur « faire envoyer des détachements jusqu'à ce qu'on ait trouvé les forces « principales de l'ennemi. La division d'infanterie pourra appuyer ces « détachements par de petites fractions qui suivront en voiture ; mais « elle conservera réunie la masse de ses forces, afin de pouvoir « recueillir la cavalerie dans des positions solides. » *Loc. cit.* n° 20. Cette même idée apparaît dans les *Taktisch-Strategische Aufsätze*, page 125. La division d'infanterie, « avant-garde d'armée », est avant tout un soutien de cavalerie.

(2) *Historique du Grand Etat-Major*, 1re livraison, page 106.

(3) Pourtant, dès 1870, « les régiments de cavalerie prussiens com- « plétaient leurs quatre escadrons actifs en prélevant un certain nombre « d'hommes et de chevaux sur l'effectif du 5e escadron de dépôt, et « passaient sur le pied de guerre sans avoir besoin de recourir aux « réserves en hommes et en chevaux. » (*Frœschwiller*, général Bonnal.)

C'est donc de parti pris que le plan de transport avait prévu leur enlèvement aussi tard.

deront sans doute l'infanterie à travers les défilés du Hardt à partir du 31 juillet, mais elles ne parviendront sur la Sarre que le 4 août, devancées par les têtes de colonne de la Ire armée. « Cette cavalerie, dit l'*Histo-*
« *rique du Grand État-Major*, avait à s'établir à une
« petite journée de marche de la frontière ; puis, de là,
« à exécuter par escadron ou par régiment, de conti-
« nuelles entreprises contre l'ennemi, à surveiller inces-
« samment la frontière, et enfin à maintenir incessam-
« ment le contact avec l'adversaire (1). » Ainsi qu'on l'a fait observer très justement, c'était trop ou trop peu. Et, en effet, un escadron ne pouvait aller seul bien loin, un régiment eût été arrêté facilement par un faible détachement d'infanterie, à un pont ou au moindre obstacle, s'il n'eût été soutenu par du canon (2).

« Ce qu'il eût fallu, ce sont des reconnaissances d'of-
« ficiers, nombreuses, permanentes, jetées sur tous les
« points, surveillant les formations de l'ennemi, tâchant
« de deviner ses projets, ce qui était si nécessaire à
« ce moment ; ou bien que cette masse de 56 escadrons,
« aussitôt disponible, fût jetée de l'autre côté de la
« frontière, d'où elle aurait pu surveiller l'ennemi de
« plus près, inquiéter sa concentration, attaquer tous les
« détachements qui, par leur composition ou leur effec-
« tif, pouvaient permettre d'espérer un succès » (2) (3).

En employant les 5e et 6e divisions de cavalerie « en rideau pour couvrir le front de l'armée » (4), on ne pouvait réaliser qu'une « simple prise de contact tangentielle » (4). Pour obtenir des renseignements complets,

---

(1) 1re Livraison, page 116.
(2) Colonel de Chabot, *La cavalerie allemande pendant la guerre de 1870-1871*, page 21.
(3) Le maréchal de Moltke prévoit les deux procédés dont parle le colonel de Chabot, dans ses Instructions aux généraux, du 24 juin 1869. (*Moltkes Taktisch-strategische Aufsätze*, page 191.)
(4) Colonel Cherfils, *Essai sur l'emploi de la cavalerie*, page 40.

l'information en profondeur était nécessaire. « Mais celle-ci ne peut se pratiquer que sur les flancs de l'ennemi. Pour cela, il eût fallu avoir sur les ailes d'autres masses de cavalerie libres de dégager un front déjà couvert, indépendantes de ce front et capables de gagner les flancs de l'adversaire en prenant la liberté de manœuvre indispensable à une troupe d'exploration » (1).

On peut donc concevoir le rôle de la cavalerie allemande pendant la période de mobilisation et de concentration ainsi qu'il suit :

1° Entre Wölcklingen, Sarrebrück, Sarreguemines et Bliesbrücken, la cavalerie des troupes de couverture, tenant les points de passage de la Sarre et de la Blies et exécutant plus tard « un moulage de front » contre les forces françaises ;

2° A l'aile droite, une masse de cavalerie, rassemblée d'abord entre Sarrelouis et Merzig, chargée de tourner l'aile gauche des Français et de remonter la vallée de la Nied ;

3° A l'aile gauche, une autre masse de cavalerie, réunie sur la Blies, avec mission de déborder l'aile droite ennemie, en débouchant par Rohrbach, Sarralbe et Saint-Avold (2).

Jusqu'au 1er août, dans toute la cavalerie allemande, c'est à peine si quelques reconnaissances franchissent la frontière. Une seule rapporte des nouvelles, celle du capitaine d'état-major wurtembergeois Zeppelin, accompagné de quatre officiers et de quatre dragons badois. A la suite d'une surprise, tout le détachement est mis hors de combat ou fait prisonnier le 24 juillet, sauf le capitaine Zeppelin qui s'échappe et fournit un renseignement précieux, à savoir : que des Vosges au Rhin, au nord de la

---

(1) Colonel Cherfils, *Essai sur l'emploi de la cavalerie*, page 41.
(2) *Ibid.*, page 53.

forêt de Haguenau, il n'y a que de faibles partis de cavalerie.

Cette inutilisation de la cavalerie allemande pour le service d'exploration provient, semble-t-il, de l'oubli de ce principe que le service de sûreté et le service de reconnaissances doivent être absolument distincts et confiés à deux troupes différentes. Toute la cavalerie des détachements de couverture a été employée à la sûreté ; celle-ci est parfaitement assurée ; mais aucun chef de détachement ne se préoccupe de l'exploration, qui n'a d'intérêt que pour le commandement supérieur et qui devait être ordonnée par lui (1) (2).

En Alsace, les 1er et 7e corps restent toujours immobiles, à part : 1° un escadron du 3e hussards qui, par

---

(1) « Le service d'exploration, comme nous le comprenons mainte-
« nant, fut à peu près nul et l'on se borna aux reconnaissances que
« l'on fait en avant des avant-postes dans le service de sécurité, recon-
« naissances qui ont plutôt pour but de se garantir des attaques de
« l'ennemi que de rechercher la force et la composition des troupes. »
(Colonel de Chabot, *loc. cit*, page 20.)

Pourtant, dans les Instructions aux généraux, du 24 juin 1869, le maréchal de Moltke s'étend tout au long sur le mode d'action des reconnaissances d'officier, sur leur utilité, sur leur composition. S'il en fut fait si peu usage au début de la campagne, c'est que le commandement supérieur avait négligé de les prescrire. (*Moltkes Taktisch-strategische Aufsätze*, page 191.)

(2) D'après le major Kunz, la cavalerie allemande, se montra fréquemment inférieure à sa tâche en 1870, parce qu'on avait négligé jusqu'alors en Allemagne les études d'histoire militaire. « Aussi,
« avait-on complètement oublié l'emploi que Napoléon avait fait de la
« cavalerie et le parti qu'avaient su tirer de cette arme Katzeler et
« d'autres chefs de cavalerie prussienne en 1813 et 1815. » (*Der Feldzug der ersten deutschen Armee im Norden und Nordwesten Frankreichs 1870-1871*, page 37).

Cette opinion est à rapprocher de ces mots du général Alvensleben à propos de la bataille du 16 août 1870 : « Je disposais de 9,000 cava-
« liers excellents, mais je n'avais point de cavalerie. » (*Kriegsgeschichtliche Einzelschriften*, Heft. 18, page 548. Berlin 1895. Mittler.)

ordre du général Ducrot, vient concourir avec le 96ᵉ au service des avant-postes (1 peloton à Roth, 1 peloton à Climbach, 1 division au col de Pfaffenschlick); 2° le 4ᵉ régiment de hussards, que le général Douay envoie de Belfort à Altkirch, avec ordre de détacher le 2 août deux escadrons à Huningue pour explorer les villages des bords du Rhin jusqu'à Kembs.

Cette immobilité tient à deux causes : d'une part, le 7ᵉ corps n'est pas prêt, et d'ailleurs les bruits de rassemblements de forces adverses derrière la Forêt-Noire, propagés et amplifiés peut-être à dessein par l'ennemi, semblent se confirmer. Jusqu'à présent, il est vrai, aucune troupe n'a paru entre Nollingen, Lœrrach et le Val-d'Enfer (1). Toutefois, le général Douay se préoccupe de la défense de la haute Alsace et, à la date du 31 juillet, le général Doutrelaine, commandant le génie du 7ᵉ corps, lui soumet des propositions concernant les emplacements à adopter pour s'opposer à un passage du Rhin entre Neuf-Brisach et Huningue (2). Sous l'influence de nouvelles plus alarmantes parvenues au général Douay dans la soirée du 3 août, le projet du général Doutrelaine recevra un commencement d'exécution.

D'autre part, au 1ᵉʳ corps, bien que l'on connaisse la présence de rassemblements au nord de la forêt du Bienwald, on n'a pas de renseignements précis sur le degré de préparation de l'ennemi et, au surplus, le Major général a écrit au maréchal de Mac-Mahon, le 29 juillet, que l'Empereur n'avait pas l'intention de le faire mouvoir avant huit jours.

*
* *

Dans tous les corps d'armée, le travail d'organisation

---

(1) Voir *Documents annexes*, page 218.
(2) Voir *Documents annexes*, page 196.

se poursuit activement et la situation semble s'améliorer, à en juger par le nombre beaucoup moins considérable de demandes adressées au Major général. Pourtant, l'ère des difficultés est loin d'être close.

Au 5ᵉ corps, deux batteries n'ont chacune que 4 pièces et 4 caissons et sont dépourvues d'affûts de rechange et de forges. Les caissons des trois réserves divisionnaires (munitions d'infanterie) n'ont pas un nombre d'attelages suffisant. Dans la Garde, le groupe des quatre batteries de réserve manque de 8 caissons, 4 affûts de rechange, 4 chariots de batterie; le groupe des deux batteries destinées à la division de cavalerie a encore un déficit de 4 caissons, 2 affûts de rechange, 1 chariot de batterie.

C'est le 7ᵉ corps dont la situation semble la plus précaire. Le général Douay fait connaître au Major général que le corps « n'a aucun approvisionnement du service « des subsistances; il vit au jour le jour. La place de « Belfort n'a pas non plus d'approvisionnements de « siège ». Il demande l'autorisation de faire procéder aux achats nécessaires par l'intendant du corps d'armée. Les 9 voitures qui composent le matériel roulant du parc du génie de son corps d'armée lui sont expédiées de Lyon « sans harnachement, sans chevaux, sans per- « sonnel (1). »

---

(1) « Le général éprouva une grande déception en arrivant à Bel- « fort : ses troupes n'avaient, pour la plupart, ni tentes, ni marmites, « ni ceintures de flanelle, ni cantines médicales ou vétérinaires, ni « médicaments, ni forges, ni entraves à chevaux; elles étaient sans « infirmiers, sans ouvriers d'administration, sans train. Quant aux « magasins, ils étaient vides.

« Et cependant, l'aide-major général, répondant aux secrètes anxiétés « du général, l'avait assuré, le 27 juillet, dans la gare de l'Est, que « les magasins de la place de Belfort étaient abondamment pourvus! » (Prince Bibesco. *Belfort, Reims, Sedan*, page 19.)

Les officiers de tout grade, et même les états-majors, manquent toujours de cartes. Le 31 juillet, le Major général envoie aux commandants de corps d'armée « un « exemplaire de la carte du département de la Moselle « et trois exemplaires de celle du département du Bas- « Rhin à l'échelle du 1/80,000. Dans le cas, ajoute-t-il, « où ce nombre vous paraîtrait insuffisant, vous voudriez « bien me le faire savoir et je vous en adresserais de « nouveaux exemplaires, au fur et à mesure du tirage ».

Jusqu'à présent, les corps de troupe avaient vécu comme en temps de paix; le 31 juillet, le Major général décide qu'à partir du 3 août on touchera les vivres de campagne.

A la même date, il informe les commandants de corps d'armée que « l'Empereur a ordonné la création d'un « corps franc des chemins de fer, chargé de la réparation « et de l'exploitation des voies ferrées sur les derrières « de l'armée ».

Enfin, pour terminer ce qui est relatif à l'organisation de l'armée le 31 juillet, il convient de citer un télégramme du Ministre de la guerre informant le général commandant l'artillerie de l'armée que deux équipages de siège sont en formation, à destination de Metz et de Strasbourg. 30 canons de 19^{cm} de la marine devaient être répartis par moitié entre ces deux équipages. Ces pièces ne parvinrent d'ailleurs jamais ni à Strasbourg ni même à Metz.

Dans la journée du 31 juillet, le service des renseignements français se trouve en mesure de donner des détails plus précis et plus circonstanciés que ceux de la veille sur la situation et les mouvements des troupes allemandes. D'après le bulletin de renseignements n° 7 du grand quartier général, « Trèves et les environs se

« garnissent de troupes..... On parle également de
« rassemblements à Wittlich, Bittburg et Speicher ».
De Thionville on fait connaître au maréchal Bazaine que
« dans la nuit du 29 au 30, plus de 3,000 hommes de
« troupes d'infanterie, des 60ᵉ et 70ᵉ régiments, et envi-
« ron 500 cavaliers du 5ᵉ hussards (à brandebourgs
« blancs) se sont dirigés de Bittburg et Wittlich sur
« Sarrelouis ou Sarrebrück, suivis d'un matériel consi-
« dérable et de voitures de réquisition chargées de pro-
« visions ». A 6 heures du soir, le général de Laveaucoupet fait savoir au grand quartier général que « les
« Prussiens sont en forces sur la Sarre, de Sarrelouis à
« Sarrebrück. Des troupes d'infanterie et de cavalerie,
« évaluées à 5,000 hommes, ont passé la Sarre au con-
« fluent de la Rosselle et occupent toute la vallée de la
« Lauter (1), notamment les points de Lauterbach et
« de Ludweiler (2) ». « A Duttweiler, disait le service
« des renseignements du 5ᵉ corps, même situation
« qu'hier. » Un homme de Schœneck, revenu de Kreuznach, aurait vu à Duttweiler « des soldats en nombre
« innombrable; il avait entendu évaluer les forces de ce
« côté à plus de 100,000 hommes. »

D'après le bulletin de renseignements n° 7, les bruits
de concentrations nombreuses à Coblentz et à Mayence
se confirment. On signale à Kreuznach et à Fischbach,

---

(1) La Lauter, dont il s'agit ici, est un ruisseau qui se jette dans la Rosselle, à Geislautern.

(2) En réalité, il n'y avait, à ce moment, sur la Sarre, que les postes des détachements de couverture de Trèves, de Sarrelouis et de Sarrebrück. Ceux du détachement de Sarrelouis s'étendaient de Becking à Wolcklingen où ils se reliaient à une compagnie du détachement de Sarrebrück. Cette grande extension donnée au réseau de surveillance, jointe à l'activité des patrouilles d'infanterie et de cavalerie prussiennes qui sillonnaient constamment le terrain compris entre la Sarre et la frontière, ont dû faire illusion sur la force réelle des troupes allemandes qui tenaient le cours de la rivière.

des troupes du IIIe corps. Le même bulletin semble considérer comme vraie la nouvelle d'un rassemblement derrière la Forêt-Noire. Un ancien soldat de la légion étrangère, arrêté par la gendarmerie de Haguenau et amené devant le prévôt de la 2e division du 1er corps, affirme avoir « vu, aux environs de Lœrrach, « 25,000 à 30,000 Prussiens ». D'autre part, d'après le général Douay, « de Lœrrach et Nollingen jusqu'au Val-« d'Enfer, il n'y aurait aucune troupe ».

Le maréchal de Mac-Mahon rend compte le 31 juillet au matin, qu'il n'a pas encore de nouvelles de la frontière entre Wissembourg et Landau. « Quelques troupes seulement sont signalées vers Kandel et Germersheim. » Dans la soirée, il fait connaître que les troupes de cavalerie ennemie ont augmenté sur la frontière et empêchent complètement de pénétrer sur le territoire allemand entre Wissembourg et Landau.

Que pouvait-on dégager et conclure de ces renseignements et de ceux de la veille du grand quartier général ?

1° Que des rassemblements nombreux s'effectuaient vers Trèves, vers Mayence, vers Landau et probablement derrière la Forêt-Noire ;

2° Que des forces ennemies importantes tenaient le cours de la Sarre entre Sarrelouis et Sarrebrück ;

3° Que ces dernières étaient relativement éloignées du gros des rassemblements de Trèves et de Mayence et hors d'état d'être secourues par eux avant 2 ou 3 jours au minimum. En les évaluant même à 100,000 hommes, suivant quelques rapports, les 2e, 3e, 4e corps français et la Garde réunis possédaient sur elles la supériorité numérique (1). L'attaque immédiate de ces troupes de la Sarre semblait donc offrir de grandes chances de succès à l'Empereur, à condition de limiter ses visées,

---

(1) 110,000 hommes à la date du 31 juillet.

de ne pas trop s'éloigner des corps d'Alsace, et de les rejoindre par un mouvement de navette après un premier succès sur la rive droite de la Sarre.

*
* *

Dans la journée du 31 juillet, le Grand Etat-Major allemand est informé que l'on « remarque beaucoup de « mouvement en avant de Sarrebrück. De nouveaux « trains débarquaient à Stiring ; de fortes colonnes, « menant avec elles de l'artillerie, se portaient de Saint- « Avold sur Forbach. Les forces françaises diminuaient « en avant de Sierck, tandis que de Bitche, une avant- « garde s'avançait vers Hanviller et se fortifiait sur les « hauteurs » (1). Le même jour, un rapport signale que « toutes les troupes françaises avaient été portées de « Saint-Avold à Forbach » (2). Enfin, les *Etudes de guerre* du général Verdy du Vernois apprennent que, jusqu'au 1er août, « les Allemands avaient acquis une connaissance « générale suffisamment exacte du mode de répartition « des troupes françaises » (3).

Le maréchal de Moltke, informé dès le 30 que l'armée française de Lorraine semble se concentrer dans la région Forbach—Bitche, avisé le 31 des mouvements que les corps français avaient exécutés dans la journée, en conclut sans doute que nous allions prendre l'offensive et déboucher sur la Sarre, entre Sarrelouis et Sarreguemines. Or, son principe fondamental — que révèlent ses divers mémoires présentés au roi de 1857 à 1869 et publiés récemment par le Grand Etat-Major — sa ma-

---

(1) *Historique du Grand État-Major*, 1re livraison, page 97.
(2) *Etudes de guerre*, général Verdy du Vernois, 2e fascicule, page 171.
(3) *Etudes de guerre*, 3e fascicule, page 297.

nœuvre favorite réside dans ces mots : « Stratégie offen-
« sive, tactique défensive » (1). Ses instructions aux
généraux prussiens du 24 juin 1869 énoncent nettement
ce principe (2); il va le mettre en application en faisant
prendre une position défensive aux Ire et IIe armées. En
conséquence, il prescrit par télégramme :

1° Au général Steinmetz de rassembler la Ire armée
sur la ligne Wadern—Losheim (3);

2° Au commandant de la IIe armée de réunir le 3 août
en avant d'Alzey les IIIe, IVe et IXe corps (4); « la Garde,
les Xe et XIIe corps auront serré derrière eux ». Le
prince Frédéric-Charles « s'occupe de suite de trouver
« dans les environs de Göllheim et de Kircheimbolanden
« le terrain qui offrirait le plus d'avantages à la IIe armée
« en vue d'une bataille défensive » (5).

---

(1) Ce sont les perfectionnements des armes qui ont amené le maréchal de Moltke à émettre cette théorie. Dès 1858, il affirme que la bataille défensive, avec l'offensive finale, est la forme la plus forte du combat (*Taktisch-strategische Aufsätze*, page 7). Ses observations du 5 janvier 1860, au sujet d'un rapport relatif à l'armée française, contiennent la même affirmation (page 24). Voir aussi son *Mémoire* de 1861 (page 30), celui de 1865 (page 56), celui de 1868 ayant pour objet les enseignements à tirer de la campagne de Bohême.

(2) *Taktisch-strategische Aufsätze*, pages 208 et suivantes.

(3) *Correspondance militaire du maréchal de Moltke*, 1er volume, n° 68.

Dès le 29, le maréchal de Moltke avait prescrit à la Ire armée « de « ne pas dépasser, pour le moment, avec ses forces principales, la « ligne Saarburg-Wadern ». *Loc. cit.*, n° 72.

Le télégramme du 31 est un ordre de concentration. Le général Steinmetz le comprend bien ainsi, car il prescrit « pour le 3 août, la « *concentration* du VIIe corps à Losheim, et celle du VIIIe corps « à Wadern. » (*Les opérations de la Ire Armée*, par von Schell, page 19).

(4) Voir le projet de tableau de marche établi par le maréchal de Moltke pour les trois armées allemandes vers la fin du mois de juillet 1870 (page 347).

(5) Von der Goltz. *Die Operationen der II Armee, von Beginn des*

Le maréchal de Moltke adopte un second moyen, semble-t-il, pour arrêter indirectement l'offensive française de la Sarre (1), moyen qui est bien dans les idées de ce disciple de Clausewitz (2). Il consiste à pousser en avant la IIIᵉ armée. Dès le 30 juillet, dans la soirée, il a prescrit au Prince royal de s'avancer vers le sud « pour rechercher l'ennemi et l'attaquer ». Le Prince royal répond, dans la matinée du 31, que l'offensive ne peut encore être prise par la IIIᵉ armée, dont certains éléments ne sont pas prêts à marcher. Le maréchal de

---

Krieges bis zur Kapitulation von Metz. Dargestellt nach den Operations. Akten des Oberkommandos der II Armee.

« Si l'on admettait le passage de la Sarre à Sarreguemines, dit le
« général von der Goltz, la direction de l'offensive ennemie était indi-
« quée par la dépression marécageuse de Landstuhl, avec la ligne de
« chemin de fer et la grande route. En prenant position dans les envi-
« rons de Kirckheimbolanden, Marnheim, Göllheim, on barrait cette
« zone de marche précisément en face de l'endroit où le mont Tonnerre
« et le Stumpfwald la resserrent et la rendent difficile. Une recon-
« naissance plus minutieuse fit découvrir en ce point des positions qui
« paraissaient favoriser la défensive en permettant d'utiliser complète-
« ment l'effet des armes. »

(1) Il convient de remarquer que, dès le 25 juillet, le maréchal de Moltke prévoyait cette offensive. « Les renseignements qui nous sont
« parvenus au sujet de la mobilisation et de la concentration de l'armée
« impériale, écrit-il, le 25 juillet, au commandant de la IIIᵉ armée,
« font regarder comme possible que, d'ici peu de jours, des forces
« ennemies importantes passent la frontière entre Trèves et le Rhin. »
(*Correspondance militaire du maréchal de Moltke,* nº 50.)

(2) « Le cas peut se présenter, dit Clausewitz, que le défenseur,
« ayant pris ses dispositions sur une direction, l'attaquant en choisisse
« une autre et passe outre. Le défenseur pourra recourir alors aux
« cinq procédés suivants », parmi lesquels les deux derniers ont pu guider le maréchal de Moltke. Ce sont :

« Agir sur les lignes de communications de l'ennemi;

« Laisser l'envahisseur passer outre et, sans plus s'occuper de lui,
« se porter résolûment à la contre-attaque de son théâtre de guerre. »
(*Théorie de la grande guerre.* Traduction de Vatry, Tome II, pages 304 et 305.)

Moltke insiste et demande à 12 h. 20 par télégramme au Prince royal l'époque à laquelle il estime que « la IIIe « armée sera prête à entrer en opérations » (1). Le général de Blumenthal indique le 3 août (2).

Dans la soirée du 31 juillet les forces allemandes occupent les emplacements ci-après :

1re armée.

VIIe corps......	A Trèves et environs avec des détachements avancés vers Conz et Saarburg.
VIIIe corps......	15e division à Thalfang et Birkenfeld. 16e division à Wadern et Hermeskeil.
Sur la Sarre se trouvaient....	A Sarrelouis, 2 bataillons du 69e. A Rehlingen et Dillingen, 2 escadrons du 9e hussards. A Wölcklingen, 1 bataillon du 69e, 1 escadron du 7e uhlans. A Sarrebrück, 1 bataillon du 40e, 3 escadrons du 7e uhlans.
Au nord se trouvaient, comme troupes de repli........	A Hilschbach, 2 bataillons du 40e. A Lebach, 1 bataillon du 29e, 2 escadrons du 9e hussards, 2 batteries, sous le commandement du général major de Gneisenau.

---

(1) *Correspondance militaire du maréchal de Moltke*, 1er volume, n° 83.

(2) Cette réponse ne parut pas satisfaisante au maréchal de Moltke. Il se demanda si la IIIe armée prendrait l'offensive le 3 août et voulut envoyer un nouveau télégramme au Prince royal pour lui prescrire de commencer les opérations à cette date. Il y renonça toutefois, sur l'insistance du colonel Verdy du Vernois, qui fit observer qu'un ordre formel de ce genre froisserait sans doute le Prince royal et le général de Blumenthal. Il fut décidé finalement qu'une démarche serait faite auprès du commandant de la IIIe armée par le colonel Verdy du Vernois, dès son arrivée à Mayence. Le colonel se rendit, en effet, à Spire le 2 août et il fut arrêté que la IIIe armée franchirait la frontière le 4 août. (Verdy du Vernois, *Im Grossen Hauptquartier*, pages 50 et 54.)

II° armée.

III° corps.......	(Moins 7 batteries et 3 compagnies de pionniers) Wörrstadt, avant-garde à Fürfeld.
IV° corps.......	Échelonné entre Dürckheim et Hochspeyer, avant-garde à Kaiserslautern.
IX° corps.......	Concentré autour d'Oppenheim.
X° corps.......	Se rassemble à Bingen.
XII° corps.......	Concentré autour de Morsbach et de Castel.
Garde..........	Se rassemble entre Worms et Mannheim.
5° et 6° divisions de cavalerie ..	Sur la ligne Martinstein — Lanterecken — Dürckheim.

III° armée.

Même situation et mêmes emplacements que la veille pour les corps d'armée qui sont au complet de guerre.

Continuation des transports par voies ferrées et de la concentration pour les autres.

Abstraction faite des colonnes de munitions et d'approvisionnements, il manque en tout, à la III° armée : 12 bataillons, 16 escadrons, 30 batteries.

Le général commandant le XI° corps d'armée reçoit le 31 du quartier général de la III° armée une dépêche indiquant les mesures à prendre en vue de certaines éventualités et réglant les conditions du commandement. Cette dépêche s'exprime ainsi :

« Comme l'ennemi, d'après les renseignements par-
« venus, a 30,000 hommes à Strasbourg, effectif que
« l'arrivée des réservistes a peut-être déjà porté à 40,000,
« il est possible qu'il prenne l'offensive d'un jour à
« l'autre. Dans ce cas, s'il se porte en avant par la rive
« gauche du Rhin, les V° et XI° corps devront l'attendre
« sur la Klingbach, et défendre énergiquement cette
« position..... Si l'ennemi se dirige de Strasbourg sur la
« rive droite du Rhin, les troupes badoises prendront
« une position de flanc à Oos et se replieront par la
« montagne sur Ettlingen et Carlsruhe, où elles seront

« renforcées par les Wurtembergeois. En prévision de
« cette éventualité, le général von Werder, qui est por-
« teur de la présente dépêche, a été envoyé à Carlsruhe.
« Il est chargé d'observer la tournure des événements et
« d'appeler, en cas de besoin, le XIe corps au secours
« des Wurtembergeois sur la rive droite du Rhin. Il y
« aurait lieu de donner suite à sa requête » (1).

Signé : Frédéric-Guillaume, prince royal.

Si l'ennemi ne prend pas l'offensive et si rien ne vient y mettre obstacle, la conversion à droite prévue pourra être exécutée par les trois armées allemandes, la Ire servant de pivot.

La *Correspondance militaire du maréchal de Moltke* place à la fin du mois de juillet le *Projet de tableau de marche* ci-après pour les trois armées allemandes jusqu'au 8 août, époque à laquelle il estime que les IIe et IIIe armées auront presque terminé leur mouvement de conversion (2).

---

(1) *Études de guerre*, général Verdy du Vernois, 2e fascicule, page 226.
(2) N° 88.

LA GUERRE DE 1870-1871.

Sans date (semble être de la fin de juillet 1870).

DATES.	IIIe ARMÉE. AILE GAUCHE.				IIe ARMÉE ET RÉSERVE.						Ire ARMÉE. AILE DROITE.	
	XIe corps et division badoise Hœe, 42,000 hommes.	Ve corps et division wurtembergeoise Kirchbach, 42,000 hommes.	BAVAROIS.		IVe corps.	IXe corps.	IIIe corps.	Xe corps.	Ier corps.	VIe corps.	VIIIe corps.	VIIe corps.
			IIe corps.	Ier corps.								
	84,000 hommes.		57,000 hommes.		130,000 hommes.							
2 août..	Germersheim. Carlsruhe.	Landau. tiermersheim.	Germersheim.	Spire.	Mannheim.	Gollheim.	Alzey.	Kreuznach				
Départ le 3 août...	Langen-Kandel et Maxau	Wissembourg.	Landau.	Neustadt.	Dürkheim.	Winnweiler.	Alsenz.	Sobernheim.				
4 août..	Sellz.	Soultz.	Annweiler.	Elmstein.	Frankenstein.	Wolfstein.	Lauterecken.	Oberstein.	Kaiserslautern.	Landau ou Mussbach	Peuvent être à Sarrelouis.	Rehlingen.
5 août..	Hagœnau.	Reichshoffen.	Pirmasens.	Waldfischbach.	Kaiserslautern.	Küsel.	Baumholder.	Türkismühle.				
6 août..	Pfaffenhoffen.	Ingwiller.	Neu-Hornbach.	Deux-Ponts.	Brochmühlbach.	Ottweiler.	Saint-Wendel.	Tholey.				
7 août..	La Petite-Pierre.	Puberg.	Rohrbach.	Reinheim, à l'est de Sarreguemines.	Blieskastel.	Saltzach.	Landsweiler.	Lebach.				
8 août..	Fénétrange.	Sarre-Union.	Selon les circonstances.		Sarreguemines.	Sarrebrück	Wölklingen.	Sarrelouis.			Sarrelouis.	Rehlingen.

La garde et le XIIe corps suivent à une étape.

De l'examen de ce tableau de marche il résulte que les VIIe et VIIIe corps constituant la Ire armée pouvaient être dès le 3 août sur la ligne Sarrelouis—Rehlingen, alors que les têtes de colonne de la IIe armée ne devaient atteindre la Sarre que le 8 août. Pendant cette période de cinq jours, la Ire armée était donc isolée et exposée à être assaillie par des forces françaises très supérieures en nombre. Il se trouvait, de plus, que le général Steinmetz était impatient — ainsi qu'il le manifesta plus tard — de livrer bataille. Il manquait, enfin, d'instructions nettes sur le rôle que le maréchal de Moltke entendait faire remplir à la Ire armée. Il est donc probable que si l'armée française avait pris l'offensive vers le 2 ou 3 août, le général Steinmetz ne se serait pas contenté de se replier en combattant et de gagner les cinq jours nécessaires au déploiement stratégique de la IIe armée, mais qu'il aurait accepté la bataille. L'issue n'en était point douteuse, car l'armée française disposait d'un effectif double, et ce succès aurait eu des conséquences matérielles et morales considérables.

En face des forces allemandes dont les emplacements ont été donnés précédemment, l'armée française était répartie, dans la soirée du 31 juillet, de la manière suivante :

GRAND QUARTIER GÉNÉRAL.

Metz.

1er *corps*. — Quartier général, Strasbourg.
- Divisions d'infanterie à Reichshoffen, Haguenau, Strasbourg.
- Divisions de cavalerie à Soultz, Haguenau, Strasbourg, Schlestadt, Brumath.
- Réserves d'artillerie et du génie à Strasbourg.

2e *corps*. — Quartier général, Forbach...
- Divisions d'infanterie à Morsbach, Forbach, Œting.
- Division de cavalerie à Merlebach.
- Réserves d'artillerie et du génie à Morsbach.

3ᵉ corps. — Quartier général, Saint-Avold.	Divisions d'infanterie à Haut-Hombourg, Saint-Avold, Ham-sous-Varsberg, Boucheporn. Division de cavalerie à Saint-Avold. Réserves d'artillerie et du génie à Saint-Avold.
4ᵉ corps. — Quartier général, Boulay....	Divisions d'infanterie à Lacroix, Bouzonville, Coume. Division de cavalerie à Bouzonville. Réserves d'artillerie et du génie à Boulay.
5ᵉ corps.............	Mêmes emplacements que le 30.
6ᵉ corps.............	Mêmes emplacements que le 30.
7ᵉ corps.............	Mêmes emplacements que le 30.
Garde..............	Mêmes emplacements que le 30.
Réserve générale de cavalerie..........	Mêmes emplacements que le 30.
Réserve générale d'artillerie............	Mêmes emplacements que le 30.
Parcs de corps d'armée..............	Mêmes emplacements que le 30, sauf le parc d'artillerie de la Garde qui commence le 31 son mouvement par voie ferrée de Versailles sur Metz.
Grand parc d'artillerie de l'armée.........	Mêmes emplacements que le 30.
Équipages de ponts de réserve............	Mêmes emplacements que le 30.

DOCUMENTS ANNEXES.

Journée du 31 juillet.

QUARTIER GÉNÉRAL DE L'ARMÉE

a) **Journal de marche.**

Les 2e, 3e et 4e corps exécutent comme il suit les mouvements ordonnés la veille :

Le *2e corps* porte son quartier général à Forbach.
La 1re division va occuper Bening.
La 2e division reste à Forbach.
La 3e division se porte à Œting.
La division de cavalerie et la réserve d'artillerie conservent leurs emplacements (1).

3e corps. — Le quartier général se porte à Saint-Avold.
La 1re division va occuper la position de Haut-Hombourg, en avant de Saint-Avold.
La 2e division se porte à Saint-Avold.
La 3e division va occuper Ham-sous-Varsberg, en passant par Téterchen, Coume et Guerting.
La 4e division se rend à Boucheporn.
La division de cavalerie et la réserve d'artillerie se portent à Saint-Avold (2).

---

(1) De même pour la réserve du génie.
(2) De même pour la réserve du génie. Le parc d'artillerie du 3e corps s'organise à Metz; son équipage de ponts est transporté par chemin de fer à Forbach, pour l'opération sur Sarrebrück.

4º *corps*. — Le quartier général est transféré à Boulay.
La 1ʳᵉ division se porte à Bouzonville et Lacroix.
La 2ᵉ division va occuper Boulay, Lacroix et Dalstein.
La 3ᵉ division se porte sur Coume par Teterchen.
La division de cavalerie se porte sur Hombourg et Bouzonville.
La réserve d'artillerie reste à Boulay (1) (2).
Le bataillon de chasseurs à pied de la Garde va occuper Thionville, pour y remplacer les troupes du 4ᵉ corps (3).

Notes manuscrites du général Coffinières.

31 juillet.

Je me rends à Forbach avec le général Soleille, commandant en chef de l'artillerie, et le général Lebrun, aide-major général, pour conférer avec le maréchal Bazaine et les généraux Frossard et de Failly sur le mouvement projeté pour le surlendemain.

Il est décidé que le général Frossard se portera sur Sarrebrück et qu'il sera appuyé sur la droite par le général de Failly, et à gauche par le maréchal Bazaine (4) (5).

---

(1) De même pour la réserve du génie.

(2) Les parcs d'artillerie des 2ᵉ et 4ᵉ corps sont encore en voie d'organisation à Lunéville et à Verdun.

(3) Il ne restait plus, le 31, à Thionville, qu'un bataillon du 98ᵉ (2ᵉ brigade, 2ᵉ division du 4ᵉ corps) laissé dans cette localité pour escorter le trésor et l'ambulance du corps d'armée, qu'on n'avait pu emmener la veille faute d'attelages et de harnais.

(4) Deux divisions seulement de chacun de ces corps d'armée.

(5) Dans son ouvrage ayant pour titre : *Rapport sur les opérations du 2ᵉ corps*, le général Frossard définit ainsi les raisons qui, dans l'esprit de l'empereur Napoléon III, motivèrent l'opération sur Sarrebrück :

« Le commandant en chef de l'armée voulait que ce corps (le 2ᵉ, qui venait d'opérer sa concentration dans la journée du 31 juillet) fût éventuellement en mesure d'occuper Sarrebrück et de se porter au delà, suivant les circonstances et les mouvements de l'ennemi. Dans ses suppositions à ce sujet, peut-être prévoyait-il aussi un passage de la Sarre par les Prussiens près de Sarrelouis et un débouché en forces de ce côté. C'est ce qui semble avoir motivé l'étendue laissée, vers la gauche, au front des 3ᵉ et 4ᵉ corps, et avoir fait naître une préoccupation qui, malheureusement, a duré jusqu'au 6 août.

« A ce moment, bien que l'ennemi n'eût fait encore aucune démon-

b) Organisation et administration.

Le Général commandant la 11ᵉ division militaire au Ministre de la guerre, à Paris.

Perpignan, 31 juillet.

J'ai l'honneur de vous confirmer ma dépêche télégraphique de ce jour, ainsi conçue : « Les détachements à diriger : 17ᵉ de ligne, « 300 hommes, de Foix sur Bitche; 52ᵉ de ligne, 200 hommes, de « Narbonne sur Lyon, ne peuvent partir faute de campement. Le cam- « pement est attendu tous les jours; il vous a été demandé par l'inten- « dant divisionnaire, à la date du 24 juillet.

« Vos instructions sont si précises que je ne ferai partir aucun « homme pour les bataillons de guerre sans qu'il soit muni de son « outillage complet de campagne, à moins d'un ordre spécial de « vous (1). »

Le Ministre de la guerre au Major général (D. T.).

Paris, 31 juillet.

J'ai l'honneur de vous informer que la première portion du parc

---

stration qui pût nous éclairer sur ses intentions, cependant les renseignements recueillis sur ses mouvements préparatoires avaient pris plus de consistance. Les VIIᵉ et VIIIᵉ corps prussiens allaient se concentrer au nord de la Sarre et formaient une armée aux ordres du général Steinmetz. Leurs colonnes remontaient la vallée de la Moselle et celle de la Sarre, pour venir se masser entre Sarrelouis et Sarrebrück. On nous signalait, comme étant dirigés de Mayence vers Kaiserslautern, des régiments faisant partie d'autres corps d'armée, les IIIᵉ, IXᵉ, qui devaient constituer l'armée du prince Frédéric-Charles. Les Prussiens, disait-on, se disposaient à prendre l'offensive. Déjà des détachements d'infanterie de quelque importance avaient franchi la Sarre en aval de Sarrebrück, vers le confluent de la Rosselle, et s'étaient montrés devant nos reconnaissances jusqu'aux villages de Geislautern et Ludweiler.

« Il nous importait de nous fixer sur ces questions. L'Empereur décida qu'on effectuerait une reconnaissance offensive sur Sarrebrück..... » (Page 15).

(1) A la date du 14 juillet, le Ministre avait prescrit par télégramme aux commandants de corps d'armée et aux généraux commandant les divisions territoriales ou actives de ne faire partir les disponibles et les réservistes que munis « rigoureusement » de tous leurs effets.

d'artillerie du 1ᵉʳ corps d'armée partira de Besançon le 3 août, par les voies ferrées, pour Strasbourg (1).

M. le Maréchal commandant le 1ᵉʳ corps d'armée est informé de cette disposition.

Le même au même.

Paris, 31 juillet.

J'ai l'honneur d'informer Votre Excellence que la 2ᵉ compagnie principale et la 2ᵉ compagnie *bis* du 1ᵉʳ régiment du train d'artillerie reçoivent l'ordre de partir, le 2 août prochain, par le chemin de fer, de Saint-Omer, pour se rendre à Verdun (2).

Le Ministre annonce l'arrivée des équipages de ponts des 1ᵉʳ, 3ᵉ, 5ᵉ et 7ᵉ corps.

Le Ministre de la guerre au Général commandant la 3ᵉ division militaire, à Lille.

Paris, 31 juillet.

J'ai arrêté (4ᵉ direction) les dispositions suivantes :

La 8ᵉ compagnie du 16ᵉ d'artillerie (pontonniers) se rendra de Douai à Verdun (3) pour y être attachée au parc d'artillerie du 4ᵉ corps de l'armée du Rhin.

La 5ᵉ compagnie de ce régiment partira d'Arras pour Épinal (4), à destination du parc d'artillerie du 5ᵉ corps.

---

(1) Le parc d'artillerie au 1ᵉʳ corps était attelé par les compagnies du train d'artillerie ci-après :

1ᵉʳ *régiment* : 13ᵉ compagnie (*Bis*).

2ᵉ *régiment* : 1ʳᵉ compagnie (P.); 1ʳᵉ compagnie (B.); 8ᵉ compagnie (P.); 12ᵉ compagnie (P.); 12ᵉ compagnie (B.).

(2) Où s'organise le parc d'artillerie du 4ᵉ corps, attelé par les compagnies du train d'artillerie ci-après :

1ᵉʳ *régiment* : 2ᵉ compagnie (P.); 2ᵉ compagnie (B.); 11ᵉ compagnie (P.); 11ᵉ compagnie (B.); 6ᵉ compagnie (B.).

(3) Cette compagnie vient de Strasbourg, puis de Douai, où elle est allée prendre son équipage de ponts. Arrivée à Douai le 24 juillet, elle y restera jusqu'au 2 août, sera à Verdun le 4, à Metz le 5, à Boulay le 6.

(4) Partie de Strasbourg le 21 juillet par voie ferrée, cette compagnie est arrivée à Arras le 24 juillet. Elle quittera Arras le 3 août, arrivera à Épinal le 4 août par chemin de fer et y restera du 5 au 9 août.

Chacune de ces compagnies emmènera avec elle un équipage de ponts de corps d'armée, pris à Douai et à Arras.

Je vous prie de donner les ordres et avis nécessaires pour qu'elles se rendent à leurs nouvelles destinations, conformément aux ordres de route ci-joints.

Le Ministre de la guerre au Général commandant le 9e corps et la 8e division militaire, à Lyon.

Paris, 31 juillet.

J'ai arrêté (4e direction) les dispositions suivantes :

La 3e compagnie du 16e régiment d'artillerie (pontonniers) se rendra d'Auxonne à Besançon (1), pour être attachée au parc d'artillerie du 1er corps de l'armée du Rhin.

La 7e compagnie dudit régiment partira du même point pour se rendre à Vesoul (2), à destination du parc d'artillerie du 7e corps.

Chacune de ces compagnies emmènera avec elle un matériel d'équipage de pont de corps d'armée, pris à Auxonne.

Je vous prie de donner les ordres et avis nécessaires, pour que ces deux compagnies se rendent, par voie ferrée, à leurs nouvelles destinations, conformément aux ordres de route ci-joints.

Trois compagnies du train des équipages, si nécessaires pour encadrer les équipages auxiliaires requis, vont arriver à l'armée du Rhin.

Le Ministre de la guerre au Major général (D. T.).

Paris, 31 juillet, 5 h. 39 soir (n° 2598), expédiée à 6 h. 40 soir.

Je prescris au général commandant la subdivision de Nancy de diriger, le plus tôt possible, par les voies ferrées, la 2e compagnie légère du 1er régiment du train des équipages sur Metz (3).

Le même au même.

Paris, 31 juillet.

J'ai l'honneur d'informer Votre Excellence que les 1re et 10e compa-

---

(1) Partie de Lyon, où elle tenait garnison (le 28 juillet) pour Auxonne, où elle a pris son équipage de pont, puis pour Besançon où elle arrivera le 3 août. Tous ces trajets par chemin de fer.

(2) Partie également de Lyon (le 20 juillet) pour Auxonne (22 juillet) où elle a pris son équipage de ponts, puis dirigée sur Vesoul où elle arrivera le 3 août. Toujours en chemin de fer. Restera à Vesoul jusqu'au 9 août.

(3) Affectée au 4e corps.

gnies du 1er régiment du train des équipages militaires (1) reçoivent l'ordre de partir pour se rendre à Metz, où elles arriveront le 2 août, par les voies ferrées.

Le Major général aux commandants de corps d'armée.

Metz, 31 juillet (n° 160).

L'insuffisance du train régulier ne permet pas d'avoir recours au personnel de ce corps, pour encadrer les équipages auxiliaires requis.

J'ai, en conséquence, l'honneur de vous prier d'assurer le service d'ordre de ces équipages, au moyen des militaires pris dans les troupes de cavalerie de votre corps d'armée. Vous arrêterez, à ce sujet, telles dispositions que vous jugerez convenables, de manière à satisfaire aux besoins que M. l'Intendant militaire de votre corps vous aura signalés.

Il n'existait dans l'armée française, en 1870, aucune troupe technique de chemins de fer. Dès le début de la campagne, cette lacune dans l'organisation se fit si vivement sentir que l'Empereur en organise une par décret du 22 juillet.

Le Major général aux commandants des sept corps d'armée, de la Garde, de l'artillerie et du génie, des divisions de cavalerie (réserve), intendant général, grand prévôt.

Metz, 31 juillet.

Par décret en date du 22 juillet, l'Empereur a ordonné la création d'un corps franc des chemins de fer, chargé de la réparation et de l'exploitation des voies ferrées sur les derrières de l'armée. Ce corps, dont l'uniforme est celui de la garde nationale mobile, avec addition d'une patte aurore au collet — comme signe distinctif, — pourra comporter un effectif de 400 hommes. Il est placé sous le commandement de M. *Daigremont*, assimilé au rang de colonel d'état-major, lequel est assisté d'un pesonnel d'officiers portant les insignes des grades correspondants dans la garde nationale mobile. Chacun de ces officiers sera porteur d'une carte de circulation signée de l'aide-major général de l'armée. J'ai l'honneur de vous en donner avis, en vous priant de prendre les mesures nécessaires pour faciliter le service de ce corps.

Jusqu'à présent les troupes avaient vécu comme en temps de paix; le Major général informe les commandants de corps d'armée qu'elles toucheront les vivres de campagne à partir du 3 août.

---

(1) Affectée au 3e corps.

Le Major général aux commandants des 1er, 2e, 3e, 4e, 5e *et* 7e *corps et de la Garde impériale.*

Metz, 31 juillet (n° 163).

J'ai l'honneur de prévenir Votre Excellence qu'à partir du 3 août prochain, le corps d'armée sous ses ordres touchera les vivres de campagne. Je prie Votre Excellence de vouloir bien assurer, en ce qui la concerne, l'exécution de cette disposition, dont je donne avis à M. l'Intendant général de l'armée.

Le Directeur colonel de la 1re *légion des douanes de l'Est au Major général.*

Metz, 31 juillet (n° 2020).

J'ai l'honneur de vous faire connaître, en réponse à votre lettre du 30 courant, que la réunion à Thionville, Metz et Bitche, comme troupe de garnison, des bataillons de guerre du service des Douanes sera effectuée le 4 août prochain.

J'indique ci-dessous la composition exacte de chacun de ces bataillons et la place forte où il devra tenir garnison :

Thionville....	Officiers, sous-officiers et préposés		....	81
Metz.........	—	—	—	 208
Bitche.......	—	—	—	 222

Je donne avis de cette réunion à M. le Général commandant la 5e division militaire, à Metz.

L'Intendant général Wolff au Ministre de la guerre. — Lettre.

Metz, 31 juillet (n° 59).

J'ai l'honneur de vous confirmer ma *dépêche télégraphique*, en date de ce jour, ainsi conçue :

« Je ne sais rien des ordres d'expédition ni sur mouvement de la « mise en route des denrées qui me sont destinées. Les convois « arrivent sans lettres de voitures, ni lettres d'expédition. Ces « désordres me créent des embarras, on me laisse dans l'incertitude « de mes ressources. »

L'encombrement qui s'est produit dans les principales gares du réseau de l'Est, l'impossibilité où s'est trouvée la Compagnie de faire décharger les wagons assez rapidement pour dégager la gare de Metz, m'ont obligé à recourir à l'intervention du Major général et de demander chaque jour 300 hommes de corvée pour suppléer à l'insuffisance des moyens d'action de la Compagnie. Toutefois, par suite du manque de lettres de voitures ou d'avis d'expédition, les officiers d'administration qui sont en permanence à la gare, sont dans l'ignorance la plus complète des quantités des denrées ou de matériel que renferment les wagons; une reconnaissance rigoureuse est donc absolument impossible, et j'ai dû substituer ma propre responsabilité à celle des comptables, en leur prescrivant de recevoir en bloc, après reconnaissance très sommaire, le chargement de tous les wagons. Ce système présente de nombreux inconvénients, aussi je désirerais l'abandonner le plus promptement possible.

L'Intendant général inspecteur Robert au Ministre de la guerre. — Lettre.

Metz, 31 juillet (n° 14).

Les gares de Frouard et de Metz, que j'ai visitées cette nuit, sont encombrées au delà de toute limite et cette situation durera longtemps.

Il me semble indispensable d'utiliser, si ce n'est déjà fait, *la voie de Verdun*, par Soissons, pour faire arriver à destination le matériel urgent et peu encombrant tel que celui des hôpitaux. Un service par terre serait organisé dans cette place qui n'est séparée de Metz que par deux étapes.

d) Situations et emplacements.

Effectif de l'armée du Rhin au 31 juillet.

	Hommes.	Chevaux.
1er corps	40,231	8,045
2e —	25,884	4,774
3e —	37,725	7,934
4e —	28,591	5,459
5e —	24,780	5,188
6e —	33,701	4,831
7e —	20,341	3,705
Garde impériale	21,537	6,883
Réserve de cavalerie	5,189	4,794
Réserve du génie	209	58
Totaux	238,188	51,671 (1)

---

(1) Le grand parc d'artillerie de l'armée est en voie de formation dans les huit arsenaux de Metz, Strasbourg, Rennes, la Fère, Besançon, Douai, Lyon, Toulouse. Deux équipages de pont de réserve sont, l'un à Toul, l'autre en voie de formation à Strasbourg.

Journée du 31 juillet.

1er CORPS.

a) Journaux de marche.

Journal de marche du 1er corps.

Arrivée des 13e et 14e compagnies du train des équipages.

Le général Ducrot fait concourir le 3e hussards (1) avec le 96e, au service des avant-postes; il met un peloton à Roth, près Wissembourg, avec mission de se replier la nuit sur Climbach, et une division (demi-escadron) à Pfaffenschlick (2) (3).

DIVISION DOUAY.

Historique de la division (4).

31 juillet.

La division est campée à Haguenau et alentours.

La journée du 31 juillet, comme les trois journées qui l'ont précédée, est consacrée à l'achèvement de l'organisation des troupes. Les voitures des équipages régimentaires arrivent de Strasbourg; des chevaux d'attelage sont achetés et l'on fait quelques exercices de tir, destinés à compléter l'instruction des soldats, relativement à l'appréciation des distances.

---

(1) De la brigade de Septeuil, de la division de cavalerie Duhesme, du 1er corps. Le gros du 3e hussards est à Soultz.

(2) Le 4e peloton à Climbach, à la disposition du colonel du 96e de ligne.

(3) La gauche des avant-postes de la 1re division du 1er corps se reliait, par Obersteinbach, à ceux de la 3e division du 5e corps.

(4) *Historique de la 2e division, depuis son arrivée à Strasbourg jusqu'à la capitulation de Sedan,* par le général de division Pellé. — Archives historiques de la guerre. Manuscrit daté de 1872.

DIVISION DE LARTIGUE.

Historique de la division (1).

Dimanche.

Je fais mes adieux à la cathédrale de Strasbourg.

Le corps d'armée reçoit l'ordre de porter les divisions en avant, à mesure de leur formation.

L'intention du commandement est de prendre l'initiative des hostilités, et, dans ce but surtout, on hâte le travail d'organisation, car nos quartiers généraux sont convaincus que notre concentration est de 15 jours plus avancée que celle des Allemands.

La croyance est que nous passerons facilement le Rhin et que le grand choc aura lieu dans les environs de Francfort.....

b) Organisation et administration.

Le maréchal de Mac-Mahon au Major général (D. T.).

Strasbourg, 31 juillet, 2 h. 35 soir (n° 2579), expédiée à 3 h. 30 soir.

Il est arrivé à Strasbourg, dans la journée : une compagnie de pontonniers venant d'Auxonne, 98 hommes ; une compagnie du train des équipages, 194 hommes et 267 chevaux ; des détachements complémentaires des 78ᵉ régiment d'infanterie et 8ᵉ bataillon de chasseurs, 311 hommes.

Le maréchal de Mac-Mahon au général Douay, à Haguenau.

Strasbourg, 31 juillet.

Sont annoncés à destination de la 2ᵉ division d'infanterie :

1° Un détachement du 50ᵉ de ligne (300 hommes), partant de Langres le 1ᵉʳ août ;

2° Un détachement du 74ᵉ de ligne (300 hommes), partant de Neuf-Brisach ;

3° Un détachement du 16ᵉ bataillon de chasseurs à pied (160 hommes).

Ces détachements seront immédiatement dirigés sur Haguenau.

---

(1) *Historique de la 4ᵉ division du 1ᵉʳ corps d'armée*, par le colonel d'Andigné, chef d'état-major de la division. — Texte autographié. Manuscrit daté du 30 mai 1872.

Le même au même.
                                              Strasbourg, 31 juillet.

Les chiffres de 2,400 hommes pour les régiments d'infanterie, et de 850 pour les bataillons de chasseurs à pied, indiqués comme devant constituer le complet de guerre, ne représentent que le minimum des combattants à mettre en ligne. Ils peuvent être dépassés sans inconvénient, et je vous prie d'inviter les chefs de corps sous vos ordres à donner des instructions dans ce sens aux commandants de leurs dépôts, qui devront agir en conséquence, lorsqu'ils auront des hommes prêts à être envoyés aux bataillons de guerre.

Le même au même.
                                              Strasbourg, 31 juillet.

M. le Major général a donné les ordres les plus précis pour que, dans les corps, le chiffre des non-valeurs soit réduit au strict nécessaire. Tout ce qui est non-combattant et notamment les conducteurs des équipages régimentaires, les interprètes, cuisiniers, etc., pouvant être pris dans la garde nationale mobile, il importe de ne pas distraire des rangs un certain nombre d'hommes qui peuvent y être laissés.

Je vous prie de donner des instructions dans ce sens, en prescrivant qu'il n'y soit dérogé qu'en cas d'absolue nécessité. Il s'agit d'un intérêt considérable pour l'armée, et le recrutement de la garde nationale mobile offre toutes les ressources nécessaires pour subvenir aux besoins dont il s'agit.

Les gardes mobiles qui passeront la frontière à la suite de l'armée toucheront une capote. Les corps où ils seront mis en subsistance les pourvoiront d'effets de linge et chaussures, qui seront provisoirement payés par la masse générale d'entretien, et une décision ministérielle réglementera ultérieurement cette dépense.

La solde allouée à ces gardes mobiles sera celle des soldats de 2º classe.

Ordre.
                                              Brumath, 31 juillet

A compter de demain, 1er août, les troupes de la division recevront les vivres de campagne (1).

La ration est fixée comme il suit :

---

(1) L'ordre du Major général en date du 31 juillet (n° 163. Voir page 146), prescrivait que les corps ne toucheraient les vivres de campagne qu'à partir du 3 août.

Biscuit...........................	550	grammes.
Viande fraîche...................	300	—
Riz...............................	60	—
Sel...............................	16	—
Sucre............................	16	—
Café.............................	21	—

Le général Forgeot, commandant l'artillerie du 1ᵉʳ corps, au maréchal de Mac-Mahon.

Strasbourg, 31 juillet.

En réponse à la dépêche de Votre Excellence du 29 juillet courant, n° 139, j'ai l'honneur de vous faire savoir que les coffres des caissons affectés aux batteries, tant des divisions que de la réserve, ne contiennent que des munitions d'artillerie. Les cartouches pour armes portatives sont exclusivement transportées dans les caissons des réserves divisionnaires pour munitions d'infanterie, et dans ceux du parc.

Chacune des divisions d'infanterie du 1ᵉʳ corps est accompagnée d'une réserve divisionnaire, attelée par le train d'artillerie, qui possède :

289,872 cartouches modèle 1866, aux armes des nouveaux modèles, qui sont entre les mains des troupes d'infanterie, du génie, des hussards et des chasseurs à cheval ;

13,140 cartouches modèle 1863, destinées :

Au fusil d'infanterie ....
Au fusil de dragon............
Au mousqueton de gendarmerie. } Rayés, des modèles antérieurs à ceux qui ont été adoptés depuis 1866.
Au mousqueton d'artillerie.....
Au pistolet de cavalerie........

En outre, le parc, qui doit rejoindre prochainement l'armée, est pourvu de :

833,976 cartouches modèle 1866 ;
85,824 cartouches modèle 1863.

Le 1ᵉʳ corps possède donc, actuellement, 52,416 cartouches modèle 1863, qui peuvent être mises à la disposition des troupes de l'artillerie, du génie et de la cavalerie, et cet approvisionnement sera porté, par l'arrivée du parc, à 138,240 coups à tirer.

Le pistolet de gendarmerie est la seule arme pour laquelle il n'existe aucune réserve de munitions dans les coffres de l'artillerie. Si Votre

Excellence jugeait à propos de constituer un approvisionnement pour le service des armes de ce modèle, je la prierais de me le faire connaître, et j'aurais l'honneur de lui soumettre une demande pour faire délivrer au parc du 1er corps, 1000 cartouches pour pistolet de gendarmerie, soit environ 30 par homme.

Nota. — Le commandant Flambart pense que 20 cartouches par gendarme suffisent et qu'il n'est pas nécessaire d'avoir une réserve.

c) Opérations et mouvements.

Le général Ducrot, commandant la 1re division du 1er corps, au général de Septeuil.

Reichshoffen, 31 juillet (n° 12).

Je vous prie d'envoyer, aujourd'hui même, un escadron de hussards aux avant-postes sur votre gauche. Cet escadron sera réparti de la manière suivante :

Un peloton au village de Roth, avec quelques vedettes sur la route du Pigeonnier, à Wissembourg ;

Un peloton à Climbach même, à la disposition du colonel de Franchessin (1) ;

Une division en réserve au col de Pfaffenschlick, pouvant se porter facilement, soit dans la vallée de la Sauer, soit dans la vallée du Rhin. Elle devra fournir quelques patrouilles entre nos postes de Mattstall et de Climbach, et en avant de Lembach, sur la grande route de Bitche. Cet escadron sera, d'ailleurs, sous les ordres de M. le colonel de Franchessin, qui est établi à Climbach.

Le peloton qui, pendant la journée, sera à Roth, pour surveiller la plaine en avant de Wissembourg, et assurer les communications entre le Pigeonnier et cette ville, pourra se replier la nuit à Climbach, sous la protection de l'infanterie.

Cet escadron tirera ses vivres et ses fourrages soit de Lembach, soit de Wissembourg et des villages environnants.

P.-S. — Vous voudrez bien assurer l'exécution de cet ordre le plus promptement possible.

Afin de rendre plus rapides les communications entre nous, vous établirez un brigadier et quatre cavaliers au village de Wœrth, à la Gendarmerie. Ce poste tiendra un cavalier toujours prêt à monter à

---

(1) Commandant le 96e de ligne.

cheval, pour apporter les dépêches venant de mon quartier général ou du vôtre, et vous donnerez bien la consigne qu'aussitôt un cavalier parti, un autre devra se préparer, et cela jour et nuit.

d) Situations et emplacements.

Situation sommaire de l'effectif du 1er corps au 31 juillet.

CORPS.	OFFICIERS.	TROUPE.	TOTAUX.	CHEVAUX.
État-major général..............	43	60	103	75
Division Ducrot.................	315	9,618	9,933	672
Division Douay..................	345	8,198	8,543	670
Division Raoult.................	303	7,897	8,200	684
Division de Lartigue............	293	8,147	8,440	742
Division de cavalerie (Duhesme)...	264	3,412	3,776	3,493
Réserve d'artillerie et ponts......	47	1,566	1,613	1,486
Réserve du génie.	6	151	157	40
Services administratifs du quartier général...................	9	482	491	516
Totaux........	1,625	39,531	41,156	8,045

Emplacement des troupes au 31 juillet.

Quartier général.....................	à Strasbourg.
Division Ducrot......................	à Reichshoffen(1).
Division Douay.......................	à Haguenau (2).
Division Raoult......................	à Strasbourg.
Division de Lartigue	à Strasbourg.

---

(1) 13e bataillon de chasseurs, à Reichshoffen ; 18e de ligne, à Wœrth ; 96e de ligne, à Climbach ; 45e de ligne, à Niederbronn ; 1er zouaves, deux bataillons à Reichshoffen, un bataillon réparti entre Neehwiller, Jægerthal, Matsttall ; artillerie, à Reichshoffen ; génie, à Reichshoffen.

(2) 1re brigade : 16e bataillon de chasseurs, à Seltz ; 50e de ligne, à Soultz, Oberbetschdorf, Gunstett ; 74e de ligne, à Haguenau ; 2e brigade, à Haguenau ; artillerie, à Haguenau ; génie, à Haguenau.

LA GUERRE DE 1870-1871.

Division de cavalerie (Duhesme)	3ᵉ hussards	à Soultz.
	11ᵉ chasseurs	à Haguenau et Seltz (1).
	2ᵉ lanciers	à Wissembourg (2) et Hatten.
	6ᵉ lanciers	à Strasbourg (3) et Schlestadt.
	8ᵉ cuirassiers 9ᵉ cuirassiers	à Brumath.

Réserve d'artillerie . . . . à Strasbourg.
Réserve du génie . . . . à Strasbourg.

Journée du 31 juillet.

2ᵉ CORPS D'ARMÉE.

a) Journaux de marche.

Journal de marche du 2ᵉ corps d'armée.

Se reporter à la *Revue militaire* de février 1900, page 108.

DIVISION VERGÉ.

Journal de marche.

Le 31 juillet, la division part pour Bening. Arrivée à cette localité, la 1ʳᵉ brigade s'étend jusqu'à Morsbach, par Rosbrück. La 2ᵉ occupe les environs de Bening, en arrière du chemin de fer (4) (5).

---

(1) Deux escadrons à Seltz, trois à Haguenau.
(2) Deux escadrons à Wissembourg, deux à Hatten.
(3) Deux escadrons à Strasbourg, deux à Schlestadt.
(4) Il eût été plus simple, semble-t-il, de laisser la division de Laveaucoupet à Bening, et de porter la division Vergé, de Saint-Avold à Œting.
(5) Artillerie de la division à Bening; compagnie du génie à Forbach.

ARTILLERIE (DIVISION VERGÉ).
Journal de marche.

1re *Division d'infanterie.* — Le lieutenant-colonel Chavaudret, commandant l'artillerie de la division, est arrivé à Saint-Avold le 26 juillet, venant de Strasbourg.

La 6e batterie du 5e régiment (batterie à balles), commandée par le capitaine Besançon, est arrivée à Saint-Avold le 26 juillet, par les voies rapides, venant de Strasbourg.

La division, commandée par le commandant Rey, et composée de la 5e batterie du 5e régiment (capitaine Maréchal) et de la 12e batterie du 5e régiment (capitaine Martimor), batteries attelant toutes deux du 4 rayé de campagne, est arrivée à Saint-Avold le 19 juillet, venant du camp de Châlons.

Un détachement de la 4e compagnie principale du 2e régiment du train d'artillerie, attelant treize caissons d'artillerie à deux roues, est arrivé à Saint-Avold le 19 juillet, avec les batteries du commandant Rey, venant aussi, par les voies rapides, du camp de Châlons.

Le complément de cette réserve divisionnaire, venant de Lunéville, est arrivé à Forbach le 31 juillet, attelé par un détachement de la 4e compagnie principale du 2e régiment du train d'artillerie, et y a attendu l'arrivée de la 1re division d'infanterie. (Cette arrivée aura lieu le lendemain, 1er août).

GÉNIE (DIVISION VERGÉ).
Journal de marche.

La compagnie divisionnaire du génie (9e compagnie du 3e régiment) est arrivée du camp de Châlons à Saint-Avold, le 17 juillet, avec un effectif de 100 hommes et ses deux voitures de section. Elle reste à Saint-Avold jusqu'au 31 juillet où elle se rend à Forbach.

DIVISION BATAILLE.
Journal de marche.

La division conserve ses campements autour de Forbach.
Reconnaissances journalières.

Le général commandant le 2e corps vient établir son quartier général à Forbach, ainsi que les commandants de l'artillerie, du génie et des différents services.

La 3e division du 2e corps vient prendre position à Œting, où le général de Laveaucoupet établit son quartier général.

ARTILLERIE (DIVISION BATAILLE).

Journal de marche.

Le lieutenant-colonel de Maintenant, commandant l'artillerie de la division, est arrivé à Forbach le 23 juillet, venant de Valence.

La 9ᵉ batterie du 5ᵉ régiment (batterie à balles), commandée par le capitaine Dupré, est arrivée à Forbach le 28 juillet, venant de Strasbourg par les voies rapides.

La division commandée par le commandant Collangettes, et composée de la 7ᵉ batterie du 5ᵉ régiment (capitaine Bobet) et de la 8ᵉ batterie du 5ᵉ régiment (capitaine Benoist), chacune avec quatre pièces et quatre caissons seulement, est arrivée à Sarreguemines le 17 juillet, venant de Strasbourg par les voies rapides.

Seules troupes dans cette ville, ces deux batteries ont aidé les habitants à rendre inutiles les puits de mine qui auraient aidé à faire sauter le pont de Sarreguemines.

Le 18 juillet, elles ont été dirigées sur Saint-Avold et le 19 sur Forbach.

Le 22 juillet, la 8ᵉ batterie est allée camper à Spicheren, à quelques kilomètres de Forbach, et a accompagné la 2ᵉ brigade de la 2ᵉ division d'infanterie dans quelques reconnaissances sur Sarrebrück.

Le 28 juillet, elle a tiré vingt coups de canon sur une maison située près de Sarrebrück et servant à abriter quelques rassemblements de soldats prussiens.

Le complément des deux batteries (une section et la réserve pour chacune) est arrivé à Forbach le 25 juillet, venant de Strasbourg par voies rapides.

Un détachement de la 4ᵉ compagnie principale du 2ᵉ régiment du train d'artillerie, attelant treize caissons d'infanterie à deux roues, est arrivé, moitié le 19 à Saint-Avold, avec celui de la 1ʳᵉ division d'infanterie, moitié à Bening, le même jour, avec celui de la 3ᵉ division d'infanterie. Ce détachement a été dirigé le 20 sur Forbach, par la voie de terre.

Le complément de la réserve divisionnaire est arrivé à Forbach le 31 juillet, venant de Lunéville, et attelé par un détachement de la 4ᵉ compagnie principale du 2ᵉ régiment du train d'artillerie. Ce complément a rejoint le même jour, à Forbach, la 2ᵉ division d'infanterie.

GÉNIE (DIVISION BATAILLE).

Journal de marche.

La compagnie divisionnaire du génie de la division Bataille était primitivement la 4e compagnie du 1er régiment, venue du camp de Châlons à Saint-Avold le 17 juillet. Le 18, elle s'est rendue à Forbach avec sa division, y est restée jusqu'au 27, jour de son départ pour rejoindre le 3e corps à Boulay.

La 12e compagnie du 3e régiment, définitivement attachée à la 2e division, est arrivée du camp de Châlons à Forbach le 26 juillet, avec un effectif de 100 hommes et ses deux voitures de section.

DIVISION DE LAVEAUCOUPET.

Journal de marche.

M. l'abbé de Courval, aumônier de la division, arrive à Bening.

L'ambulance reçoit 30 brancards et 400 couvertures.

Conformément aux ordres du général en chef, à 4 heures du matin le chef d'état-major de la division, accompagné des adjudants-majors des divers corps, va reconnaître les nouvelles positions que la division doit occuper sur les hauteurs d'Œting, Behren et Bousbach. Ces positions sont très fortes ; elles se relient à gauche, par une bonne route, à Forbach, occupé par une brigade de la division Bataille, en avant par deux routes carrossables au plateau de Spicheren, qu'occupe la brigade Bastoul.

La division établie sur ces positions formera donc, en cas d'attaque, une réserve solide pour la division Bataille.

Sur la droite seulement, vers Grosbliederstroff, où la Sarre est guéable, la division, mal reliée avec le corps de Failly qui occupe Sarreguemines, sera directement exposée à une attaque de l'ennemi.

Après avoir déterminé les nouveaux emplacements de la division, la reconnaissance constate que le meilleur chemin pour aller les occuper est la route de Bening à Forbach et la route de Forbach à Sarreguemines (1).

Après la soupe du matin, vers 10 h. 1/2, le mouvement commence.

Le génie, la brigade Doëns ouvre la marche dans l'ordre où elle est échelonnée sur la route : 63e de ligne, 2e de ligne, 10e bataillon de chasseurs.

L'artillerie et le 24e de ligne viennent sur la route prendre rang dans la colonne.

Le convoi se forme derrière le 24e dans l'ordre suivant :

Le trésor.

L'ambulance.

---

(1) C'est donc bien sur les emplacements de combat que l'on va aller camper. Ce procédé contient en germe le déploiement prématuré.

Les bagages du général de division et de l'état-major divisionnaire.

Les bagages des généraux de brigade et des corps, dans l'ordre de marche.

La prévôté.

Le convoi.

Les troupes de l'administration.

Le 40ᵉ de ligne et la cavalerie forment l'arrière-garde.

Les grand'gardes et les éclaireurs ne quittent leurs positions que lorsqu'ils ont été relevés par la division Vergé. Ils viennent prendre rang dans la colonne entre le 40ᵉ et la cavalerie.

Le mouvement était terminé avant la nuit et la division établie ainsi qu'il suit :

Au village d'Œting et sur le plateau qui le domine :

Le quartier général de la division.

Le génie.

La cavalerie.

Le trésor.

Les services administratifs.

L'ambulance.

La prévôté.

La brigade Micheler (24ᵉ et 40ᵉ de ligne).

Au village de Behren et sur les hauteurs en arrière, le 2ᵉ de ligne.

Au village de Bousbach et sur les hauteurs, l'artillerie et le reste de la brigade Doëns (10ᵉ bataillon de chasseurs et 63ᵉ de ligne).

Les troupes sont dans d'excellentes conditions hygiéniques et militaires (1).

A Œting et Behren, l'eau est peu abondante mais suffit pour les hommes et quelques animaux. A Bousbach coule une rivière où l'on peut abreuver 200 chevaux. Dès le soir, le général Doëns fait reconnaître le débouché de Grosbliederstroff et constate, par ses observations, qu'un poste du corps de Failly est établi sur les pentes qui se trouvent en face de nos positions.

ARTILLERIE (DIVISION DE LAVEAUCOUPET).

Journal de marche.

Le lieutenant-colonel Larroque, commandant l'artillerie de la division, est arrivé à Bening le 22 juillet, venant de Douai.

La 11ᵉ batterie du 15ᵉ régiment d'artillerie (batterie à balles), com-

---

(1) Voir page 158, note (1).

mandée par le capitaine Lauret, est arrivée à Saint-Avold le 24 juillet, venant de Douai, et a été dirigée sur Bening le 25 juillet.

La division sous les ordres du commandant Bédoin, composée de la 7ᵉ batterie du 15ᵉ régiment (capitaine Stoffel) et de la 8ᵉ batterie du 15ᵉ régiment (capitaine Béguin), ces deux batteries attelant du 4 rayé de campagne, est arrivée à Saint-Avold le 19 et le 20 juillet, venant du camp de Châlons, et a été dirigée de suite sur Bening.

Le 23 juillet, la 7ᵉ batterie a fait une reconnaissance en avant de Forbach, avec une partie de l'infanterie de la division.

Le 31 juillet, les trois batteries de la division ont quitté le camp de Bening avec leur division, pour aller camper près de Bousbach, entre Forbach et Sarreguemines.

Un détachement de la 4ᵉ compagnie principale du 2ᵉ régiment du train d'artillerie, attelant treize caissons à deux roues, est arrivé le 20 juillet à Bening, avec la 8ᵉ batterie du 15ᵉ régiment, venant aussi du camp de Châlons, et a suivi la division, le 31, à Bousbach.

Le complément de cette réserve divisionnaire est arrivé à Forbach le 31 juillet, venant de Lunéville.

GÉNIE (DIVISION DE LAVEAUCOUPET).
Journal de marche.

La compagnie divisionnaire du génie (13ᵉ compagnie du 3ᵉ régiment) est arrivée du camp de Châlons à Saint-Avold le 18 juillet, avec cent hommes et ses voitures de section.

Le 19, elle est allée avec sa division à Sarreguemines, et s'est établie, le 24, à Bening.

Le 31 juillet, elle se rend à Forbach (1).

Rapport journalier du 31 juillet au 1ᵉʳ août.

L'état-major du génie s'est transporté, le 31 juillet, de Saint-Avold à Forbach.

La compagnie de réserve et le parc du génie sont campés à Morsbach.

ARTILLERIE DU 2ᵉ CORPS.
Journal de marche.

Etat-major de l'artillerie. — L'état-major de l'artillerie du 2ᵉ corps se compose de :

---

(1) Elle bivouaque le 31 au soir à Œting.

MM. Gagneur, général de brigade, commandant l'artillerie ;
de Franchessin, lieutenant-colonel, chef d'état-major ;
d'Aumale, capitaine en 1er, aide de camp ;
Aron, capitaine en 2e, détaché du 16e régiment (pontonniers), adjoint ;
Gravelle, capitaine en 2e, détaché du 1er régiment, adjoint.

Le général et son état-major sont arrivés à Saint-Avold le 20 juillet, venant du camp de Châlons. Ils y sont restés jusqu'au 31 juillet, date à laquelle le quartier général de l'artillerie a été transporté de Saint-Avold à Forbach.

Réserve. — Le colonel Beaudoin, commandant la réserve d'artillerie, est arrivé à Saint-Avold le 23 juillet, venant de Douai. Le 31 juillet, il a suivi, de Saint-Avold à Morsbach, les deux premières divisions de sa réserve.

1re *division de la réserve.* — Cette division, sous les ordres du commandant de Germay, se compose de la 6e batterie du 15e régiment (capitaine Callemard de Genestoux) et de la 10e batterie du même régiment (capitaine Petelle). Cette division attelle du 4 de campagne. Elle est arrivée le 18 juillet à Sarreguemines, venant de Douai par les voies rapides. Le commandant de Germay est arrivé le même jour, venant du camp de Châlons.

Le 24 juillet, la division a été dirigée, par la voie de terre, de Sarreguemines sur Saint-Avold.

Le 31 juillet, la division a été dirigée de Saint-Avold sur Morsbach, petit village situé à 2 kilomètres en deçà de Forbach.

2e *division de la réserve.* — Cette division, commandée par le commandant Rebillot, se compose de la 10e batterie du 5e régiment (capitaine Carbonnel) et de la 11e batterie du même régiment (capitaine Humann).

Cette division attelle du 12 rayé de campagne. Elle est arrivée à Sarreguemines le 18 juillet, venant de Strasbourg, et chaque batterie n'ayant que 4 pièces et 4 caissons.

Le 24 juillet, la division a été dirigée, par la voie de terre, de Sarreguemines sur Saint-Avold, où elle a reçu de Strasbourg les deux sections et les réserves qui lui manquaient.

Le 31 juillet, la division complète est allée camper à Morsbach, avec la 1re division de réserve.

3e *division de réserve.* — Cette division, sous les ordres du commandant Gougis, se compose de la 7e batterie du 17e régiment d'artillerie à cheval (capitaine Saget) et de la 8e batterie du même régiment (capitaine d'Esclaibes). Elle attelle du 4 rayé de campagne et est arrivée du camp de Châlons à Saint-Avold le 20 juillet. Le même jour, elle a été dirigée sur Bening, avec la division de cavalerie.

Parc du corps d'armée. — Aucun renseignement précis n'est encore parvenu sur les mouvements du parc du corps d'armée.

GÉNIE DU 2ᵉ CORPS.
Journal de marche.

Etat-major. — L'état-major s'est constitué, le 21 juillet, à Saint-Avold, et y est resté jusqu'au 31 juillet, où il se transporte à Forbach.

Réserve (2ᵉ compagnie du 3ᵉ régiment). — Arrivée d'Arras à Saint-Avold, par les voies ferrées, le 24 juillet, avec un effectif de 100 hommes et ses deux voitures de section, reste à Saint-Avold jusqu'au 31 juillet, où elle se rend à Morsbach.

Parc (détachement du 1ᵉʳ régiment). — Arrivé en deux détachements à Saint-Avold, le parc du génie du 2ᵉ corps se trouve complet dans cette ville le 26 juillet. Il y reste jusqu'au 31 juillet, où il se transporte à Morsbach, avec la réserve.

b) Organisation et administration.

Le Commandant de la place d'Auxonne au Commandant militaire, à Saint-Avold (D. T.).

Auxonne, 31 juillet, 4 h. 40 soir (n° 247), expédiée à 7 h. 30 soir.

D'après les ordres du général en chef à Lyon, un détachement de 100 chasseurs à pied du 12ᵉ bataillon part ce soir, par voies ferrées, pour Saint-Avold, à 7 h. 30.

Le Major général au général Frossard.

Metz, 31 juillet, 9 heures du matin (par la poste).

Vous n'avez pas, sans doute, pu faire venir encore votre équipage de pont; mais celui du 3ᵉ corps vous est expédié jusqu'à Forbach, par voie ferrée (1). Il doit être attelé provisoirement par une partie des chevaux de la réserve d'artillerie du 3ᵉ corps.

Si cette réserve se trouvait campée trop loin, employez, pour cet attelage, les chevaux de votre réserve ou autres attelages que vous aurez sous la main.

---

(1) Pour l'opération sur Sarrebrück.

Le Ministre de la guerre au général Frossard (D. T.).

Paris, 31 juillet, 12 h. 47 soir.

Je donne l'ordre au général commandant la 6ᵉ division militaire (1) de vous envoyer votre équipage de pont, matériel et personnel (2).

La 3ᵉ compagnie du train d'artillerie (3) a dû recevoir hier les hommes et les chevaux qui lui manquaient.

Le général Frossard aux trois divisions d'infanterie, à génie, train, artillerie, intendance.

1 juillet.

L'Empereur a décidé que les shakos seraient versés en magasin et remplacés par des bonnets de police à visière (képis).

Le Ministre de la guerre va les envoyer aux magasins centraux de Metz et de Strasbourg, et on les distribuera au fur et à mesure aux corps de troupe.

Veuillez donner les ordres les plus formels pour que les corps conservent leurs shakos en attendant que les képis leur soient remis.

Le Major général au général Frossard, à Forbach.

Metz, 31 juillet.

J'ai l'honneur d'adresser à Votre Excellence un exemplaire de la carte du département de la Moselle à 1/80,000.

Je prie Votre Excellence de vouloir bien m'accuser réception de cet exemplaire. Dans le cas où il vous paraîtrait insuffisant, vous voudriez bien me le faire savoir, et je vous en adresserais de nouveaux exemplaires, au fur et à mesure du tirage.

---

(1) A Strasbourg.

(2) Personnel : 2ᵉ compagnie du 16ᵉ régiment d'artillerie-pontonniers.

Matériel : Equipage de ponts à Strasbourg.

Cet équipage partira de Strasbourg le 3 août et sera à Saint-Avold le 4.

(3) Du 2ᵉ régiment du train d'artillerie, affectée au parc du 2ᵉ corps. Ce parc est attelé par les compagnies ci-après :

2ᵉ *régiment du train d'artillerie* : 4ᵉ compagnie (P.) ; 4ᵉ compagnie (B.) ; 9ᵉ compagnie (P.) ; 9ᵉ compagnie (B.) ; 3ᵉ compagnie (P.).

c) **Opérations et mouvements**

Le général Frossard au général Vergé.

Forbach, 31 juillet (n° 285).

Demain, 1ᵉʳ août, vous quitterez, entre 5 et 6 heures du matin au plus tard, les positions que vous occupez près de Bening (1).

Vous vous mettrez en mouvement avec toute votre division et les deux escadrons de dragons mis à votre disposition (2), pour venir vous établir à Forbach, dans un campement que j'ai fait reconnaître.

Vous voudrez bien envoyer à l'avance un officier d'état-major qui prendra connaissance de l'emplacement que vous devez occuper.

Le même au même.

31 juillet (n° 49 *bis*).

Comme les troupes du maréchal Bazaine viennent vous remplacer à Saint-Avold, vous devez hâter, plutôt que retarder, la mise en marche de votre division. Il faut donc que tout soit en mouvement à 9 heures au plus tard.

Si vous ne l'avez fait, envoyez le plus tôt possible un chef d'escadron d'état-major au chef d'état-major de la 3ᵉ division, que vous remplacez, pour recevoir de lui les indications nécessaires sur les campements qu'occupait cette division, sur les directions qu'elle donnait aux reconnaissances et sur les divers points à éclairer.

Cet officier doit arriver, pour cela, avant le départ de la 3ᵉ division, qui se met en marche en même temps que vous. Il vous attendra à l'arrivée de votre colonne, près de Morsbach.

P.-S. — Votre officier passera chez moi, pour que je lui remette deux lettres.

Le général de Laveaucoupet au général Frossard.

31 juillet.

En exécution des ordres contenus dans votre dépêche du 31 juillet courant, n° 279, ma division a quitté ses cantonnements de Bening, Merlebach, Cocheren, Rosbrück et Morsbach, ce matin, après la soupe.

A 10 h. 1/2, la brigade Doëns se mettait en mouvement, suivie de l'artillerie, du 24ᵉ de ligne et du convoi.

---

(1) Il semble qu'il y ait là une erreur. C'était la division de Laveaucoupet qui était à Bening. La division Vergé était à Saint-Avold.

(2) Du 7ᵉ dragons (2ᵉ brigade de la division de cavalerie du 2ᵉ corps).

Le 40° et la cavalerie formaient l'arrière-garde (1). A 4 heures du soir, l'arrière-garde était établie sous la tente.

Dans la matinée, mon chef d'état-major avait reconnu les débouchés qui conduisent de mes cantonnements à la position d'Œting. Le résultat de cette reconnaissance m'a conduit à faire passer toute ma division par Forbach, pour éviter de très mauvais chemins qui, au premier jour de marche, avec une organisation encore incomplète, auraient pu amener de la confusion.

En raison du manque d'eau, je n'ai pu établir à Œting que mon quartier général, le génie, les services administratifs, la cavalerie, la brigade Micheler.

J'ai dû porter l'artillerie à Bousbach, sous la protection de la brigade Doëns et, pour me relier avec Bousbach, le 2° de ligne a été établi sur les hauteurs de Behren.

Dès ce matin, mon chef d'état-major s'est mis en relations avec le général Bastoul, à Spicheren, et a reconnu la route qui relie ce point à mes cantonnements.

Je ferai diriger, demain, des reconnaissances vers Grosbliederstroff et Spicheren.

d) Situations et emplacements.

Situation sommaire de l'effectif du 2° corps au 31 juillet.

CORPS.	OFFICIERS.	TROUPE.	TOTAUX.	CHEVAUX.
État-major général............	12	»	12	38
Division Vergé................	292	7,660	7,952	590
Division Bataille..............	309	7,225	7,534	585
Division de Laveaucoupet......	299	7,353	7,652	594
Division de cavalerie (de Valabrègue)......................	165	2,256	2,421	2,148
Réserve d'artillerie............	27	721	748	744
Génie.........................	4	146	150	78
Totaux........	1,108	25,361	26,469	4,774

---

(1) Un régiment d'infanterie à l'arrière-garde semble exagéré, étant donné surtout que les derrières de la colonne étaient absolument sûrs, la division Vergé occupant Saint-Avold. La place de la cavalerie eût été plus naturellement à l'avant-garde.

Emplacement des troupes au 31 juillet.

Quartier général............	Forbach.
1re division	Morsbach (avec la réserve d'artillerie, la réserve du génie et le train des équipages).
2e division................	Forbach.
3e division................	Œting (1).
Cavalerie	Merlebach (2).

Journée du 31 juillet.

3e CORPS D'ARMÉE.

a) **Journaux de marche**.

Journal de marche du 3e corps d'armée.

Le quartier général du 3e corps d'armée fut transporté, le 31 juillet, à Saint-Avold. A cette date, les différents corps de troupe constituant le 3e corps l'avaient rallié et occupaient les positions suivantes le long de la frontière :

La 1re division d'infanterie était à Haut-Hombourg, à 7 kilomètres de Saint-Avold, sur la route de Forbach ;

La 2e division occupait Saint-Avold ;

La 4e division était à Boucheporn, à 13 kilomètres sur la route de Saint-Avold à Boulay ; enfin, la 3e division était établie à Ham-sous-Varsberg, sur la Bisten, à 10 kilomètres de Saint-Avold.

La cavalerie, les réserves de l'artillerie, du génie et de l'administration étaient réunies autour de Saint-Avold.

On voit que le corps entier, qui atteignait à cette époque un effectif de 40,000 hommes environ, était concentré dans la main de son chef, et formait un demi-cercle d'une étendue de 25 kilomètres, dessiné par les hauteurs qui entourent le bourg important de Saint-Avold. La droite de la ligne se reliait à la gauche du 2e corps (général Frossard),

---

(1) Voir page 159.
(2) Le parc d'artillerie s'organise à Lunéville.

dont le quartier général occupait Forbach, et sa gauche se reliait à la droite du 4ᵉ corps (général de Ladmirault), dont le quartier général était à Boulay (1).

Journal de marche du quartier général.

31 juillet.

31 *juillet* : « Le quartier général est transporté à Saint-Avold ;
La 1ʳᵉ division se porte de Boucheporn à Haut-Hombourg ;
La 2ᵉ division se porte de Teterchen à Saint-Avold ;
La 3ᵉ division se porte de Volmunster à Ham-sous-Varsberg ;
La 4ᵉ division se porte de Boulay à Boucheporn ;
La cavalerie se porte de Boulay à Saint-Avold ;
La réserve d'artillerie se porte de Volmerange à Saint-Avold ;
La réserve du génie se porte de Boulay à Saint-Avold ;
La division de Forton, mise sous le commandement du Maréchal commandant le 3ᵉ corps, se porte de Pont-à-Mousson à Faulquemont (2). »

DIVISION MONTAUDON.

Journal de marche.

La division part à 9 heures du matin, dans l'ordre suivant :

La cavalerie ;
1 bataillon du 62ᵉ de ligne ;
La compagnie du génie ;
2 bataillons du 62ᵉ de ligne ;
L'artillerie ;
La 2ᵉ brigade ;
Le convoi ;
1 bataillon d'arrière-garde.

Le bataillon de chasseurs, qui a à recevoir de Boulay 400 hommes de réserve rappelés, et le 51ᵉ, qui en reçoit 300, restent à Boucheporn et ne partent qu'à 2 heures.

La route, assez accidentée, et la colonne du 2ᵉ corps, qui n'évacue Saint-Avold que très tard, retardent la marche de la division, qui n'arrive à Hombourg qu'à midi, la seconde colonne à 6 heures, avec une pluie battante.

---

(1) Le parc de l'artillerie s'organise à Metz. L'équipage de ponts du corps d'armée a été transporté dans la journée à Forbach.
(2) La division de Forton resta à Pont-à-Mousson jusqu'au 5 août.

168 LA GUERRE DE 1870-1871.

Les troupes sont campées sur un terrain extrêmement accidenté, autour de Hombourg : la 1re brigade à gauche, la 2e à droite, en face de Hombourg-le-Haut (1).

DIVISION DE CASTAGNY.
Journal de marche.

La division de Castagny entière quitte Teterchen et les villages environnants et va camper à Saint-Avold. Distance, 20 kilomètres. Départ à 8 h. 1/2 ; arrivée à 4 heures.

Pendant les journées des 27, 28, 29, 30 et 31 juillet, les hommes de la réserve rejoignent leurs régiments.

DIVISION METMAN.
Journal de marche.

Le dimanche 31 juillet, la division Metman (3e du 3e corps) quitte les emplacements qu'elle occupait pour se rendre à Ham-sous-Varsberg.

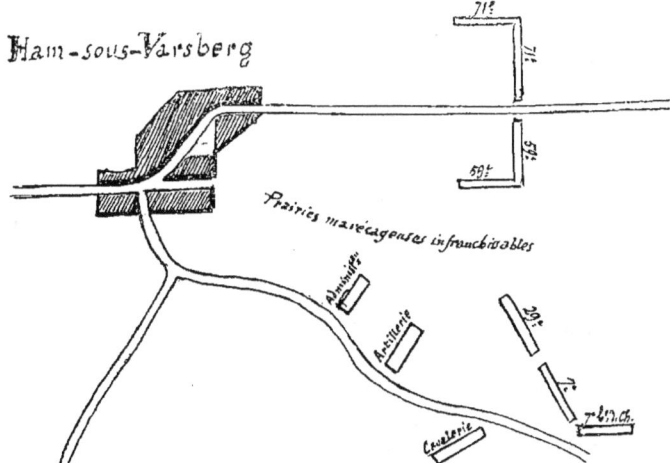

Beaucoup d'autres troupes font aussi ce mouvement, et une partie des routes que doit suivre la division est occupée, pendant la matinée,

---

(1) « Je dois occuper les hauteurs escarpées et pittoresques du Haut-« Hombourg..... le bivouac est établi sur des escarpements où mes

par les troupes d'autres divisions du même corps. La 1ʳᵉ brigade et le 59ᵉ de ligne quittent leur campement à 9 heures du matin. La marche a lieu la gauche en tête. Le général Arnaudeau et les troupes de Bouzonville (1) viennent rejoindre la colonne à Teterchen et y prennent leur place. L'arrivée à Ham a lieu à 3 heures de l'après-midi.

Distance parcourue : 14 kilomètres.

1ʳᵉ BRIGADE (de Potier).
Journal de marche.

Le 31 juillet, les trois corps de la brigade (7ᵉ bataillon de chasseurs, 7ᵉ et 29ᵉ de ligne) quittent leurs cantonnements et arrivent à Ham-sous-Varsberg. En cet endroit, le 7ᵉ bataillon de chasseurs à pied reçoit deux détachements qui portent son effectif à 835 hommes.

DIVISION DECAEN.
Journal de marche.

La division entière, à l'exception d'un bataillon du 44ᵉ laissé à Boulay pour assurer le service de la place, se met en marche à 5 heures du soir, pour aller camper à Boucheporn et y remplacer la 1ʳᵉ division du 3ᵉ corps.

DIVISION DE CAVALERIE (de Clérembault).
Journal de marche.

La division de cavalerie du 3ᵉ corps a la composition suivante :

MM. le général comte de Clérembault, commandant ;
    Lignier, capitaine d'état-major, aide de camp ;
    De Mun, lieutenant au 3ᵉ chasseurs, officier d'ordonnance.

« hommes ont de la peine à s'installer et à faire la soupe. » (*Souvenirs du général Montaudon*, tome II, page 67.)

On avait une tendance, en 1870, à rechercher, pour les camps, des hauteurs dominantes ; telle était la situation, également, de la division de Laveaucoupet, du 2ᵉ corps, le 31 juillet. Une partie de ses bivouacs étaient près d'Œting, au signal du Kelsberg. Cela tient à ce que l'on campait généralement là où on voulait livrer combat, et, dans ce but, on s'efforçait d'occuper des positions élevées.

(1) 2ᵉ brigade (59ᵉ et 71ᵉ de ligne).

État-Major.

MM. De Jouffroy d'Abbans, lieutenant-colonel, chef d'état-major ;
Scellier de Lample, chef d'escadrons ;
Dutheil de la Rochère, capitaine ;
Vincent, capitaine.

Intendance.

Létang, sous-intendant militaire.

Ambulance.

Baudouin, médecin-major de 1re classe.

Force publique.

Duphil, capitaine de gendarmerie.

Trésor et postes.

Lelut, payeur adjoint.

1re BRIGADE.

MM. De Bruchard, général de brigade ;
Allart, capitaine d'état-major, aide de camp ;
2e Régiment de chasseurs, colonel Pelletier ;
3e — — colonel Sanson de Sansal ;
10e — — colonel Nérins.

2e BRIGADE.

MM. De Maubranche, général de brigade ;
De France, capitaine d'état-major, aide de camp ;
2e Dragons, colonel du Paty de Clam ;
4e — colonel Cornat.

3e BRIGADE.

MM. De Juniac, général de brigade ;
De Masin, capitaine d'état-major, aide de camp ;
5e Dragons, colonel Euchêne ;
8e — colonel de Fouscolombe.

Départ de Boulay à 1 heure de l'après-midi, pour Saint-Avold, du général de division avec son état-major, des quatre régiments de dragons sous les ordres de leurs généraux de brigade, du détachement de la gendarmerie, du personnel et du matériel du service de la trésorerie et des postes. Arrivée au bivouac de Saint-Avold à 4 heures du soir.

RÉSERVE D'ARTILLERIE.
Journal de marche.

Départ de Volmérange à midi et demi. Arrivée à 6 h. 3/4 au camp, à 3 kilomètres en deçà de Saint-Avold. Route longue et pénible. Les canonniers, arrivés tard, n'ont pu manger la soupe que très tard. La réserve d'artillerie campe près de la division de cavalerie du 3ᵉ corps.

b) Organisation et administration.

Le Major général au maréchal Bazaine (D. T.).

Metz, 31 juillet, 1 h. 55 (n° 244), expédiée à 2 h. 15 soir.

Les 2ᵉ et 5ᵉ corps ont des cacolets.
Le 3ᵉ corps en recevra demain soir.

Le Major général au maréchal Bazaine, à Saint-Avold.

Metz, 31 juillet (n° 165).

« Les hommes de troupe, dans les corps d'infanterie, doivent être constamment munis de deux rondelles et trois aiguilles de rechange.

« Je vous prie de vouloir bien rappeler cette disposition à MM. les chefs de corps sous vos ordres, en leur prescrivant de tenir la main à sa stricte exécution. »

c) Opérations et mouvements.

Le maréchal Bazaine au général Montaudon.

Boulay, 31 juillet, 1 heure du matin.

Vous commencerez votre mouvement à 9 heures du matin, après que les hommes auront mangé la soupe.

Vous aurez ainsi la route dégagée devant vous (1).

Le maréchal Bazaine au général Montaudon, à Haut-Hombourg.

Saint-Avold, 31 juillet, 1 heure du matin.

Que votre division soit toujours prête à marcher, et que personne

---

(1) La division Montaudon se rendait à Haut-Hombourg. Elle devait primitivement partir à 5 heures du matin, mais le général Frossard avait fait connaître que la division Vergé, qui occupait Saint-Arnold, ne pouvait évacuer cette localité avant 9 heures du matin.

ne se donne la peine de faire des « gourbis » (1) ou autres installations de cette nature.

Vous recevrez peut-être, dans la nuit, l'ordre d'aller avec votre division vous installer en avant de la gare de Bening, entre Cocheren et Rosbrück. Si toute votre division n'y va pas, j'y enverrai au moins une brigade, avec un escadron de cavalerie et deux sections d'artillerie.

Le maréchal Bazaine au général de Rochebouet, commandant l'artillerie du 3ᵉ corps.

Boulay, 31 juillet, 1 heure du matin.

Le 2ᵉ corps ne devant commencer son mouvement qu'à 9 heures du matin, vous ne devrez commencer le vôtre qu'à 1 heure de l'après-midi.

Le maréchal Bazaine à Sa Majesté l'Empereur, à Metz (D. T. Ch.).

Saint-Avold, 31 juillet, 4 h. 48 soir, expédiée à 4 h. 52 soir.

Je rentre à l'instant de Forbach, où la conférence a eu lieu au quartier du général Frossard. Le général de Coffinières (sic) rentre à Metz immédiatement pour rendre compte du résultat qui, d'après un accord unanime, doit se borner à l'occupation de la rive gauche.

Le Major général au maréchal Bazaine, à Saint-Avold (D. T.).

Metz, 31 juillet, 10 h. 6 soir (n° 250), expédiée à 10 h. 30 soir.

L'Empereur approuve l'opération telle que vous l'avez réglée dans votre conférence d'aujourd'hui avec les généraux commandant les 2ᵉ et 5ᵉ corps et l'artillerie et le génie (2).

---

(1) Huttes de branchages.
(2) Le *Mémoire et rapport sur les opérations de l'armée du Rhin et la capitulation de Metz*, écrit par le maréchal Bazaine pendant sa captivité en Prusse, contient, au sujet de cette conférence, les lignes suivantes :
« Par ordre de l'Empereur, une conférence eut lieu le 31 juillet, à Forbach, entre :
MM. le général de Failly, commandant le 5ᵉ corps ;
— Frossard, commandant le 2ᵉ corps ;
— Soleille, commandant l'artillerie de l'armée ;
— Coffinières, commandant le génie de l'armée,
pour arrêter les détails de cette opération, qui aurait dû être entreprise,

DIVISION DECAEN.

Ordre de mouvement (*n°* 51).

Boulay, 31 juillet.

La soupe sera mangée aujourd'hui à 4 heures du soir. Immédiatement après, les tentes seront abattues et les sacs chargés, ainsi que les équipages.

Tous les corps de la division se tiendront prêts à marcher. L'heure précise à laquelle chacun d'eux devra se mettre en mouvement leur sera envoyée et le mouvement s'exécutera conformément aux ordres donnés hier.

Comme il est probable que les troupes de la division arriveront tard et peut-être à la nuit à leur campement sous Boucheporn, le général de division prescrit aux généraux de brigade et aux autres corps d'envoyer à 3 heures, au campement d'artillerie de la division, sur la route de Saint-Avold, en avant de Boulay, un officier de leur état-major, un adjudant-major par corps, un officier d'artillerie et un de cavalerie, qui partiront en avant avec M. le capitaine Bertrand, de l'état-major

mais à titre de coup de main seulement, dès la déclaration de la guerre.

« Je n'étais pas d'avis que l'on entreprît cette opération sur une grande échelle, puisque nous n'étions pas complètement organisés pour en poursuivre les résultats favorables, et que c'était provoquer l'ennemi, qui se concentrait depuis une dizaine de jours, à prendre l'offensive sur nos corps disséminés. C'était sans doute un résultat que d'inutiliser les voies ferrées de Mayence, de Trèves et de Mannheim vers leur point de jonction, mais pas assez important pour compromettre, en s'engageant intempestivement, les débuts de la campagne.

« J'émis l'avis qu'il serait préférable de faire une opération sérieuse sur Deux-Ponts ou sur Trèves, après avoir enlevé Sarrelouis, afin de porter la guerre chez l'ennemi.

« Il me fut répondu que ce serait faire la guerre comme du temps de Turenne, que les places se masquaient et tombaient par suite des traités.

« On tomba d'accord pour que l'opération projetée se bornât à occuper les positions de la rive gauche de la Sarre, dominant la gare, qui serait battue par le canon.

« L'Empereur donna son consentement..... » (*Procès Bazaine*, compte rendu officiel, page 136 et suivantes).

de la division, pour aller reconnaître l'emplacement du campement et l'indiquer aux troupes, au fur et à mesure de leur arrivée.

Le village de Boucheporn n'offrant pas de ressources, le général prévient qu'on en trouvera à Porcelette et à Longeville-les-Saint-Avold, villages peu éloignés.

Du lieutenant-colonel Maucouraut, commandant l'artillerie de la 4ᵉ division. — Note.

31 juillet.

Pour l'exécution de l'ordre ci-joint (1), le lieutenant-colonel commandant les batteries de la 4ᵉ division recommande :

1° De placer les trois obus qui seront armés de fusées percutantes dans les trois cases voisines des boîtes à mitraille ;

2° De s'assurer, avant de placer les fusées, que les rondelles de tôle sont solidement maintenues ;

3° Dans le placement de ces fusées, qui sont de 22 milimètres, et un peu faibles, de prendre la précaution de les visser doucement et de ne pas forcer lorsqu'elles sont à fond. Un effort pourrait produire une fissure et causer des éclatements prématurés au moment du tir.

Il recommande, en outre, de se conformer aux prescriptions de l'aide-mémoire de campagne et de remettre des étoupes, avant le départ, pour assurer la bonne conservation des charges pendant la marche. Cette opération devra se faire chaque jour de marche, jusqu'au moment où le tassement ne s'opérera plus. Même recommandation pour les coffres de cartouches d'infanterie.

Faire immédiatement ces opérations et, pour éviter les erreurs, coller un morceau de papier au culot des obus armés de fusées percutantes.

Ordre de mouvement pour l'artillerie et le Trésor.

Boulay, 31 juillet.

Le mouvement de la division commencera à 5 heures moins le quart. M. le commandant de l'artillerie réglera la marche de ses batteries et leur fera prendre, dans la colonne, le rang qui a été indiqué.

---

(1) Il s'agit de l'ordre du 30 juillet, du général commandant l'artillerie du 3ᵉ corps, prescrivant de faire préparer à l'avance, dans toutes les batteries du corps d'armée, trois projectiles par pièce, armés de fusées percutantes, pour le réglage du tir.

d) Situation et emplacement.

Situation sommaire de l'effectif au 31 juillet.

CORPS.	OFFI-CIERS.	TROUPE.	TOTAUX.	CHEVAUX.
État-major général...............	49	183	232	115
Division Montaudon...............	321	7,672	7,993	517
Division Castagny................	307	7,641	7,948	640
Division Metman..................	300	7,453	7,753	636
Division Decaen..................	301	9,054	9,355	626
Division de cavalerie (de Clérembault).........................	299	3,996	4,295	3,993
Réserve d'artillerie..............	32	1,317	1,349	1,286
Réserve du génie.................	8	220	228	100
TOTAUX.	1,617	37,536	39,153	7,913

Le maréchal Bazaine au Major général, à Metz.

Saint-Avold, 31 juillet, 6 h. 20 soir (n° 2605), expédiée à 7 h. 40 soir.

Quartier général à Saint-Avold.
Effectifs : officiers, 1554 ; troupe, 37,151 ; chevaux, 7,887.

Emplacement des troupes au 31 juillet.

Quartier général...................	à Saint-Avold.
Division Montaudon.................	à Haut-Hombourg.
Division de Castagny...............	à Saint-Avold.
Division Metman....................	à Ham-sous-Varsberg.
Division Decaen....................	à Boucheporn.
Division de cavalerie (de Clérembault).	à Saint-Avold.
Réserve d'artillerie et génie........	à Saint-Avold (1).

---

(1) Parc d'artillerie en formation à Metz. Equipage de pont transporté, par voie ferrée, à Forbach.
Le parc est attelé par les compagnies ci-après :
1er *régiment du train des équipages* : 1re compagnie (P.) ; 1re compagnie (B.) ; 7e compagnie (P.) ; 7e compagnie (B.) ; 6e compagnie (P.) 13e compagnie (P.).

Journée du 31 juillet.

4ᵉ CORPS.

a) Journaux de marche.
Journal de marche du 4ᵉ corps d'armée.

Le quartier général du corps d'armée se transporte de Thiouville à Boulay. Une partie fait la route en un jour; l'autre partie campe à Eberswiller. Violent orage qui surprend le convoi près d'Eberswiller.

1ʳᵉ *Division*. — 1ʳᵉ brigade part de Sierck pour aller coucher à Laumesfeld et Waldweistroff.

Quartier général vers Lacroix (1).

Deux bataillons du 57ᵉ à Colmen, et le 3ᵉ bataillon du même régiment à Bizing (2).

Le 73ᵉ de ligne, à Halstroff (2).

La marche de cette division est très pénible, par suite du violent orage qui éclate pendant le mouvement. Un détachement de 200 hommes, venu du dépôt du 57ᵉ, part à 4 heures de l'après-midi avec la colonne du général Pradier, pour Kédange (3).

2ᵉ *Division*. — Le quartier général de cette division arrive vers midi à Bouzonville, avec la 1ʳᵉ brigade et l'artillerie (4). On occupe pour la nuit Filstroff, avec un bataillon du 43ᵉ de ligne qui doit être relevé par un du 57ᵉ.

La 2ᵉ brigade (général Pradier) campe à Kédange. Un bataillon du 98ᵉ a été laissé à Thionville. Un détachement de 155 hommes du 64ᵉ rejoint son corps. Un autre détachement de 304 hommes du même régiment arrive à Thionville à 4 heures de l'après-midi.

3ᵉ *Division*. — Le général de Lorencez campe à Coume (5), avec la

---

(1) A Waldweistroff, d'après le Journal de marche de la 1ʳᵉ division.

(2) Constituant la 2ᵉ brigade de la division.

(3) L'artillerie, la compagnie du génie, l'ambulance de la division sont entre Hargarten et Waldweistroff.

(4) Ainsi que la compagnie du génie.

(5) Où sont deux batteries de l'artillerie de la division et la compagnie du génie.

brigade Pajol, observant les routes qui sont devant lui; la brigade Berger est en position à Teterchen (1).

Le détachement de 400 hommes venu du dépôt du 33ᵉ de ligne, part de Thionville pour rejoindre son corps à Coume. Arrivée à 4 heures de l'après-midi, à Thionville, de 602 hommes du dépôt du 65ᵉ de ligne (sans tentes-abri).

DIVISION DE CISSEY.
Journal de marche.

La division reçoit l'ordre de quitter ses positions de Sierck le jour même, et d'appuyer vers la droite, en se dirigeant sur Bouzonville.

Conformément à cet ordre, elle se met en route de 3 à 5 heures. Le 57ᵉ va camper à Halstroff et Colmen (2); le reste de la division, se dirigeant par Montenach et Laumesfeld, va bivouaquer à Hargarten et Waldweistroff (3). Le quartier général est installé dans ce dernier village.

Souvenirs inédits du général de Cissey.

31 juillet.

« Messe militaire à 8 heures du matin; courte mais chaude et patriotique allocution du curé. En sortant, nous recevons un ordre de mou-

---

(1) Avec une batterie.

(2) D'après les historiques des corps, le 57ᵉ campe à Colmen (deux bataillons) et Bizing (un bataillon); le 73ᵉ, à Halstroff.

(3) D'après l'historique du 6ᵉ de ligne, il campa, le soir du 31, à Laumesfeld, à 2 kilomètres environ à l'ouest de Hargarten. D'après l'historique du 1ᵉʳ de ligne, il campe à Lacroix (deux bataillons) et à Waldweistroff (un bataillon).

En somme, les emplacements de la division de Cissey sont, le 31 au soir, les suivants :

Quartier général, à Waldweistroff.

1ʳᵉ brigade : 20ᵉ bataillon de chasseurs, à Waldweistroff; 1ᵉʳ de ligne, deux bataillons à Lacroix, un bataillon à Waldweistroff; 6ᵉ de ligne, à Laumesfeld.

2ᵉ brigade : 57ᵉ de ligne, deux bataillons à Colmen, un bataillon à Bizing; 73ᵉ de ligne, à Halstroff.

Artillerie, entre Hargarten et Waldweistroff.

Compagnie du génie, entre Hargarten et Waldweistroff.

Ambulance, entre Hargarten et Waldweistroff.

2ᵉ hussards à Walweistroff.

vement pour appuyer à droite, dans la direction de Bouzonville ; mais l'ordre, qui aurait dû nous parvenir la veille au soir ou au plus tard dans la nuit, ne nous parvient que fort tard dans la matinée, ce qui prouve la nécessité de ne pas employer de simples dragons pour la transmission des dépêches importantes.

« J'envoie l'ordre au 57ᵉ d'aller camper à Halstroff et Colmen (1). Le chef d'état-major, accompagné du capitaine Garcin, précède les troupes qui se dirigent par Montenach et Laumesfeld, sur Lacroix, Hargarten et Waldweistroff. Nous recevons en route un orage épouvantable, pas de bivouac possible à Lacroix, où il n'y a qu'une auberge sans eau et des terres défoncées par un récent labour et détrempées par la pluie.

« Je répartis les troupes entre Hargarten et Waldweistroff, où j'établis mon quartier général chez le curé.

« Tous les ecclésiastiques de cette frontière nous ont offert la plus large hospitalité ; animés d'un véritable patriotisme, ils ont suppléé à l'insuffisance et souvent au mauvais vouloir des autorités administratives, et nous ont procuré les rares émissaires que nous ayons pu employer. »

DIVISION GRENIER.
Journal de marche.

La 1ʳᵉ brigade quitte ses positions à 11 heures du matin et va camper tout entière à Bouzonville, une partie dans la vallée de la Nied, près la ville, une partie (trois bataillons : 5ᵉ chasseurs et deux bataillons du 13ᵉ) sur la route de Sarrelouis, par laquelle se sont montrés, dans la matinée, quelques dragons prussiens en patrouille. Le soir, après la soupe, un bataillon du 43ᵉ est envoyé à Filstroff, et le bataillon du 64ᵉ qui était à Kœnigsmacker, vient s'établir à Kédange (2).

DIVISION DE LORENCEZ.
Journal de marche.

Dimanche (Coume).

Par suite d'ordres émanant de l'Empereur et transmis à 10 heures du soir, le 30 juillet, à M. le général de Lorencez, toutes les troupes de la division quittent Colmen, le 31, à 10 heures du matin.

---

(1) D'après les historiques des corps, le 57ᵉ campe à Colmen (deux bataillons) et Bizing (un bataillon) ; le 73ᵉ, à Halstroff.

(2) C'est à Kédange que se trouve le gros de la 2ᵉ brigade (64ᵉ et 98ᵉ). L'artillerie de la division est à Bouzonville, ainsi que la compagnie du génie.

La 1re brigade marche en tête, précédée par le 7e hussards. Elle se grossit en route : 1° du 2e bataillon de chasseurs bivouaqué à Filstroff ; 2° du bataillon du 15e de ligne venu de Lacroix à Bouzonville pour rejoindre son régiment.

La division traverse Filstroff, Bouzonville, Brettnach et Teterchen. La 2e brigade reste à Teterchen, avec la 10e batterie d'artillerie ; la 1re continue sa route, atteint Coume vers 4 heures et établit son bivouac à 500 mètres de ce village, perpendiculairement à la route de Coume à Guerting. La compagnie du génie, les 8e et 9e batteries d'artillerie campent avec la 1re brigade (1). Le quartier divisionnaire est à Coume.

DIVISION DE CAVALERIE (Legrand).
Journal de marche.

La brigade de dragons (3e et 11e régiments), les 5e escadrons des 2e et 7e hussards, à l'exception d'un peloton de ce dernier régiment, mis à la disposition de la 2e division d'infanterie, ont quitté Thionville et sont allés camper à Hombourg (14 kilomètres) (2).

RÉSERVE D'ARTILLERIE.
Journal de campagne du lieutenant Palle.

31 juillet (Dimanche).

Séjour à Thionville (3). Nous achevons de toucher le campement.

Nous voyons arriver le bataillon de chasseurs à pied de la Garde, qui vient de Metz par chemin de fer. On ne peut toucher de voitures pour les bagages du commandant (chef d'escadron Heurtevent, commandant supérieur des 6e et 9e batteries du 8e), malgré toutes nos recherches.

Nous avions reçu l'ordre de prendre pour six jours de fourrage et de transporter ce fourrage sur des voitures de réquisition. On ne peut obtenir ces voitures. On est renvoyé de l'intendance à la municipalité et *vice versa*, depuis le matin jusqu'à 2 heures de l'après-midi. Il y a une grande confusion dans la répartition de ces voitures de réquisition

---

(1) Le 7e hussards est avec la 1re brigade.

(2) Les 2e et 7e hussards, moins un escadron de chaque régiment, étaient attachés, le premier, à la division de Cissey ; le second, à la division de Lorencez.

(3) Sur les six batteries que comprenait la réserve d'artillerie du 4e corps, quatre étaient parties de Thionville le 30 juillet, à 4 heures du soir, et deux étaient restées dans cette localité.

entre les parcs et les corps. Enfin, sur les 2 heures, le lieutenant Palle finit par obtenir de l'Intendant du corps qu'un sous-intendant se rende immédiatement avec lui au train du parc auxiliaire (commune d'Yütz) et celui-ci se laisse extorquer les quatre voitures nécessaires aux 6ᵉ et 9ᵉ batteries. On fait immédiatement le fourrage. Grand orage. (La ration était : 4 kilogr. d'avoine, 9 kilogr. de foin).

Nous voyons partir, sur les 5 heures du soir, une des brigades du 4ᵉ corps, par la route de Boulay.

b) **Organisation et administration.**

Principal à gare (D. T.).

Thionville (de Charleville), 31 juillet, 11 h. 45 matin.

Recevrez, par train 43, 602 hommes du 65ᵉ de ligne et 304 hommes du 64ᵉ de ligne, prévenez autorité militaire. Arriverons à Thionville à 2 heures du soir.

Le Général commandant la 5ᵉ division militaire au général de Ladmirault, à Thionville.

Metz, 31 juillet (n° 117).

État des détachements dirigés sur le 4ᵉ corps.

13ᵉ de ligne............	200	hommes de Soissons à Thionville.
15ᵉ —	200	— de Laon à Thionville.
43ᵉ —	100	— d'Amiens à Thionville.
98ᵉ —	500	— de Lyon à Thionville.
5ᵉ bataillon de chasseurs.	100	— de Rennes à Thionville.

Le 5ᵉ bataillon de chasseurs ne figure pas au 4ᵉ corps d'armée, dans la composition qui m'a été indiquée ; je signale ce fait au Ministre de la guerre.

350 hommes du 20ᵉ bataillon de chasseurs à pied sont dirigés sur Thionville par les voies ferrées (Avis ministériel).

500 hommes du 57ᵉ de ligne partent de Verdun le 1ᵉʳ août, arrivent à Metz le 2 août, d'où, le 3, sur Boulay.

Le capitaine d'état-major Doreau au général Osmont, chef d'état-major du 4ᵉ corps.

Thionville, 31 juillet.

J'ai l'honneur de vous faire savoir que cinq détachements sont arrivés à Thionville, ou en sont partis, depuis hier soir, à destination des régiments du corps d'armée :

1° 200 hommes du 57°, arrivés samedi à 9 heures du soir, partis aujourd'hui, à 4 heures de l'après-midi, avec la colonne du général Pradier. Coucheront à Kédange, seront demain à Bouzonville, quartier général de la 1re division. Munis de tentes et de vivres de réserve ;

2° 155 hommes du 64°, partis ce matin pour Boulay, y arriveront demain ;

3° 304 hommes du 64°, arrivés aujourd'hui à 4 heures après-midi, partiront demain avec le convoi pour Boulay, y arriveront mardi ;

4° 400 hommes du 33°, arrivés hier, partis ce matin pour se rendre à Colmen, quartier général de la 3° division, y seront demain, 1er août ;

5° 602 hommes du 65° arrivés, aujourd'hui, à 4 heures après-midi, partiront demain pour Colmen, où ils arriveront mardi 2 août ; arrivés sans tentes.

Je fais également rejoindre, avec ce détachement du 65°, la section hors rang qui, avec l'officier d'armement, avait été renvoyée le 28 à Thionville. Ordre reçu hier de M. le lieutenant-colonel Saget.

La forge de campagne sera amenée ici ce soir, à 6 heures seulement, par le chemin de fer. Elle partira demain avec le détachement du 64°, le convoi partant très probablement seulement à 1 heure de l'après-midi. . . . .

Je joins à ce résumé une note envoyée par M. le général de Cissey, sans avoir répondu directement au maire de Sierck.

Le bataillon de « Chasseurs à pied de la Garde » est arrivé ce matin, avec l'ordre de demeurer à Thionville.

Le Major général au général de Ladmirault, à Boulay.

Metz, 31 juillet (n° 169).

Vous avez très bien fait, pendant que vous étiez à Thionville, de vous adresser à Lille pour en tirer le matériel de campement nécessaire à votre corps d'armée ; mais, aujourd'hui que votre quartier général est installé à Boulay, ce sera à Metz que vous devrez faire connaître vos besoins, auxquels il sera pourvu aussitôt que possible, et autant que les ressources disponibles de l'administration le permettront.

J'espère que votre ambulance et le trésor de votre corps d'armée seront prochainement en mesure de vous rejoindre à Boulay.

c) Opérations et mouvements.

Le général de Cissey au commandant de Plazanet (1), *à Thionville* (D. T.).

        Sierck, 31 juillet, 6 h. 35 matin (n° 878), expédiée à 7 heures matin.

Je n'ai pas reçu d'ordre de mouvement jusqu'à présent, 7 heures du matin. Pas de courrier hier au soir ni ce matin.

Le même au même (D. T.).

        Sierck, 31 juillet, 7 h. 20 matin (n° 881), expédiée à 7 h. 40 matin.

Ordres de mouvement, qui avaient été égarés, me parviennent à l'instant.

Le général de Cissey au général de Ladmirault, à Boulay.

        Sierck, 30 juillet.

Je n'ai reçu mon ordre de mouvement aujourd'hui qu'à près de 8 heures du matin, par suite de la négligence du cavalier, qui a omis d'en tirer un reçu et qui avait fait égarer la dépêche.

J'avais ordre de pousser le 57°, stationné à Kirschnaumen, jusqu'à Bouzonville, mais vous m'avez appris qu'une brigade de la 2° division occupe encore Bouzonville demain matin. Je me borne à envoyer deux bataillons du 57° à Colmen, et le troisième bataillon à Bizing, à cause de l'heure tardive.

J'écris au général de la 2° division occupant Bouzonville, que toute une division y arrivera demain matin « de bonne heure », et je le prie d'attendre que ses positions soient relevées pour les évacuer (2). Le 73° couche à Halstroff et j'occupe Bizing.

La 1re brigade, formant l'arrière-garde de l'évacuation de Sierck, couche ce soir entre Laumesfeld et Waldweistroff.

Moi-même, j'établis ce soir mon quartier général à Lacroix ou Waldweistroff, où je serai avec la cavalerie, le 1er de ligne et deux batteries d'artillerie, la réserve et la compagnie du génie (3).

Demain matin, je me rendrai de bonne heure à Bouzonville, où je prendrai toutes les dispositions définitives que vous me recommandez.

---

(1) Chef d'escadron à l'état-major du 4° corps d'armée.

(2) La préoccupation de garder tous les points de la frontière par où l'ennemi pouvait la franchir est telle, que le général de Cissey prie le général Bellecourt de ne pas quitter ses positions de Bouzonville avant d'être relevé.

(3) Voir pour les emplacements exacts, page 177.

Le général Bellecourt, commandant provisoirement la 2ᵉ division du 4ᵉ corps, au général de Ladmirault, à Boulay.

Bouzonville, 30 juillet.

J'ai l'honneur de vous rendre compte que, d'après vos ordres, je suis arrivé dans le milieu du jour à Bouzonville, avec ma 1ʳᵉ brigade et mon artillerie, et j'y ai pris position (1).

En m'adressant la lettre ci-jointe qu'il me prie de vous faire parvenir, M. le général de Cissey, commandant la 1ʳᵉ division, me demande de faire occuper cette nuit Filstroff (2) par un bataillon du 43ᵉ, jusqu'à ce qu'il ait pu y envoyer, demain matin, un bataillon du 57ᵉ. Ce que je fais.

Suivant son désir, je ne quitterai Bouzonville qu'après avoir été relevé par la 1ʳᵉ division. Ce sera sans doute vers 9 ou 10 heures du matin, ce qui me permettra d'arriver encore de bonne heure à Boulay.

Le général de Lorencez au général de Ladmirault.

Coume, 31 juillet.

Je suis établi à Coume, avec la brigade Pajol, observant les routes qui sont devant moi.

J'ai laissé la brigade Berger à Teterchen.

Je n'ai pas cru nécessaire d'occuper Tromborn (3).

Le général de Ladmirault au Major général (D. T.).

Boulay, 31 juillet, 4 h. 55 soir (n° 2594), expédiée à 5 h. 30 soir.

Je suis arrivé à Boulay avec une partie de mon état-major. Ayant quitté Thionville ce matin, je n'ai aucun document sur les changements qu'a pu recevoir l'effectif du 4ᵉ corps.

Le général Laffaille, commandant l'artillerie du 4ᵉ corps, au colonel Luxer, directeur du parc, à Verdun (D. T.).

Boulay, 31 juillet, 4 h. 35 soir (n° 753), expédiée à 6 heures soir.

Nous sommes à Boulay, dirigez le parc en conséquence.

---

(1) Le camp de la soirée était la « position » que l'on eût prise pour livrer combat. Pour les autres troupes de la 2ᵉ division, voir la note (2) de la page 178.

(2) Pour se relier au 57ᵉ de la division de Cissey, qui était à Colmen.

(3) Pour les autres troupes de la 3ᵉ division, voir page 179.

d) **Situations et emplacements.**

Situation sommaire de l'effectif au 31 juillet.

Division de Cissey...............	7,824	hommes.
Division Grenier.................	7,622	—
Division de Lorencez............	8,116	—
Division de cavalerie (Legrand)....	2,481	—
Réserve d'artillerie et de génie.....	2,156	—
Services divers..................	392	—
TOTAL.......	28,591	—

Emplacement des troupes au 31 juillet.

Quartier général...............	à Boulay.
Division de Cissey..............	à Lacroix.
Division Grenier	à Bouzonville.
Division de Lorencez	à Coume.
Division de cavalerie (Legrand)...	à Bouzonville.
Réserve d'artillerie et génie......	à Boulay (1).

Journée du 31 juillet.

5ᵉ CORPS D'ARMÉE.

a) Journaux de marche.

Journal de marche du 5ᵉ corps d'armée.

Se reporter à la *Revue militaire* de août 1899, page 297.

Journal du capitaine de Piépape (2).

31 juillet.

Par ordre de l'Empereur, le général Frossard doit franchir la Sarre et s'emparer de Sarrebrück, dans la matinée du mardi 2 août, avec l'appui des deux divisions du 5ᵉ corps situées à Sarreguemines.

---

(1) Parc d'artillerie en formation à Verdun.
(2) Le Journal tenu par M. de Piépape, capitaine d'état-major attaché

A cet effet, le général en chef du 5ᵉ corps reçoit l'ordre de se porter de Sarreguemines sur Sarrebrück par la rive droite de la Sarre ; les passages de la Sarre devant être effectués au point du jour.

M. le maréchal Bazaine doit prendre le commandement des trois corps d'armée destinés à concourir à l'opération.

Le général de Failly se rend, de sa personne, au quartier général du général Frossard, à Morsbach (1), pour se concerter avec les autres généraux.

Les dispositions sont prises pour emporter, dans le mouvement projeté, 4 jours de vivres et 6 jours d'avoine.

DIVISION DE L'ABADIE D'AYDREIN.

Journal de marche.

Continuation des préparatifs faits dans les corps pour achever de s'organiser.

Le gué de la Sarre cessant d'être gardé par la division Goze, on fait établir en avant de Welferding et dans le village quatre compagnies du 88ᵉ (2), avec mission d'assurer cette garde et d'observer la route de Sarrebrück ; elles doivent, au besoin, défendre le village de concert avec les compagnies du même bataillon que l'on a fait avancer la veille.

On accorde l'autorisation de verser les shakos en magasin ; on les enverra aux dépôts ; les troupes d'infanterie auront le képi pour coiffure durant la campagne.

Le général commandant le corps d'armée engage MM. les officiers à imiter les Prussiens, et à se munir d'un petit sac leur permettant de se passer de leurs bagages durant trois ou quatre jours.

On annonce un envoi de chevaux, venant de Sampigny, pour la remonte des officiers sans troupe.

On occupe les mêmes positions que la veille, sauf les légers changements mentionnés plus haut.

Le 5ᵉ corps relie le 1ᵉʳ et le 2ᵉ corps de l'armée du Rhin sur un front très étendu, le long de la frontière.

à l'état-major général du 5ᵉ corps, est souvent conforme au Journal de marche de ce corps d'armée. Il n'en sera reproduit ici que les passages où il diffère de ce document.

(1) C'est à Forbach, et non à Morsbach, que le général Frossard avait établi son quartier général. (Voir le Journal de marche du 2ᵉ corps.)

(2) 2ᵉ brigade de la division.

b) Organisation et administration.

Le général de Failly au général de Lespart.

Sarreguemines, 31 juillet.

A partir de demain, 1er août, tout le monde aura droit aux vivres de campagne. Faites toucher demain 4 jours de vivres de réserve, plus les vivres de la journée.

Les 4 jours de vivres de réserve dont il s'agit consistent simplement en riz, sel, sucre et café, puisque vous devez avoir déjà 4 jours de biscuit auxquels on ne doit pas toucher. De cette façon, si vous receviez inopinément l'ordre de partir, les hommes auraient au moins 4 jours de vivres dans le sac.

Le général de Failly au général Frossard et au maréchal Bazaine, à Saint-Avold.

Sarreguemines, 31 juillet, 9 h. 45 matin.

Demain lundi, 1er août, de 2 à 3 heures de l'après-midi, je fais tirer à la cible les hommes de la réserve. Prière donner avis aux troupes (1).

Le Major général au général de Failly, à Sarreguemines.

Metz, 31 juillet.

J'ai l'honneur de vous adresser ci-joint les cartes suivantes, à l'échelle de 1/80,000 :

Département du Bas-Rhin, 3 exemplaires ;
Département de la Moselle, 1 exemplaire.

Dans le cas où ce nombre vous paraîtrait insuffisant, vous voudrez bien me le faire savoir, et je vous en adresserais de nouveaux exemplaires, au fur et à mesure du tirage.

P.-S. — Je vous prie de me faire connaître la répartition de ces exemplaires.

---

(1) C'était une excellente précaution. Le 1er août, « l'alerte fut « donnée au cantonnement de Mœrdt, occupé par le 95e (IIIe armée), « parce que, suivant différentes déclarations, des coups de fusil et des « salves avaient été entendus sur les derrières. L'adjudant-major, « envoyé de ce côté, fit connaître à son retour qu'un bataillon, cantonné « à Sandernheim, venait d'exécuter un exercice de tir ». (*Études de guerre*, général Verdy du Vernois. 2e fascicule, page 229.) Le général ajoute (page 247) qu'aucun exercice à feu ne doit avoir lieu dans la zone de concentration.

Le général Liédot, commandant l'artillerie du 5ᵉ corps, au général Soleille, à Metz.

Sarreguemines, 31 juilllet (nº 20).

J'ai l'honneur de vous adresser les 4 situations que vous me demandez par votre lettre du 27 juillet courant.

M. le Ministre a donné, le 25 juillet, l'ordre de diriger sur Epinal, pour être réunis au parc du 5ᵉ corps, la 5ᵉ compagnie de pontonniers et l'équipage de ponts actuellement à Arras ; il a prescrit, en même temps, qu'à défaut de la 15ᵉ compagnie du 1ᵉʳ régiment du train qui lui est affectée, et en cas d'urgence, cet équipage serait attelé avec les chevaux du 2ᵉ régiment du train, déjà amenés au lieu de rassemblement du parc (Epinal).

J'ai informé le colonel directeur Gobert de ces dispositions ; j'attendrai vos ordres, ou les événements qui pourront se produire, pour savoir si je dois faire marcher l'équipage avant le parc du 5ᵉ corps.

J'ai demandé aussi au colonel Gobert les situations (personnel et matériel) de ce qui est à Lyon et à Epinal ; dès que je les aurai reçues, je m'empresserai de vous les transmettre.

J'ai déjà fait construire sur la Sarre, par M. le commandant Boudot, du 20ᵉ régiment d'artillerie, un pont de 5 bateaux, destiné à faciliter les communications entre les deux rives que nous occupons ; par ordre du général de Failly, j'en établis aujourd'hui un second sur la Blies, pour le passage des troupes sur la rive prussienne. Comme le premier, il aura 45 mètres de longueur, et, comme lui aussi, il sera construit avec 5 bateaux provenant de prises sur les Prussiens.

Après ce travail, il ne restera plus dans le pays, en matériel de cette espèce, que 2 bateaux disponibles. Il n'existe plus, sur la Sarre, que des nacelles ou des bateaux pontés non susceptibles d'être utilisés. Je continue de prendre des renseignements à ce sujet.

Les 5ᵉ et 6ᵉ batteries du 20ᵉ régiment sont toujours réduites à 4 pièces et 4 caissons, sans aucun rechange. J'ai écrit au major du régiment pour presser le plus possible l'envoi des affûts de rechange, des forges, etc..., sauf à garder les 3ᵉˢ sections de ces batteries, s'il manque des servants et des chevaux de selle nécessaires à leur complète organisation.

Les caissons à 4 roues des trois réserves divisionnaires (munitions d'infanterie) sont attelés à 4 chevaux, au lieu de 6. Il manque 10 animaux dans chaque réserve, et encore, plusieurs de ces chevaux présents, rentrés de chez les cultivateurs, sont complètement ruinés. Si j'en ai le temps, je les ferai remplacer par des chevaux de trait achetés dans le pays.

Je n'ai pris que 40,000 cartouches modèle 1866, à la place de Bitche.

Le même au même (D. T.).

Sarreguemines, 31 juillet, 9 h. 45 soir (n° 2675), expédiée à 10 h. 8 soir.

La cavalerie du 5e corps n'est pas pourvue de moyens d'enclouage des pièces.

Au 31 juillet, le génie du 5e corps se composait de :

POUR L'ÉTAT-MAJOR.

Du colonel Chareton, commandant le génie.
Lieutenant-colonel de Brevans, chef d'état-major du génie.
Capitaine Fescourt.
Capitaine de Saint-Florent.
Capitaine Laman.
Garde du génie Godfrin.
Garde du génie Bachmann.

De la 5e *compagnie de sapeurs* du 2e régiment du génie, commandée par M. Guntz, capitaine en 1er, avec MM. d'Alonnes, capitaine en 2e, Roux, lieutenant en 1er, Gayoux, lieutenant en 2e; 70 sous-officiers et sapeurs et 2 prolonges d'outils, attelées chacune de 6 chevaux. Cette compagnie était arrivée à Sarreguemines le 27 juillet.

(Le *parc du génie*, composé de 1 sous-officier et 37 hommes du 2e régiment du génie, avec 9 prolonges et 61 chevaux, n'arrivera à Sarreguemines que le 3 août.)

POUR LA 1re DIVISION.

Du chef de bataillon Merlin, commandant le génie.
De la 6e *compagnie de sapeurs* du 2e régiment du génie, commandée par M. Béral, capitaine en 1er, avec MM. Meuze, capitaine en 2e, Saleta, lieutenant en 1er, Jéramec, lieutenant en 2e; 95 sous-officiers et sapeurs et 2 prolonges d'outils attelées chacune de 6 chevaux. Cette compagnie était arrivée à Sarreguemines le 27 juillet.

POUR LA 2e DIVISION.

Du chef de bataillon Heydt, commandant le génie.
De la 8e *compagnie de sapeurs* du 2e régiment du génie, commandée par M. Taunier, capitaine en 1er, avec MM. Marinier, capitaine en 2e, Huet, lieutenant en 1er, Isay, lieutenant en 2e; 85 sous-officiers et

sapeurs et 2 prolonges d'outils attelées chacune de 6 chevaux. Cette compagnie était arrivée à Sarreguemines le 27 juillet.

POUR LA 3ᵉ DIVISION.

(Le chef de bataillon Hugon, commandant le génie, n'arrivera que le 3 août.)

De la 14ᵉ *compagnie de sapeurs* du 2ᵉ régiment du génie, commandée par M. Bizard, capitaine en 1ᵉʳ, avec MM. Desmazes, capitaine en 2ᵉ, Brocard, lieutenant en 1ᵉʳ, Labbez, lieutenant en 2ᵉ; 75 sous-officiers et sapeurs et 2 prolonges d'outils attelées chacune de 6 chevaux. Cette compagnie est arrivée à Bitche le 29 juillet.

Ces compagnies, n'ayant guère que la moitié de leur effectif régimentaire et composées presque en entier d'hommes de la réserve n'ayant reçu qu'une instruction régimentaire incomplète, arrivèrent dépourvues de la plupart des effets de campement, tant pour les hommes que pour les chevaux des prolonges. Les officiers n'étaient pas montés. Les conducteurs du parc étaient, pour la plus grande partie, des hommes ne sachant ni monter à cheval ni conduire les voitures; les chevaux sortaient presque tous des mains des agriculteurs.

c) Opérations et mouvements.

Le général Guyot de Lespart au général de Failly.

Bitche, 31 juillet.

Le bataillon du 17ᵉ de ligne, destiné à occuper la position de Breidenbach, a été placé par le général de brigade lui-même, et le général de division se permet de faire observer que jamais il n'eût fait occuper un trou comme celui dans lequel se trouve le village dont il s'agit (1).

Le général de division pense qu'en cas de départ de la division, ce bataillon de Breidenbach, ainsi que celui du 27ᵉ de ligne, réparti entre Sturzelbronn et Neunhoffen (2), seront rappelés à la portion principale des corps, en temps utile, sauf à informer de leur rentrée M. le général de division Ducrot, en ce qui le concerne.

---

(1) Breidenbach est dans un « trou », mais au point de convergence de routes venant de Deux-Ponts et de Pirmasens.

(2) Ce bataillon se trouvait à Neunhoffen, pour relier le 5ᵉ corps aux fractions de la division Ducrot, du 1ᵉʳ, à Niederbronn et à Neehwiller.

d) Situations et emplacements.

Situation sommaire de l'effectif au 31 juillet.

CORPS.	OFFI-CIERS.	TROUPE.	TOTAUX.	CHEVAUX.
État-major général...............	16	32	48	48
Division Goze...................	296	7,186	7,482	702
Division de L'Abadie d'Aydrein....	250	5,987	6,237	588
Division Guyot de Lespart........	290	7,011	7,301	593
Division de cavalerie (Brahaut)....	150	2,167	2,317	1,998
Réserve d'artillerie..............	30	834	864	752
Réserve du génie................	12	124	136	94
Intendance.....................	68	653	721	462
TOTAUX........	1,113	24,008	25,121	5,188

Emplacement des troupes au 31 juillet:

Quartier général............... à Sarreguemines.
Division Goze................. à Sarreguemines.
Division de l'Abadie d'Aydrein... à Sarreguemines (1).
Division Guyot de Lespart....... à Bitche.
Division de cavalerie (Brahaut).. à Bitche — Niederbronn — Sarreguemines.
Réserve d'artillerie et génie..... à Sarreguemines (2).

Journée du 31 juillet.

6ᵉ CORPS D'ARMÉE.

a) Journaux de marche.

Journal de marche du 6ᵉ corps d'armée.

Le maréchal Canrobert passe en revue les troupes du 6ᵉ corps déjà rassemblées au camp de Châlons, et qui se composent, en principal, des

---

(1) Brigade Lapasset à Grosbliederstroff.
(2) Le parc d'artillerie s'organise à Épinal.

deux premières divisions d'infanterie et de la division de cavalerie du corps d'armée (1).

b) **Organisation et administration.**

Le Ministre de la guerre au maréchal Canrobert (D. T.).

Paris, 31 juillet, 11 h. 45 matin (n° 209), expédiée à 12 h. 45 soir.

Le mouvement de la 3ᵉ division, de Soissons sur le camp, se faisant dans la 4ᵉ division militaire (2), vous pouvez l'ordonner, en vous entendant toutefois avec le général de Liniers, qui vous renseignera sur les routes à faire suivre.

Le Ministre de la guerre au maréchal Canrobert (D. T.).

Paris, 31 juillet, 6 h. 3 soir (n° 252, expédiée à 6 h. 35 soir).

Les armes que vous demandez sont parties de Paris et de Douai, le 29, par vitesse accélérée ; chiffre, 15,000. Vous en recevrez 6,000 autres vers le 5 ou le 6.

Le général Labastie, commandant l'artillerie du 6ᵉ corps, au maréchal Canrobert.

Camp de Châlons, 31 juillet.

J'ai l'honneur de porter à la connaissance de Votre Excellence, que j'ai remarqué le mauvais état de l'habillement des troupes de l'artillerie placées sous mon commandement. Un grand nombre d'hommes, provenant de la réserve ou de la deuxième portion du contingent, n'ont qu'une seule veste. D'autres, ayant deux vestes, en ont une de deuxième durée en mauvais état, les ressources des corps n'ayant pas permis de faire le remplacement du 2ᵉ trimestre.

En rendant compte de cet état de choses à Votre Excellence, j'ai l'honneur de vous prier, M. le Maréchal, de vouloir bien le signaler à M. le Major général, qui donnera les ordres nécessaires pour y remédier.

---

(1) Les réserves d'artillerie et du génie étaient également au camp de Châlons.
(2) Dont le siège était à Châlons-sur-Marne.

d) Situations et emplacements.

Situation sommaire de l'effectif au 31 juillet.

CORPS.	OFFI-CIERS.	TROUPE.	TOTAUX.	CHEVAUX.
État-major général............	11	»	11	40
Division Tixier................	300	7,423	7,723	507
Division Bisson................	279	7,628	7,907	524
Division La Font de Villiers......	273	6,513	6,786	449
Division Levassor-Sorval.........	267	6,590	6,857	425
Division de cavalerie (de Salignac-Fénelon).................	167	2,217	2,384	2,175
Artillerie....................	34	1,506	1,540	1,444
Génie.......................	15	471	486	110
Force publique................	5	83	88	60
TOTAUX........	1,351	32,431	33,782	4,831

Emplacement des troupes au 31 juillet.

Quartier général............... au camp de Châlons.
Division Tixier............... au camp de Châlons.
Division Bisson............... au camp de Châlons.
Division La Font de Villiers..... à Soissons.
Division Levassor-Sorval........ à Paris (1).
Réserve d'artillerie et génie..... au camp de Châlons (2).

Journée du 31 juillet.

7ᵉ CORPS D'ARMÉE.

a) Journaux de marche.

Journal de marche du 7ᵉ corps d'armée.

Pendant les journées des 29, 30 et 31 juillet, la 2ᵉ division (Liébert)

---

(1) La division de cavalerie du 6ᵉ corps est au camp de Châlons, sauf la brigade de cuirassiers qui est à Paris, et le 6ᵉ régiment de chasseurs qui n'arrivera au camp que le 4 août.

(2) Le parc d'artillerie s'organise à La Fère.

reçoit les derniers bataillons du 37ᵉ, qui portent l'effectif total de ce régiment à 62 officiers, 2,148 hommes et 13 chevaux.

Les compagnies divisionnaires du génie (1)(2), les batteries divisionnaires et celles de réserve arrivent successivement.

La 3ᵉ division (Dumont), en formation à Lyon, n'a que deux batteries; par suite, la réserve du corps d'armée en compte sept (3).

Le 31 juillet, le 7ᵉ corps a un effectif total de 839 officiers, 19,502 hommes et 3,765 chevaux.

La 4ᵉ compagnie du 2ᵉ régiment du génie part le 31, de Lyon pour Belfort. 4 officiers, 101 hommes.

DIVISION LIÉBERT.
Journal de marche.

Arrivée à Belfort du général Guiomar, commandant la 1ʳᵉ brigade.

Arrivée de la deuxième colonne du 53ᵉ de ligne. Le régiment est logé à la caserne de l'Espérance (4).

DIVISION DE CAVALERIE (Ameil).
Journal de marche.

Le 4ᵉ hussards, en entier, part pour Altkirch.

Rapport du général Ameil.

31 juillet.

Rappelé de mon inspection générale d'Afrique pour prendre le commandement de la division de cavalerie du 7ᵉ corps d'armée, aux ordres du général Douay, je débarquai à Marseille le 25 juillet et, le 31, j'étais rendu à Belfort, où se formait le corps d'armée.

J'y trouvai ma 1ʳᵉ brigade, commandée par le général Cambriel, et composée des 4ᵉ et 8ᵉ lanciers et du 4ᵉ hussards. Les deux premiers

---

(1) 2ᵉ et 4ᵉ compagnies du 2ᵉ régiment du génie, affectées aux 1ʳᵉ et 3ᵉ divisions, et 12ᵉ compagnie du même régiment, affectée à la réserve du génie du corps d'armée. La 2ᵉ compagnie restera à Belfort jusqu'au 4 août.

(2) La 3ᵉ compagnie de sapeurs du 2ᵉ régiment du génie, qui doit être attachée à la 2ᵉ division d'infanterie du 7ᵉ corps, n'est pas encore arrivée d'Algérie.

(3) Cette réserve a en plus la 8ᵉ batterie du 6ᵉ d'artillerie, appartenant à la 3ᵉ division.

(4) La première colonne de ce régiment était arrivée à Belfort le 31 juillet.

régiments étaient campés sous les murs de Belfort et le 4º hussards à quelques lieues en avant, du côté d'Altkirch, pour surveiller la vallée du Rhin.

La 2e brigade, composée des 6e dragons et 6e hussards, et aux ordres du général Jolif-Ducoulombier, n'avait point encore rejoint, étant retenue à Lyon pour assurer la tranquillité de la ville.

GÉNIE.
Journal de marche.

Continuation des travaux du camp retranché, dans les conditions indiquées précédemment (1) (2).

b) Organisation et administration.

DIVISION DE CAVALERIE.

Ordre de la division n° 1.

Belfort, 31 juillet.

Le général de division baron Ameil, étant arrivé à Belfort, prend, à dater de ce jour, le commandement de la division.

Le général Douay au Major général, à Metz.

Belfort, 31 juillet (n° 6).

Le 7e corps n'a aucun approvisionnement du service des subsistances; il vit au jour le jour. La place de Belfort n'a pas non plus d'approvisionnement de siège.

Il serait imprudent de ne pas remédier promptement à cette situation; je propose à Votre Excellence de décider : 1° qu'il sera réuni à Belfort un mois de vivres pour les hommes du 7e corps (le biscuit dans la proportion de 1/4 et le pain de 3/4), et 15 jours de fourrages; 2° qu'il sera formé un approvisionnement de siège de 6 mois, pour 10,000 rationnaires.

L'Intendant du 7e corps pourrait se procurer, dans le pays, toutes ces denrées, à l'exception du biscuit et d'une partie des fourrages.

---

(1) Voir page 76.
(2) Par lettre du 31 juillet, le général Doutrelaine, commandant le génie du 7e corps, rendait compte au général Coffinières, commandant le génie de l'armée, que les 9 voitures composant le matériel roulant du parc du 7e corps avaient été expédiées de Lyon sans harnachement, sans chevaux, sans personnel.

Je vous prie de m'autoriser à lui donner l'ordre de faire, le plus rapidement possible, les achats nécessaires.

Le général Douay au Major général, à Metz (D. T.).

Belfort, 31 juillet, 6 h. 55 soir (n° 2607), expédiée à 6 h. 20 soir.

J'ai en parc 525 voitures train auxiliaire. On traite à Besançon pour 500 qui arriveront sans doute prochainement. Il est urgent de constituer nos approvisionnements; si l'Intendance y est autorisée, on pourra utiliser ces moyens de transport et faire une excellente opération. Le dépôt du 45°, 800 hommes, est arrivé à Belfort (1).

Le général Douay au général Doutrelaine, commandant le génie du 7° corps.

Belfort, 31 juillet (n° 25).

Le Ministre de la guerre m'informe, à la date du 29 courant, que les attelages du parc du génie du 7° corps d'armée sont attendus d'Algérie (2). Il n'est encore parvenu aucune information quant à l'époque de leur arrivée en France, les ordres d'embarquement ayant été laissés à l'entière disposition du gouverneur général.

Dans le cas où le 7° corps devrait faire un mouvement, il a été prescrit que son parc le suivrait au moyen d'attelages civils de réquisition.

Vous assurerez, en ce qui vous concerne, l'exécution de ces dispositions, quand il y aura lieu.

Ordre.

Belfort, 31 juillet.

Le Général commandant en chef le 7° corps d'armée,

Vu l'urgence d'exécuter les travaux du camp retranché de Belfort;

Vu l'insuffisance des outils de l'approvisionnement de défense de la place;

Considérant que le parc du génie du corps d'armée n'est pas encore arrivé à Belfort;

Autorise le général commandant le génie à mettre immédiatement en service les outils de l'approvisionnement de dépôt tenu en réserve dans la place (3).

---

(1) Venant d'Huningue.
(2) Voir note 2, page 194.
(3) Par lettre du 31 juillet, le général Doutrelaine rendait compte au général Coffinières de la mise en service de 1800 pelles et de

On donne le document ci-après, parce qu'il paraît avoir exercé une certaine influence sur les dispositions prises le 4 août par le général commandant le 7ᵉ corps pour la défense de la haute Alsace.

Du général Doutrelaine. — Note sur la défensive du haut Rhin, remise le 31 juillet au Général commandant en chef le 7ᵉ corps d'armée.

Il est peu probable que l'ennemi songe à franchir le Rhin dans la Basse-Alsace. Cette opération lui serait inutile en aval de Strasbourg puisqu'il est maître de la rive gauche du fleuve au-dessous de Lauterbourg, et que les obstacles qu'il rencontrerait de la Lauter à Strasbourg sont beaucoup moindres que ceux que lui oppose le Rhin.

Il n'est guère probable non plus qu'il tente de franchir le fleuve entre Strasbourg et Schlestadt, parce que, d'une part, les forces de ces deux places le tiendraient en respect et que, d'autre part, il trouverait devant lui les montagnes des Vosges les moins franchissables. C'est donc sur le haut Rhin et surtout vis-à-vis la trouée de Belfort, c'est-à-dire vers Huningue et à quelques lieues en aval de cette ville, que l'ennemi s'efforcerait sans doute de passer.

La présente note a pour objet de rechercher quelles seraient, avec les moyens du 7ᵉ corps, les meilleures mesures à adopter pour la défensive.

Enumérons d'abord les points de passage du Rhin les plus probables et les plus faciles pour l'ennemi :

1° Markt, sur la rive droite, à 4 kilomètres en aval d'Huningue, en face de Village-Neuf et de Rosenau. Les Autrichiens ont passé par là en 1815 ;

2° Petit-Kembs, en face de Grand-Kembs ;

3° Rheinweiler et Bambach, en face de Niffer ; les Russes y ont passé en 1815 ;

4° Bellingen, en face de Petit-Landau ;

5° Neuenburg, en face de Chalampé, à 7 lieues d'Huningue (ces cinq points de passage paraissent être les plus à craindre, les trois premiers surtout) ;

6° Grissheim, en face de Blodelsheim ;

1000 pioches faisant partie de l'approvisionnement de dépôt tenu en réserve dans la place de Belfort (4,000 pelles et 4,000 pioches au total).

7° Gretzhausen, en face de Geiswasser, à 5 kilomètres en amont de Neuf-Brisach. Les Russes y ont passé en 1814 ;

8° Enfin Jechtingen, en face d'Artzenheim, à 11 kilomètres de Neuf-Brisach. Les Russes y ont franchi le Rhin en 1815.

On voit donc que, sur une longueur de 60 kilomètres, huit points de passage au moins sont à redouter, ou, qu'en d'autres termes, le Rhin peut être franchi de la rive droite à la rive gauche sur presque tout son parcours.

La première mesure à prendre est d'organiser des vigies tout le long du fleuve pour ne pas se laisser surprendre. Les douaniers, les éclusiers peuvent être chargés de cette surveillance, qui sera assurée par les nombreux postes télégraphiques établis le long du fleuve par le général Saint-Sauveur et reliés avec Colmar et la ligne télégraphique du chemin de fer.

En second lieu, les troupes doivent être cantonnées par détachements assez nombreux, en face des points les plus dangereux, sur la route impériale qui longe la rive gauche de Huningue à Neuf-Brisach, Markolsheim. Ces troupes devront se composer de cavalerie légère, d'artillerie à cheval et d'infanterie. Leurs points de stationnement seraient Huningue, Rosenau, Kembs, Ottmarsheim, Chalampé, Blodelsheim, Geiswasser, Vogelsheim et Artzenheim ; soit neuf postes cantonnés sur les rives du fleuve.

Il ne faut pas perdre de vue, en effet, qu'il ne suffit pas d'être prévenu, mais qu'il faut pouvoir agir à temps, pour s'opposer au passage. La 1re opération d'un passage de fleuve consiste à jeter rapidement sur l'autre rive, au moyen de pontons et de bateaux, des forces destinées à protéger la construction des ponts. En une heure, plus de 1000 Prussiens peuvent être ainsi transportés sur la rive française, et, si on les laisse prendre pied, leur nombre s'augmentera graduellement et il deviendra bientôt impossible de s'opposer au passage. De là, l'impérieuse nécessité, au cas où l'ennemi menacerait le fleuve, de distribuer, sur la route qui longe la rive aux points que nous avons mentionnés, des détachements d'infanterie dont il serait bon que la force moyenne fût portée à trois ou quatre compagnies pour chaque poste.

En cas d'urgence, ce ne serait pas trop de deux régiments d'infanterie pour occuper ces positions. Il faudrait joindre un régiment de cavalerie et trois batteries d'artillerie.

Ces premières troupes auraient besoin d'être soutenues de près par d'autres qui seraient portées en arrière de la forêt de la Harth, à Bartenheim, Schlierbach, Rixheim, Ensisheim et Neuf-Brisach.

J'estime que ces cinq postes devraient être occupés par une brigade d'infanterie et deux régiments de cavalerie, plus une batterie d'artillerie à chaque poste.

En résumé, cette première ligne de défense serait sous la garde d'une des divisions du corps, de la plus grosse brigade de cavalerie (1) et de huit batteries d'artillerie.

En arrière de cette première ligne, à Colmar, à Mulhouse, à Altkirch, sur le chemin de fer, serait concentrée une autre division du corps avec la 2e brigade de cavalerie et la 6e batterie de la réserve d'artillerie.

Enfin, on réserve à Belfort la 3e division.

Un matériel de chemin de fer suffirait pour transporter rapidement sur le point décisif les troupes des deux dernières divisions concentrées à Altkirch et à Mulhouse, Colmar et Belfort.

c) Opérations et mouvements.

Le général Douay au Major général (D. T.).

Belfort, 31 juillet, 8 h. 55 matin (n° 2557), expédiée à 10 heures matin.

Le 4e hussards va occuper, aujourd'hui 31, Altkirch. Il enverra deux escadrons à Huningue, le 2 août, pour explorer les villages des bords du Rhin, les 3 et 4 août, jusqu'à Kembs. Ils rentreront le 5 à Altkirch.

d) Situations et emplacements.

Situation sommaire de l'effectif au 31 juillet.

CORPS.	OFFICIERS.	TROUPE.	TOTAUX.	CHEVAUX.
Division Conseil-Dumesnil	205	5,199	5,404	118
Division Liébert	182	3,586	3,768	91
Division Dumont	218	5,088	5,306	237
Division de cavalerie (Ameil)	208	2,782	2,990	2,586
Réserve d'artillerie	22	728	750	720
Réserve du génie	4	119	123	13
TOTAUX	839	19,502	20,341	3,765

Emplacement des troupes au 31 juillet.

Quartier général . . . . à Belfort.
Division Conseil-Dumesnil . . . . à Colmar.

---

(1) La 1re, qui comptait trois régiments.

Division Liébert................. à Belfort.
Division Dumont................. à Lyon.
Division de cavalerie (Ameil)....... à Belfort (1).
Réserve d'artillerie et génie........ à Belfort (2) (3).

GARDE IMPÉRIALE.

a) Journaux de marche.

Journal de marche de la Garde.

Le bataillon de chasseurs est embarqué sur le chemin de fer, à 5 heures du matin, pour aller de Metz à Thionville, où il remplace les troupes du 4° corps, qui font un mouvement sur Boulay.

DIVISION PICARD.
Journal de marche.

Séjour au bivouac de Chambières.
On exerce les hommes aux principes du tir et à l'emploi de la hausse.

2° BRIGADE (Le Poitevin de Lacroix).
Journal de marche.

Installation des services de la trésorerie et des postes.
On prescrit de s'assurer que les hommes ont au moins deux chemises et deux paires de chaussures.
La revue passée à la suite de cet ordre permet de constater que nombre d'hommes ont laissé leur deuxième paire de chaussures.

---

(1) La 1re brigade seulement; l'autre est à Lyon.
(2) Le parc d'artillerie s'organise à Vesoul.
(3) Le maréchal Le Bœuf a donné les raisons de la concentration du 7° corps à Belfort : « Ce corps, dit-il, devait d'abord occuper Colmar, « qui, au point de vue de la concentration, eût été une position « meilleure; mais on le laissa provisoirement à Belfort, parce que cette « place, dont les travaux étaient très avancés, avait encore besoin de « nombreux travailleurs. Le corps du général Douay a contribué, en y « stationnant, à rendre Belfort assez respectable pour que cette clef de « l'Alsace soit restée entre nos mains ». (*Déposition à la Commission d'enquête sur les actes du Gouvernement de la Défense nationale*, page 52.)

Or, on est obligé de pourvoir à leur remplacement, soit au moyen des ressources des magasins de Metz, soit en les faisant venir du dépôt.

DIVISION DE CAVALERIE (Desvaux).

Journal de marche.

Séjour au bivouac de Chambières.

Le général envoie reconnaître un gué qui puisse permettre de traverser la Moselle et de rejoindre la route de Thionville, dans le but de diriger de ce côté la promenade des chevaux de la division.

Par ordre du Major général de l'armée, il est distribué aux ambulances des drapeaux portant croix rouge sur fond blanc, accompagnés du drapeau national, en vertu de l'adhésion des puissances belligérantes à la Convention du 22 août 1864, relative à l'amélioration du sort des blessés.

Distribution, dans chaque régiment, d'un exemplaire des sonneries de l'armée prussienne.

b) **Organisation et administration.**

Le général Bourbaki au Major général.

Camp de Chambières, 31 juillet (n° 28).

Par votre dépêche en date de ce jour, n° 93, vous me demandez si l'arrivée du parc de la Garde ne me permettra pas de satisfaire aux insuffisances signalées par ma lettre du 30 juillet, n° 17.

J'ai l'honneur de faire observer à Votre Excellence que le parc annoncé, comprenant 400 hommes, 700 chevaux et 112 voitures, est le *parc d'artillerie de la Garde*, et qu'il n'a aucune ressource pour le *train des équipages militaires*, dont je vous ai fait connaître les besoins.

En conséquence, je renouvelle les propositions contenues dans ma lettre du 30 de ce mois.

Le même au même.

Camp de Chambières, 31 juillet (n° 29).

J'ai l'honneur d'informer Votre Excellence des besoins de l'artillerie pour compléter son matériel.

Les quatre batteries de réserve manquent de :

    8 caissons d'artillerie ;
    4 affûts de rechange ;
    4 chariots de batterie.

Les deux batteries attachées à la division de cavalerie manquent de :

4 caissons d'artillerie ;
2 affûts de rechange ;
1 chariot de batterie.

Le parc d'artillerie de la Garde étant indépendant et ne pouvant fournir aucun de ces objets de matériel, j'ai l'honneur de vous prier de prendre telle mesure que vous jugerez convenable pour pourvoir ces batteries du matériel qui leur fait défaut et qui a été laissé à Paris, faute d'hommes et de chevaux.

d) Situations et emplacements.

Situation sommaire de l'effectif au 31 juillet.

Division Deligny	7,983 hommes.
Division Picard	6,802 —
Division de cavalerie (Desvaux)	4,102 —
Réserve d'artillerie et du génie	2,650 —
TOTAL	21,537 hommes.

Emplacement des troupes au 31 juillet.

Quartier général	à Metz.
Division Deligny	à Metz.
Division Picard	à Metz.
Division de cavalerie (Desvaux)	à Metz.
Artillerie	à Metz.
Génie	à Metz (1).

RÉSERVE DE CAVALERIE.

b) Organisation et administration.

Le général de Forton au Major général.

Pont-à-Mousson, 31 juillet.

J'ai l'honneur de prier Votre Excellence de vouloir bien donner des ordres pour que des ceintures de flanelle soient distribuées, le plus tôt possible, aux hommes de troupe de ma division.

---

(1) Le parc d'artillerie de la Garde commence son mouvement de Versailles sur Metz par voie ferrée.

L'effectif actuel des quatre régiments de cavalerie est de 2,080 hommes.

Il y aurait lieu également de pourvoir de cette ceinture les artilleurs des deux batteries qui doivent être attachées à ma division; mais je n'ai reçu, jusqu'à présent, aucun renseignement sur l'effectif de ces batteries, qui ne me sont pas encore annoncées.

d) Situations et emplacements.

Le général de Bonnemains au Major général D. T.).

Lunéville, 31 juillet, 7 heures matin (n° 2545), expédiée à 9 h. 10 matin.

Sont à Lunéville : La 2ᵉ division de la réserve de cavalerie : 2,277 hommes, officiers compris, et 2,048 chevaux;

2ᵉ compagnie du train des équipages de cavalerie : 221 hommes, 41 chevaux, 179 mulets;

Gendarmerie : 63 hommes, 64 chevaux;

1ʳᵉ batterie *bis* du 5ᵉ d'artillerie et subsistants attachés au parc du 2ᵉ corps d'armée (1) : 70 hommes, 1 cheval, 130 voitures;

4ᵉ compagnie du 2ᵉ régiment du train d'artillerie : 85 hommes, 140 chevaux, partis cette nuit;

4ᵉ compagnie *bis* du 2ᵉ régiment du train d'artillerie : 32 hommes, 44 chevaux;

3ᵉ compagnie du 2ᵉ régiment du train d'artillerie : 43 hommes, 66 chevaux (2);

7ᵉ batterie du 19ᵉ d'artillerie (3) : 160 hommes, 180 chevaux, 6 canons, 13 voitures;

6ᵉ batterie du 19ᵉ d'artillerie (4) : 157 hommes, 176 chevaux, 6 canons, 13 voitures;

5ᵉ batterie du 19ᵉ d'artillerie (4) : 159 hommes, 178 chevaux, 6 canons, 13 voitures;

8ᵉ batterie du 19ᵉ d'artillerie (3) : 159 hommes, 178 chevaux, 6 canons, 13 voitures.

---

(1) Le parc d'artillerie du 2ᵉ corps s'organisait à Lunéville.
(2) Ces trois compagnies du train d'artillerie appartenaient au parc d'artillerie du 2ᵉ corps.
(3) Batteries de la 2ᵉ division de cavalerie.
(4) Batteries de la 1ʳᵉ division de cavalerie.

DIVISION DU BARAIL.

Emplacement des troupes au 31 juillet : Lunéville.

CORPS.	OFFI-CIERS.	TROUPE.	TOTAUX.	CHEVAUX.	OBSERVATIONS.
6e batterie du 19e d'artillerie à cheval	4	153	157	168	6 canons, 13 voitures.
5e batterie du 19e d'artillerie à cheval	4	155	159	178	6 canons, 13 voitures.
TOTAUX	8	308	316	346	

DIVISION DE BONNEMAINS.

Emplacement des troupes au 31 juillet : Lunéville.

Situation sommaire des présents au 31 juillet.

CORPS.		OFFI-CIERS.	TROUPE.	TOTAUX.	CHEVAUX.
1re brigade.	1er cuirassiers	38	531	569	509
	4e cuirassiers	38	534	572	511
2e brigade.	2e cuirassiers	40	529	569	482
	3e cuirassiers	42	566	608	528
7e batterie du 19e d'artillerie à cheval.		4	156	160	180
8e — —		4	155	159	178
TOTAUX		166	2,471	2,637	2,388

DIVISION DE FORTON.

Emplacement des troupes au 31 juillet : Pont-à-Mousson.

Situation sommaire d'effectif au 31 juillet.

CORPS.		OFFI-CIERS.	TROUPE.	TOTAUX.	CHEVAUX.
1re brigade.	1er dragons	41	532	573	532
	9e dragons	39	532	571	514
2e brigade.	7e cuirassiers	39	517	556	512
	10e cuirassiers	40	496	536	502
TOTAUX		159	2,077	2,236	2,060

RÉSERVE D'ARTILLERIE.

a) Journaux de marche.

Journal des opérations.

Le 31 juillet, les 2ᵉ, 3ᵉ et 4ᵉ corps exécutèrent un mouvement pour se rapprocher de la Sarre. Le 2ᵉ corps se rendit à Morsbach ; le 3ᵉ à Saint-Avold ; le 4ᵉ à Boulay ; les autres corps ne bougèrent pas.

Une opération sur la Sarre était projetée ; elle devait être exécutée par le 2ᵉ corps. Or, les pontonniers du général Frossard n'avaient pas encore rejoint. Le 3ᵉ corps, au contraire, était pourvu de son équipage de pont.

Le 30, on dirigea cet équipage (capitaine Pépin) sur Saint-Avold, par les voies ferrées, et on donna l'ordre au général de Rochebouët de l'atteler au besoin avec les chevaux de la réserve et de le tenir à la disposition du commandant du 2ᵉ corps. Dans la soirée du même jour, un ordre de l'Empereur prescrivit de conduire d'urgence l'équipage du 3ᵉ corps jusqu'à Forbach, par le chemin de fer.

Le général commandant l'artillerie de l'armée se rendit, le 31, à Morsbach, pour prendre les dispositions que réclamaient les circonstances.

Rentré à Metz, le même jour, il reçut, par un télégramme du Ministre de la guerre, l'avis que deux équipages de siège étaient en formation à destination de Metz et Strasbourg : 30 canons de 19 centimètres, de la marine, étaient annoncés comme devant être répartis, par moitié, entre ces deux équipages. Ces pièces, qui auraient pu jouer plus tard un rôle si utile, ne parvinrent jamais à Metz.

Les communications avec les directeurs des parcs étaient incessantes ; grâce aux transmissions télégraphiques, les demandes du commandement recevaient des réponses immédiates, et les ordres s'exécutaient, dans la limite du possible, avec la plus louable exactitude.

Le Ministre, après avoir fixé les points de concentration des parcs sur le terrain stratégique, avait recommandé aux directeurs de ces parcs de tenir leurs généraux au courant du degré d'avancement de cette concentration, afin qu'à leur tour les généraux pussent provoquer les ordres de mouvement, et qu'il n'y eût pas une heure perdue pour les éléments de l'armée combattante.

b) Organisation et administration.

Le Ministre de la guerre au général Soleille (D. T.).

Paris, 31 juillet, 7 h. 35 matin (nᵒ 2542), expédiée à 7 h. 45 matin.

Un équipage de siège réglementaire (page 111, aide-mémoire modifié pour canons rayés) est dirigé sur Metz.

Un second équipage semblable est dirigé sur Strasbourg ; de plus, 30 canons de 19 de la marine seront dirigés, moitié sur Metz, moitié sur Strasbourg, aussitôt pris en charge.

Le Ministre de la guerre au général Soleille, à Metz.

Paris, 31 juillet (n° 99).

J'ai l'honneur de vous informer que j'ai pris des mesures pour organiser deux équipages de siège, l'un à Strasbourg qui prend le nom de 1er équipage, et l'autre à Metz qui prend le nom de 2e équipage.

Chacun de ces équipages a la composition indiquée dans le tableau ci-joint. Le poids total des objets d'un équipage est d'environ 9 millions de kilogrammes.

Vous remarquerez cependant que certaines quantités, marquées comme nécessaires, sont essentiellement variables avec l'importance et la durée d'un siège. Telles sont les quantités de poudres, de cartouches, de projectiles, de fusées, etc. : les quantités de ces objets portées dans la composition de l'équipage ne doivent donc être considérées que comme approximatives.

J'ai déjà donné des ordres pour faire concentrer dans chacune des places de Metz et de Strasbourg :

Les bouches à feu (Chapitre 1er, § 1er).
Les affûts (Chapitre 1er, § 2, 1re partie).
Les voitures (Chapitre 1er, § 2, 2e partie).
Les plates-formes (Chapitre IV, § 5).

Des ordres seront donnés successivement pour l'envoi dans chacune de ces deux places des armements et assortiments, outils à pionniers, sacs à terre, etc.

En ce qui concerne les projectiles, les poudres, les artifices, les gargousses, les sachets, les munitions pour armes portatives, j'ai donné les ordres pour que les quantités nécessaires aux deux équipages soient tenues en réserve dans les places de seconde ligne. Mais il me paraît non seulement inutile, mais même dangereux, d'envoyer actuellement à Strasbourg et à Metz ces objets. Ces places, en effet, ne possèdent pas des magasins suffisants pour remiser les poudres, les artifices, etc., qui seraient exposés à séjourner à l'air et par suite à se détériorer : les projectiles oblongs ne pourraient sans inconvénient, à cause de la fragilité des ailettes, subir plusieurs transbordements. Enfin il serait peut-être imprudent de concentrer dans deux places frontières des quantités considérables de munitions, qui feraient défaut aux places de l'intérieur en cas d'invasion.

D'ailleurs, tous ces objets qui, par leur nature, exigent dans l'embarquement sur les chemins de fer, des soins et des précautions particulières, et par suite un temps considérable, arriveront plus vite à leur destination définitive s'ils sont expédiés de différentes places que des seules places de Strasbourg et de Metz.

Dès que le parc ou les parcs de siège seront constitués devant les places dont le siège aura été résolu, des mesures seront prises pour que les projectiles, munitions, etc., parviennent à destination dans le plus bref délai.

La composition des équipages de siège, telle qu'elle a été fixée par le Ministre, d'après l'avis du comité de l'artillerie, ne comporte pas de pièces à grande puissance. J'ai pensé cependant que des bouches à feu de cette nature pourraient rendre de grands services et j'ai fait parvenir à Son Excellence M. l'Amiral, Ministre de la marine, qui l'a accueillie favorablement, la demande de 30 canons de 19 cent., se chargeant par la culasse, avec affûts, gargousses et 200 projectiles par bouche à feu. Des ordres sont donnés pour que ces objets soient expédiés moitié à Strasbourg, moitié à Metz, dès qu'ils seront prêts. Je fais construire à Paris les plates-formes de 30 affûts. Elles seront envoyées aux mêmes destinations. Le nombre de projectiles, s'il paraît insuffisant, pourra être augmenté.

Le général Jarras, aide-major général, au général Soleille, commandant l'artillerie de l'armée.

Metz, 31 juillet.

J'ai l'honneur de vous adresser, ci-dessous, copie d'une lettre qui m'est envoyée par M. le Ministre de la guerre, à la date du 29 juillet courant :

« Monsieur le Maréchal, j'ai l'honneur d'informer Votre Excellence :

« 1° Que l'équipage de ponts du 2ᵉ corps de l'armée du Rhin, maté-
« riel et personnel, est prêt à Strasbourg et peut rejoindre le parc
« d'artillerie du corps à Lunéville.

« J'en ai, par dépêche de ce jour, informé M. le général commandant
« l'artillerie dudit corps en l'invitant à prendre vos ordres ;

« 2° Que des ordres sont donnés, à la date de ce jour, pour que :

« 1° Le matériel de l'équipage de ponts du 1ᵉʳ corps d'armée, actuel-
« lement à Auxonne, rejoigne le parc de ce corps à Besançon, avec la
« 3ᵉ compagnie de pontonniers qui y est attachée ; 2° le matériel de
« l'équipage de ponts du 4ᵉ corps d'armée, actuellement à Douai,
« rejoigne le parc de ce corps à Verdun, avec la 8ᵉ compagnie de pon-
« tonniers qui y est attachée ;

« 3° Le matériel de l'équipage de ponts du 5ᵉ corps d'armée, actuel-

« lement à Arras, rejoigne le parc de ce corps à Épinal, avec la 5ᵉ com-
« pagnie de pontonniers qui y est attachée ;

« 4º Le matériel de l'équipage de ponts du 7ᵉ corps d'armée, actuel-
« lement à Auxonne, rejoigne le parc de ce corps à Vesoul, avec la
« 7ᵉ compagnie de pontonniers qui y est attachée.

« Les équipages des 1ᵉʳ, 4ᵉ, 5ᵉ, 7ᵉ corps d'armée seront ainsi, avec
« le parc, à la disposition des généraux commandant l'artillerie de ces
« corps et pourraient être attelés chacun respectivement, à défaut des
« compagnies des 1ᵉʳ et 2ᵉ régiments du train de l'artillerie, qui doivent
« leur être affectées, avec les chevaux du train déjà réunis au parc de
« chacun de ces quatre corps ;

« 5º Que le matériel de l'équipage de ponts du 3ᵉ corps d'armée et
« la 4ᵉ compagnie de pontonniers qui doit servir cet équipage sont prêts
« à Metz. Cet équipage se trouve ainsi, avec le parc, à la disposition du
« général commandant l'artillerie du corps et pourrait être attelé, à
« défaut de la 6ᵉ compagnie du 1ᵉʳ régiment du train d'artillerie qui
« doit lui être affectée, avec les chevaux du train déjà réunis au parc
« du corps.

« MM. les généraux commandant l'artillerie des 1ᵉʳ, 3ᵉ, 4ᵉ, 5ᵉ et 7ᵉ
« corps d'armée sont informés, par dépêche de ce jour, de ces disposi-
« tions. »

Le général Susane, directeur au ministère de la guerre, au général Soleille, à Metz.

Paris, 31 juillet.

Je reçois chaque jour des dépêches télégraphiques des divers corps d'armée, par lesquelles on réclame l'arrivée des parcs et des équipages de pont de corps d'armée.

Je ne parlerai pas du travail énorme qu'accomplissent, avec une activité et un dévouement sans bornes, les chefs des deux régiments du train, qui ont à recevoir, immatriculer, marquer, accoupler, harnacher 5,000 chevaux, chevaux arrivés au corps avant les hommes, hommes que je suis obligé de leur envoyer sur les excédents d'effectifs en conducteurs des régiments d'artillerie. Les impatients se rendront compte et rendront peut-être justice plus tard.

Le point sur lequel je veux appeler votre attention est celui-ci : il a été entendu avec S. E. M. le Major général, que les parcs des divers corps d'armée, y compris les ponts de corps d'armée, seraient concentrés, personnel et matériel, comme il suit :

Garde impériale	Versailles.
1ᵉʳ corps	Besançon.
2ᵉ corps	Lunéville.

3ᵉ corps..........................	Metz.
4ᵉ corps..........................	Verdun.
5ᵉ corps..........................	Epinal.
6ᵉ corps..........................	La Fère.
7ᵉ corps..........................	Vesoul

C'est sur ces points que sont les directeurs de parc, prenant possession de ce qui leur appartient, au fur et à mesure que les éléments leur sont fournis. C'est à ces officiers de prévenir le général commandant l'artillerie que la totalité, ou telle partie du parc est prête, et à vous, mon cher Général, ou par délégation au général commandant l'artillerie du corps, à désigner le point sur lequel le parc doit être dirigé et à ordonner le mouvement.

Les points de concentration sont, en effet, sur le terrain stratégique, et il ne nous appartient pas ici, à nous qui sommes dans la plus complète ignorance des mouvements des corps, et même de la position exacte des quartiers généraux, d'ordonner des mouvements qui pourraient gêner les opérations.

J'ai l'honneur de vous prier, mon cher Général, de vouloir bien donner des instructions dans ce sens.

P.-S. — A mon compte, et à l'heure où j'écris, il doit y avoir au moins trois compagnies du train (750 chevaux de trait) au parc de chaque corps d'armée. Dans le cas où la compagnie destinée à l'équipage de pont ne serait pas arrivée, il y a moyen d'atteler ce pont.

c) **Opérations et mouvements.**

Notes du général Coffinières.

31 juillet.

Je me rends à Forbach avec le général Soleille, commandant en chef de l'artillerie, et le général Lebrun, aide-major général, pour conférer avec le maréchal Bazaine et les généraux Frossard et de Failly sur le mouvement projeté pour le surlendemain.

Il est décidé que le général Frossard se portera sur Sarrebrück, et qu'il sera appuyé sur la droite par le général de Failly, et à gauche par le maréchal Bazaine.

RENSEIGNEMENTS

GRAND QUARTIER GÉNÉRAL.

BULLETIN DE RENSEIGNEMENTS (n° 7) POUR LA JOURNÉE DU 31 JUILLET.

Aucun renseignement n'est venu, depuis vingt-quatre heures, confirmer ou infirmer les indications insérées dans le Bulletin du 30 juillet, sur le groupement des corps d'armée allemands du Nord et du Sud.

Trèves et environs se garnissent de troupes ; il se trouverait 6,000 hommes de troupes dans cette ville, à la date d'aujourd'hui, et pareil nombre entre Trèves, Conz et Wasserbilig.

On parle également de rassemblements à Wittlich, Bittburg et Speicher.

On annonce de nouveau que l'armée prussienne se disposerait à prendre l'offensive, et que ses colonnes remonteraient la Moselle et la Sarre, dans la direction de Sarrebrück ou environs.

D'après le dire d'un déserteur de la garnison de Sarrelouis, appartenant au 70ᵉ, et interrogé le 29, cette place n'aurait contenu, à cette date, que le 30ᵉ fusiliers en entier, trois compagnies du 70ᵉ, et les 2ᵉ et 3ᵉ escadrons du 7ᵉ uhlans, dont les 4ᵉ et 5ᵉ escadrons seraient à Sarrebrück. Les compagnies d'infanterie seraient à l'effectif de 180 hommes. Il y a lieu de remarquer que, le 30ᵉ n'étant pas un régiment de fusiliers, il y a erreur dans cette disposition, et qu'il doit s'agir, non du 30ᵉ, mais du 40ᵉ fusiliers.

Les bruits de concentrations nombreuses à Coblentz et à Mayence se confirment. Il en est de même au sujet du rassemblement qui se formerait derrière la Forêt-Noire.

Sur la frontière de la Lauter, les avant-postes ennemis ont rétrogradé et ont appuyé vers leur droite. Le plus avancé de ces postes serait à Bobenthal.

P.-S. — D'après des renseignements qui arrivent à l'instant (6 heures soir), les Prussiens sont en force sur la Sarre, de Sarrelouis à Sarrebrück. Des troupes d'infanterie et de cavalerie, évaluées à 5,000 hommes, ont passé la Sarre, au confluent de la Rosselle, et occupent toute la vallée de la Lauter (1), notamment les points de Lauterbach et de

---

(1) Le Lauterbach.

Ludweiler. De Bening, on entendait leurs sonneries et batteries, dans la nuit du 29 au 30.

Sur la Rosselle, les avant-postes s'avancent jusqu'aux villages de Grande-Rosselle et de Petite-Rosselle.

Sur la Lauter (1), l'ennemi pousse ses reconnaissances jusqu'à l'Hôpital et Carling, où sont les mines qui alimentent le réseau de l'Est.

Grand quartier général.

31 juillet, 5 h. 1/2 du soir.

Le capitaine de France, qui s'est rendu aujourd'hui à Sarreguemines, pour remettre à M. le général de Failly, commandant le 5ᵉ corps, l'ordre de se rendre à Morsbach pour s'y concerter sur les mouvements projetés avec M. le maréchal Bazaine et M. le général Frossard, a reçu de M. le général de Laveaucoupet, à Bening, les renseignements suivants :

« Les Prussiens sont en force sur la Sarre, de Sarrelouis à Sarrebrück.

« Des troupes d'infanterie et de cavalerie, évaluées à 5,000 hommes, ont passé la Sarre au confluent de la Rosselle, et occupent toute la vallée de la Lauter, notamment les points de Lauterbach et Ludweiler.

« De Bening, on entendait leurs sonneries et batteries, dans la nuit du 29 au 30.

« Sur la Rosselle, les avant-postes s'avancent jusqu'aux villages de la Grande-Rosselle et de la Petite-Rosselle ; ils sont en présence de nos postes avancés qui les surveillent attentivement.

« Sur la Lauter, les Prussiens poussent leurs reconnaissances jusqu'à l'Hôpital et Carling, où sont les mines qui alimentent le réseau de l'Est. Les mineurs ne sont pas sans inquiétude sur les projets de l'ennemi.

« Un capitaine de douanes aurait été enlevé, dans ces parages, et emmené par l'ennemi, parce que ses hommes auraient fait feu sur les Prussiens. »

A Sarreguemines, le pont du chemin de fer établi sur la Sarre est mis en état de supporter le passage des voitures. L'infanterie y circule parfaitement. Les fourneaux de mines qui auraient été préparés par les Prussiens ont été comblés et mis hors de service par les soins de l'administration du chemin de fer.

---

(1) Le Lauterbach.

1ᵉʳ CORPS.

Le maréchal de Mac-Mahon au Major général, à Metz.

Strasbourg, 31 juillet.

BULLETIN DE RENSEIGNEMENTS DU 31 JUILLET AU MATIN (n° 5).

Pas encore de nouvelles de la frontière entre Wissembourg et Lauterbourg. Quelques troupes seulement sont signalées vers Kandel et Germersheim.

Pas de mouvements sur le Rhin. On se borne à observer. Quelques coups de feu ont été échangés sans utilité ; les Badois ont commencé.

Le maréchal de Mac-Mahon au Major général, à Metz.

Strasbourg, 31 juillet.

BULLETIN DE RENSEIGNEMENTS DU 31 JUILLET AU SOIR (n° 6).

Il se confirme que les troupes ennemies démolissent le pont du chemin de fer sur la Lauter.

Les troupes de cavalerie ont augmenté sur la frontière, et empêchent complètement de pénétrer sur le territoire ennemi, entre Wissembourg et Lauterbourg.

Il y a, paraît-il, maintenant, des soldats ennemis dans Kehl. On y a vu, disent des rapports, conduire une pièce d'artillerie ; le fait va être vérifié.

DIVISION DOUAY.

Le général de Montmarie au général Douay, à Haguenau.

Haguenau, 31 juillet.

Le Général commandant le 1ʳᵉ brigade a l'honneur de rendre compte à M. le Général, commandant la 2ᵉ division, que M. le commandant du 16ᵉ bataillon de chasseurs l'informe que le 30 au matin, une reconnaissance de cavalerie a été poussée jusqu'à Lauterbourg. L'ennemi ne s'était pas présenté depuis mardi ; ce jour-là 100 cavaliers et 200 fantassins sont venus jusqu'à la porte, demandant, suivant leur habitude, à boire et à manger.

Rapport confidentiel du capitaine de gendarmerie, prévôt de la 2ᵉ division.

Haguenau, 31 juillet.

Ce jourd'hui trente-un courant, le nommé ...., âgé de 33 ans, ..., ancien soldat au 1ᵉʳ régiment de la légion étrangère, arrêté par la gendarmerie de Haguenau, et amené devant le prévôt de la division, a fourni les renseignements suivants :

« Il y a quatre jours que je suis entré en France par Bâle ; mon intention étant de reprendre du service dans la légion étrangère.

« J'ai vu aux environs de Lörrach (grand duché de Bade) 25,000 à 30,000 Prussiens ; j'ai entendu dire qu'il y aurait quatre corps d'observation sur la rive droite du Rhin, le premier, près de Lörrach, les deux autres en face de Neuf-Brisach et de Strasbourg, le dernier plus bas et dans la direction de Lauterbourg.

« J'ai vu beaucoup d'artillerie ; l'armée du Rhin est commandée par le prince Charles de Prusse ; elle se tient sur la défensive. Les lignes de Strasbourg et de Rastadt sont couvertes de redoutes et des travaux s'exécutent pour y placer des batteries. De la rive droite du Rhin à Rastadt, il existe des mines qui datent du temps où le duché de Bade faisait partie de la confédération, les approches de Rastadt sont minées depuis longtemps.

Du colonel Dastugue, commandant le 11ᵉ régiment de chasseurs.

Haguenau, 31 juillet.

Renseignements recueillis par une reconnaissance du 11ᵉ chasseurs qui, le 30, est allée de Soufflenheim, sur les bords du Rhin, vers Fort-Louis.

Les populations de la rive gauche étaient tranquilles et ne paraissaient nullement inquiètes.

La rive du Rhin, en amont et en aval du bac, devient de moins en moins sûre. Le 29 au soir, les paysans étaient inquiétés par des coups de feu partis de la rive opposée, lorsque le capitaine de la douane, accompagné de six hommes, armés depuis une heure seulement de fusils à tabatière, alla s'embusquer derrière la digue. En moins d'une demi-heure, il fit cesser le feu de l'ennemi, démonta trois cavaliers et atteignit trois fantassins (?) Le 30, à 4 h. 1/2 du matin, les deux douaniers de faction à la maison de garde du bac virent deux cavaliers qui s'avançaient jusqu'à la rive pour observer notre frontière ; ils firent feu sur eux, tuèrent l'un et démontèrent l'autre (?)

2ᵉ CORPS.

BULLETIN DE RENSEIGNEMENTS (n° 4).

Le commandant Kienlin, chef du service des renseignements, au Major général, à Metz.

Forbach, 31 juillet.

Le nommé ...., se trouvait en Prusse au moment de la déclaration de guerre. D'abord retenu pour faire partie d'un régiment de uhlans, il a été congédié, ces jours derniers, avec un certain nombre d'hommes de la classe de 1863, faute de chevaux à leur donner. Cet homme, qui rejoint sa famille à ...., a donné les renseignements suivants :

« A Coblenz, le commandant supérieur est le général de Gœben. Il y a dans cette ville une force considérable d'artillerie, dont le 8ᵉ régiment (à pied et à cheval).

« A Kreutznach, où il était mercredi dernier, on attendait le prince Frédéric-Charles, qui devait y établir son quartier général. Une portion des troupes du IIIᵉ corps d'armée (général de Fransecky) était de passage sur ce point, savoir : le régiment d'infanterie de la garde (?) ; le 3ᵉ bataillon de chasseurs ; les 64ᵉ, 60ᵉ, 52ᵉ, 48ᵉ d'infanterie de ligne ; deux autres régiments dont on n'a pu savoir le numéro ; les 11ᵉ dragons (IIᵉ corps) et 6ᵉ cuirassiers ; deux compagnies de pionniers.

« On attendait à Kreutznach d'autres régiments de la Garde. Ces troupes, arrivées par le chemin de fer, devaient continuer leur route à pied. Leur direction générale était Trèves et les places de la Sarre.

« A Fischbach, se trouvent des détachements du IIIᵉ corps d'armée (48ᵉ de ligne) ; à Bonn, le 7ᵉ hussards (régiment du roi) se disposait à partir pour Trèves, par le chemin de fer. Le 9ᵉ hussards est, au contraire, sorti de Trèves, dans la direction de Sarrelouis et de Sarrebrück.

« Les régiments d'infanterie auraient leur complet de 3,000 hommes, et les escadrons (5 par régiment) seraient à 140 chevaux.

« Chaque homme a 60 cartouches. Le pont de Neunkirchen est miné. »

— Le chef de gare de Stiring a appris d'Edingen (à 4 lieues de Trèves), que la concentration des troupes faite dans ces derniers temps à Trèves, passe pour être une fausse manœuvre. Depuis le 28, une grande partie de la garnison de Trèves est partie dans la direction de Sarrelouis. Sarrelouis est plein de troupes de toute nature ; les prairies sont inondées tout autour de la ville.

. . . .

A Trèves, la panique était générale les premiers jours ; mais il paraît que la confiance est revenue, et il y a même une grande arrogance à l'égard des Français qui se trouvent encore à Trèves ou à Sarrelouis.

— Un espion a passé la Sarre à Guidingen. Il a rencontré, sur la rive droite, de nombreuses patrouilles de cavalerie entre Kleinblidersdorf et Brébach.

Il n'a pu entrer dans Sarrebrück ; mais il a reconnu une batterie d'artillerie en position à Eschberger-Hof, ferme située sur la montagne qui domine Saint-Jean et les ponts de Sarrebrück. Cette batterie est du 8e régiment. Deux bataillons (17e de ligne, Xe corps) sont campés à la ferme, à côté de la batterie. A Duttweiler, il a reconnu, campé de l'autre côté du chemin de fer, par rapport au village, deux régiments de cavalerie, le 5e uhlans (VIIe corps) et un régiment de hussards qu'il croit le 7e (VIIIe corps) (?)

Sur la route de Duttweiler à Fischbach, il a rencontré un régiment d'infanterie en marche (à collets rouges).

A Sulzbach, et dans les environs, se trouvait le 29e d'infanterie (VIIIe corps) et un régiment de cuirassiers (blancs).

Les villages qu'il a parcourus sont affamés ; mais les troupes reçoivent régulièrement des vivres.

Les trains de chemin de fer amènent moins de troupes que les jours précédents.

Rapport du capitaine d'état-major de la Tour du Pin, chargé des éclaireurs.

31 juillet matin.

Le Steinberg est calme. Carlsbronn et Saint-Nicolas, fouillés cette nuit, n'ont pas vu d'ennemis depuis longtemps.

Un avant-poste ennemi est établi au bois près de Grande-Rosselle.

Ce renseignement, très important, sera complété.

Un déserteur du 2e de ligne a été arrêté hier à Schlössersmühle (près de Petite-Rosselle) et remis à la prévôté.

DIVISION BATAILLE.

Le général Bataille au général Frossard.

Forbach, 31 juillet (n° 28).

Un rapport de Spicheren, venu hier après le départ du courrier, signale que les francs-tireurs du 66e, embusqués sous bois dans les environs du village d'Arnual, ont fait une décharge sur un poste de uhlans. Deux chevaux ont été tués, et un cavalier, que le commandant des francs-tireurs croit être le chef de poste, est resté sur le terrain.

Aux premiers coups de feu, une troupe de soutien s'est avancée et nos hommes ont riposté au feu qui était dirigé contre eux. Ils ont mis hors de combat deux fantassins. De notre côté, nous n'avons eu aucun homme touché.

Ce matin, les reconnaissances habituelles ont été faites en avant de nos lignes.

Les francs-tireurs du 23ᵉ de ligne se sont installés, à la pointe du jour, dans le village de Petite-Rosselle, pour y surprendre la patrouille de uhlans qui visite assez souvent ce point.

Ils n'ont aperçu que cinq cavaliers qui, prévenus ou non, ne se sont pas engagés dans le village. Une décharge en a abattu un. Les cavaliers ont aussitôt disparu dans les bois. La cloche du village s'est mise en branle aux premiers coups de feu.

DIVISION DE LAVEAUCOUPET.

Bulletin de renseignements de la 3ᵉ division.

Béning, 31 juillet.

Le 30, vers midi, un jeune homme du nom de .... était envoyé au général, par le maire de Farschwiller................. Il avait quitté Sarrebrück le 18 juillet au matin. Le 13, le 89ᵉ de ligne, depuis longtemps en garnison à Sarrebrück, se rendait à Sarrelouis par le chemin de fer. Le 17, le 40ᵉ de ligne arrivait à 9 heures du soir à Sarrebrück et l'on attendait le lendemain plusieurs trains militaires. Il avait entendu dire aussi qu'il devait y avoir des concentrations de troupes à Neunkirchen, Duttweiler et Sulzbach.

D'après des renseignements recueillis à Nass-Weiller, Lauterbach, occupé avant-hier, était désoccupé hier 30 juillet, et, jusqu'à Emers-weiller, on ne rencontrait pas de troupes prussiennes.

Un espion, retourné du côté et au delà d'Emersweiller, a aperçu les Prussiens dans la direction de Gross-Rosselle et a appris que des troupes continuaient, depuis avant-hier, à passer la Sarre.

Un autre espion a aperçu près de Stiring et du côté de Schœneck, dans un bois en face nos avant-postes, 400 à 500 cavaliers, avec du canon, et a vu les bois, autour de Schœneck, sillonnés de troupes prussiennes.

Le rapport de nos avant-postes est venu confirmer en partie ces renseignements. Ils ont signalé, du côté de Gross-Rosselle, une force prussienne d'une certaine valeur occupant les bois.

Un homme de Schœneck, revenu de Kreutznach, sur la Nahe, il y a deux jours, a donné les renseignements suivants : Au moment de son départ de Kreutznach, il en partait 10,000 hommes pour le Palatinat, 18,000 recevaient l'ordre de se rendre à la même destination.

Sur tout le parcours, il avait rencontré des troupes nombreuses et une concentration formidable du côté de Duttweiler, en arrière de Sarrebrück, où il avait vu, disait-il, des soldats en nombre innombrable; il aurait entendu évaluer les forces de ce côté à plus de 100,000 hommes.

(Ces renseignements sont transmis sous toute réserve et donnés pour ce qu'ils peuvent valoir, l'espionnage étant excessivement difficile dans ces contrées, à cause de la sévérité des Prussiens).

Rapport des avant-postes.

La forêt de Steinberg est calme; Carlsbronn et Saint-Nicolas, fouillés cette nuit, n'ont pas vu d'ennemis depuis longtemps. Un avant-poste prussien est établi dans le bois, près de Grande-Rosselle.

24ᵉ de ligne. — Ce corps a reçu un détachement de 604 hommes venant de la réserve.

63ᵉ de ligne. — Ce corps a reçu un détachement de 400 hommes amené du dépôt.

3ᵉ CORPS.

BULLETIN DE RENSEIGNEMENTS POUR LA JOURNÉE DU 31 JUILLET.

Bérus et Filsberg. — Le général de Castagny occupait hier, avec sa division, la ligne Wœlfling—Falck. Il a fait exécuter diverses reconnaissances; aucune n'a rencontré l'ennemi, qui paraît s'être définitivement retiré en arrière, de ce côté. Cependant, il semble résulter des renseignements donnés au général que l'ennemi aurait des postes à Bérus, 1000 hommes suivant les uns, 3,000 suivant les autres. La position de Bérus est difficilement accessible. De la maison de douanes, située en avant de Merten, on voit les Prussiens aller en grand nombre à l'eau dans le ruisseau qui passe à Bisten. On suppose qu'ils font un approvisionnement d'eau à Bérus, où ils n'en ont pas.

Les mines de Filsberg, sur la route de Boulay à Sarrelouis, sont, dit-on, également occupées.

Près de Carling, il y a encore un troisième point, qui domine les deux précédents et tout le terrain environnant. Il serait aussi occupé.

Haspelscheidt. — Le capitaine de douane de Haspelscheidt écrit, à la date du 27, qu'il y a une troupe de cavalerie bavaroise campée au poteau de Landau, sur la frontière, à 2 kilomètres de Haspelscheidt.

Au maréchal Bazaine.

Thionville, 31 juillet, 9 heures du matin.

J'ai été averti, hier soir et ce matin, que, depuis environ 24 heures, des mouvements de troupes assez considérables s'effectuent entre Bittburg, Wittlich, Trèves, Sarrelouis et Sarrebrück.

Dans la nuit du 29 au 30, plus de 3,000 hommes de troupes d'infanterie, des 60e et 70e régiments, et environ 500 cavaliers du 5e hussards (à brandebourgs blancs), se sont dirigés de Bittburg et Wittlich sur Sarrelouis ou Sarrebrück, suivis d'un matériel considérable et de voitures de réquisition chargées de provisions.

Dans la soirée d'hier, 30 juillet, de nouvelles troupes plus nombreuses (on en évalue le chiffre à 12,000 hommes, venues de la même direction) se seraient concentrées entre Trèves, Conz et Wasserbilig.

Je compte avoir encore, dans la journée, des renseignements plus précis.

Bittburg se trouve sur la route directe de Trèves à Cologne et Aix-la-Chapelle, et Wittlich sur la route de Coblentz.

On active en ce moment, autant qu'on peut, les travaux du chemin de fer en construction qui passe entre la Moselle et Wittlich. On a doublé les salaires des ouvriers employés à ces travaux.

On m'assure que le « camp d'approvisionnement » de Wittlich n'est gardé que par des soldats de la réserve.

Le maréchal Bazaine au général Frossard, à Forbach.

Saint-Avold, 31 juillet (n° 29).

On me fait parvenir, de source généralement assez bonne, le renseignement suivant :

« En ce moment, beaucoup de troupes arrivées de Wittlich et de
« Bittburg prennent le chemin de fer à Trèves, pour se diriger vers
« Sarrebrück. On expédie aussi du matériel de guerre vers cette partie
« de la frontière et « on active énormément » les travaux du chemin
« de fer de l'Eifel, comme si l'on comptait s'en servir dans quelques
« jours. Ce chemin de fer, commencé depuis plusieurs années, se dirige
« de Trèves sur Coblentz ; il longe la Moselle et passe à 6 ou 7 kilo-
« mètres Est de Wittlich. »

En rentrant à Saint-Avold, j'ai trouvé une dépêche télégraphique de l'Empereur, me demandant si la conférence avait eu lieu.

Le chef d'escadron Perroiin, chef du service des renseignements au 5e corps, au Chef du service des renseignements au quartier impérial, à Metz.

Sarreguemines, 31 juillet, 9 heures matin.

Saint-Ingbert : Un petit poste de dragons wurtembergeois ou badois.

Trois maisons ont été désignées pour servir d'ambulance. Elles sont surmontées du drapeau blanc avec croix rouge. Aux environs, quelques petites patrouilles de dragons. Pas d'autres troupes signalées.

A Duttweiler, mêmes renseignements qu'hier.

A Sarrebrück, même situation qu'hier. Grand émoi dans la ville, par suite des reconnaissances françaises. On y attend, disait-on hier soir, quelques troupes destinées à faire replier nos avant-postes.

Ces derniers renseignements sont communiqués à M. le général Frossard.

5ᵉ CORPS.

Le général de Failly au Major général (D. T.).

Sarreguemines, 31 juillet, 9 h. 35 matin (n° 2559), expédiée à 10 h. 36 matin.

Des sujets prussiens ou bavarois, qui séjournaient en France et qui ont pu tout voir, cherchent à regagner leur pays en franchissant nos lignes. Que dois-je en faire ?

Des forges, que les maîtres armuriers amenaient avec eux, ont été retenues à Strasbourg.

7ᵉ CORPS.

Le général Douay au Major général, à Metz.

Belfort, 31 juillet.

BULLETIN DE RENSEIGNEMENTS DU 31 JUILLET AU SOIR (n° 1).

Un agent de Saint-Louis me confirme le contenu de ma dépêche télégraphique d'hier, au sujet du renvoi dans leurs foyers des classes badoises de 1859 et 1860. Il paraît que c'est par défaut d'armement et d'équipement que ces classes ont été renvoyées.

De Lörrach et Nollingen, jusqu'au Val-d'Enfer, il n'y aurait aucune troupe.

Dans la nuit du 29 au 30, beaucoup de matériel de chemin de fer a remonté le Rhin et serait garé à Singen, Constance et Donaueschingen. Cette mesure aurait été prise, selon les uns, par la crainte d'une invasion des Français ; selon les autres, pour le transport de troupes dans le Palatinat, par Horb et Freudenstadt. A la gare badoise du Petit-Bâle, il y a, depuis deux jours, 15 à 18 locomotives et un assez grand nombre de wagons.

Des renseignements de Delle et de Bâle, qui concordent ensemble, annoncent un changement, en notre faveur, dans l'opinion suisse ; on ferait des vœux pour notre succès ; on a confiance dans notre promesse de respecter la neutralité suisse, tandis qu'on se méfierait des Prussiens.

La frontière française, du côté de Delle, n'est bordée d'aucune troupe suisse ; il y aurait 60,000 hommes de Constance à Bâle, et il serait en outre question d'établir un camp de 8,000 hommes, sur un monticule au sud de Bâle. Ce chiffre de 60,000 hommes me paraît très exagéré, mais il est certain qu'il y a beaucoup de troupes suisses sur la rive gauche du Rhin, entre Constance et Bâle.

Le déserteur prussien, qui s'est rendu à Colmar, et au sujet duquel je vous ai envoyé hier une dépêche télégraphique, n'a pu être interrogé en détail, parce qu'il a été dirigé immédiatement sur Tours par le sous-intendant. Il aurait dit qu'il appartenait à un corps qu'on rassemblait avec beaucoup de difficulté, et qui devait être dirigé sur Fribourg. J'ai donné des ordres pour qu'à l'avenir les déserteurs soient interrogés avec le plus grand soin.

P.-S. — Les cartes que j'ai, indiquent qu'il y a des tronçons de chemins de fer entre Douaueschingen et Offenbourg d'une part, et Willingen, Horb et Freudenstadt d'autre part, qui ne sont pas encore terminés.

Ne serait-il pas possible de m'envoyer, de l'État-Major général, une carte tenue au courant des chemins de fer allemands ?

GARDE IMPÉRIALE.

Le général Bourbaki au général Picard.

Metz, 31 juillet (n° 122)

Pour faire suite à ma dépêche n° 81, du 29 juillet courant, j'ai l'honneur de vous faire connaître que la mission du service des renseignements consiste :

1° A informer sans cesse le commandement des forces, des positions, des préparatifs, des projets et des mouvements de l'ennemi ;

2° A fournir tous les documents topographiques et statistiques nécessaires à la préparation comme à la conduite des opérations ;

3° A seconder le commandement dans ses rapports avec les autorités et les populations du pays ennemi.

Les prévôts de gendarmerie, les adjudants-majors des corps de troupe, les chefs de poste, de détachement, de reconnaissance, sont les auxiliaires naturels du service des renseignements. Il devra leur être prescrit à tous de s'enquérir des nouvelles, des bruits, indices pouvant intéresser l'armée. Chacun d'eux, en marche ou en station, devra résumer ses observations dans un bulletin concis indiquant la date et l'heure, l'origine et la nature du renseignement, et le degré de certitude qu'il paraît présenter. Ces bulletins vous seront transmis hiérarchiquement, matin et soir. Vous y joindrez votre appréciation sur la valeur des documents, ainsi que les renseignements que vous pourriez avoir vous-même à me donner. Vous m'enverrez matin et soir ces bulletins, même s'ils sont négatifs. L'adresse portera la suscription : Confidentiel.

Toute nouvelle importante me sera envoyée sur-le-champ. Lorsque cela sera possible, elle me sera transmise en substance par le télégraphe, sans préjudice de l'envoi bi-quotidien des bulletins de renseignements.

Vous voudrez bien donner des ordres pour qu'on cherche à connaître sans cesse les forces ennemies placées dans les environs de votre division, et les numéros des régiments qui les composent. Il faut toujours savoir où sont nos adversaires et ne pas les perdre de vue, pour ainsi dire. C'est là, en résumé, la tâche qui incombe au service des renseignements.

Je vous prie de compléter ces prescriptions par les instructions détaillées que vous suggérera votre haute expérience de la guerre.

Renseignements tirés de la presse.

Le *Courrier du Bas-Rhin.*

Strasbourg, 31 juillet.

Nous recevons plusieurs lettres intéressantes des frontières du département du Bas-Rhin.

Celles qui nous viennent de l'arrondissement de Wissembourg n'annoncent aucune nouvelle incursion de détachements ennemis sur le territoire français, mais elles signalent de nombreuses troupes prussiennes, entre autres la présence d'un régiment de hussards prussiens à Langenkandel. On croit qu'il s'opère un mouvement de concentration du corps d'armée qui occupe la Bavière rhénane.

Une de ces lettres contient le récit d'une personne qui a séjourné cinq semaines à Landau et qui vient en directe ligne de cette ville. Les détails qu'elle nous donne sont fort précis et fort intéressants :

Wissembourg, le 30 juillet.

« Il nous est arrivé hier, à Wissembourg, un compatriote, un Alsacien, qui venait en droite ligne de Landau. Après avoir été arrêté une dizaine de fois en route par les avant-postes ennemis, il arriva sur le sol de la patrie.

« Depuis huit ou dix jours, m'a-t-il dit, des troupes nombreuses passent par Landau. Tous les trains de voyageurs, les trains de marchandises, les trains-poste même, ne marchent plus et cèdent la place aux convois militaires. Les lettres, les journaux arrivent le plus irrégulièrement possible, quand ils arrivent, mais ils n'arrivent presque jamais.

« J'estime à 80,000 hommes le chiffre des troupes prussiennes amenées ici sur la ligne ferrée ; j'ai passé, il y a deux jours, trois heures à la gare et pendant ce temps sept régiments complets d'infanterie ont débarqué. Ces troupes ne restent pas à Landau ; elles vont se masser sur un point central ou renforcent les garnisons de l'armée du sud.

« A Landau même, il y a 2,000 soldats prussiens et 2,000 Bavarois, logés la plupart chez les habitants.

« Ceux-ci ont reçu l'ordre de se fournir de vivres pour trois mois ; ceux qui ne peuvent faire la dépense de ces provisions sont tenus de quitter la ville et de se loger à la campagne, dans les villages, où ils peuvent.

. . . .

« Sur la route de Landau à la frontière, 10,000 hommes environ sont disséminés. Ce sont de forts avant-postes d'infanterie et d'artillerie, campés la plupart sous de grandes baraques couvertes de paille. Cinq ou six escadrons de cavalerie chevauchent aussi sur les chemins ; ce sont des chevau-légers, un nom qui sonne singulièrement dans ce pays qui se dit si profondément allemand, nom qui a subsisté pourtant et qu'on n'a pas songé à remplacer encore. Les soldats ennemis sont échelonnés jusqu'à une portée de fusil de la frontière, et j'entendais encore le cliquetis des sabres ennemis, quand, heureux et enchanté, je passai sur le pont-levis de la porte de Wissembourg.

Badische Landes Zeitung, de Carlsruhe, du 31 juillet.

Le quartier général du Prince royal de Prusse sera, dit-on, établi provisoirement à Spire et c'est dans cette direction que s'est rendue S. A. R. après son départ de Carlsruhe.

Kölnische Volkszeitung, du 31 juillet.

Correspondance de Berlin, du 28 juillet.

On va former à Berlin une armée de réserve dont l'effectif n'est pas encore déterminé. Les évaluations varient entre 80,000 et 150,000 hommes. Ces troupes seront logées non seulement à Berlin, mais encore dans les localités avoisinantes. Cette armée est destinée à repousser surtout les troupes de débarquement françaises.

PARIS. — IMPRIMERIE R. CHAPELOT ET C°, 2, RUE CHRISTINE.

Librairie militaire R. CHAPELOT & C⁰, Rue et Passage Dauphine, 30, à Paris.

PUBLICATIONS
DE LA
Section historique de l'État-Major de l'Armée

LES CAMPAGNES DU MARÉCHAL DE SAXE

Iʳᵉ Partie : L'Armée au printemps de 1744

Par J. COLIN
Capitaine d'artillerie breveté à la Section historique de l'État-Major de l'Armée

Paris, 1901, 1 vol. in-8. . . . . . 7 fr. 50

LOUIS XV ET LES JACOBITES

LE PROJET DE DÉBARQUEMENT EN ANGLETRRE EN 1743-1744

Par J. COLIN
Capitaine d'artillerie breveté à la Section historique de l'État-Major de l'Armée

Paris, 1901, 1 vol. in-8. . . . . . 3 fr. 50

CAMPAGNE DE L'ARMÉE DE RÉSERVE EN 1800

Par le Capitaine DE CUGNAC

Iʳᵉ Partie : **PASSAGE DU GRAND-SAINT-BERNARD**
Paris, 1900, 1 vol. in-8 avec cartes, croquis et autogr. . . . . 16 fr.
IIᵉ Partie : **MARENGO**
Paris, 1901, 1 vol. in-8 avec cartes, croquis et autogr. 12 fr.

1793-1805

PROJETS ET TENTATIVES DE DÉBARQUEMENT

AUX ILES BRITANNIQUES

Par Édouard DESBRIÈRE
Capitaine de cavalerie breveté à la Section historique de l'État-Major de l'Armée

Tome I. Paris, 1900, 1 vol. in-8 avec cartes et croquis. . 10 fr.
Tome II. Paris, 1901, 1 vol. in-8 avec cartes et croquis. . 10 fr.

Paris. — Imprimerie R. Chapelot et C⁰, 2, rue Christine.

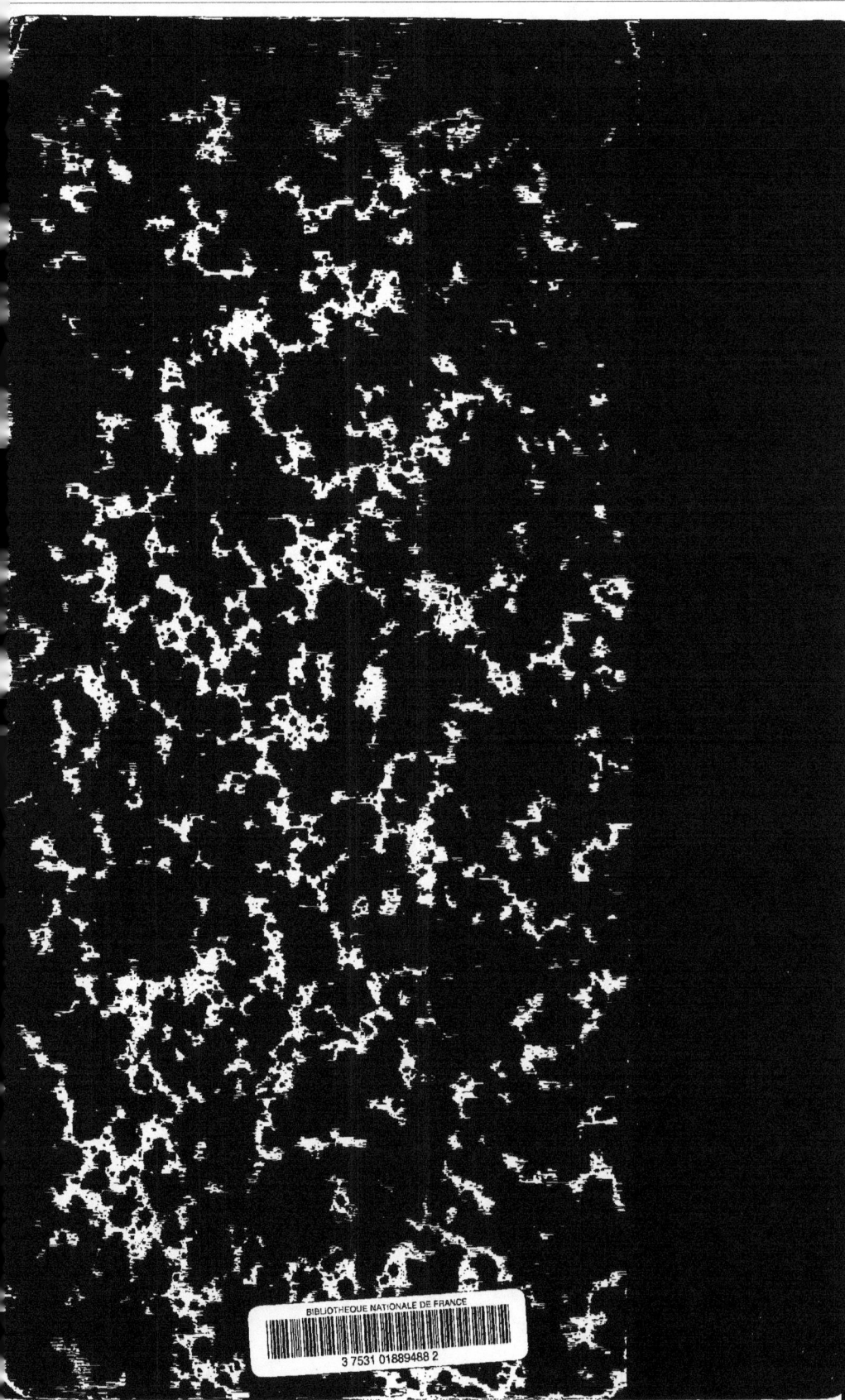

www.ingramcontent.com/pod-product-compliance
Lightning Source LLC
Chambersburg PA
CBHW070527170426
43200CB00011B/2350